ちくま学芸文庫

内村鑑三交流事典

鈴木範久

筑摩書房

目次

内村鑑三交流事典

内村鑑三、1912 年 10 月、札幌

まえがき

内村鑑三がもっとも好んだ言葉の一つに「単独者」がある。

「不敬事件」により世間から集中砲火を浴びたあと、内村は最初の著作となる『基督信徒の慰(なぐさめ)』(一八九三)を発表。そのなかで、ドイツの詩人シラーの『ヴィルヘルム・テル』から次の言葉を引いている。

勇者は独り立つ時最も強し

内村が、これを用いたときには、決して自分を「勇者」とは思ってもいない時期であり、文字どおり魂の奥底から声をふりしぼるようにして叫んだ言葉だったにちがいない。しかし、その後の歩みのなかで、この言葉は、孤独とは異なる「単独者」として定着していく。

顧みると内村鑑三とかかわって六十余年、この間に気づかされた不思議な現象がある。それは、内村鑑三には確かに「敵」が多い。だが、それにもかかわらず日本人としては他に比類のないほどの「内村人脈」が形成されている事実である。門下の一人であった天野(あまの)貞祐(ていゆう)が、みずからを「内村山脈の一員」と称しているように、それは、ただの「人脈」にとどまらず「山脈」を形成しているのである。この現象は、内村本人からみるならば思いもよらない結果ではなかろうか。

内村は、人間関係において誤解、摩擦、衝突、背反、裏切りというような苦い経験にもたびたび出会うが、もともと「単独者」であるから、その基づく原点はゆるがない。これを内村自身は次のように「単独の幸福」とまで言い切る。

人に善人として、善良なる教師として、偉人として聖人として認めらる、の必要は更に無く、凡人、小人、偽善者、悉く可なりであつて、自分は自分の幸福を人や社会や教会に求めずして、自分自身に於て求めて、真の幸福の有る事を感じた。（中略）自分をして単独の幸福に飽かしめよである。（『内村鑑三全集』三五）

筆者が、内村人脈または山脈について折に触れて記し始めた時期は、実は数十年以前にさかのぼる。それから今に至るまでに中断もたびたび経験したが、その総数は、ここに収めた人名が示すように約二百五十余人に達する。内村が、一見孤高にみえて、実は裾野の広い人脈を形成していたことが判明する。この人脈、山脈のなかには「弟子」ばかりでなく、「背教者」も「敵」もいる。作用、反作用もふくめて、その影響を受けた人々は、日本の宗教界、学界、教育界、文学界、社会事業界をはじめ各分野に広く及んでいる。この意味で、内村人脈または山脈抜きにして日本の近代は語れないであろう。「単独」であっても「孤独」でなかった。

なお、本書では、取り上げた人々を内村と生きた時代を共にした同時代人に限定したが、没後に及べば無数に近い。たとえば、本書を執筆中の二〇一九年一二月、アフガニスタンで活躍中の中村哲医師が凶弾に倒れたとの痛ましい報道に接した。中村医師は、若いころ内村鑑三の『後世への最大遺物』を読み強いインパクトを受けたという。そのためアフガニスタンの現地に毎年同書を一〇冊送ってもらい、活動するボランティアの人たちに渡していたとされる（中村哲・澤地久枝『人は愛するに足り、真心は信ずるに足る』岩波書店、二〇一〇）。

折しも本二〇二〇年は内村鑑三没後九〇年にあたる。思い出せば没後五〇年（一九八〇年）を期して、新『内村鑑三全集』（岩波書店）が発行された。その編集準備に入ったのは、さらに、その数年前であり、そのころから本書は少しずつ書きためられたものである。なお本書では、主たる「内村山脈の人々」に先立ち、参考までに序章として「内村鑑三略伝」、さらに巻末には「年譜」を収めた。

序章　内村鑑三略伝——死と再生

内村の思想の推移を見ると、出生から札幌農学校におけるキリスト教入信、入信から渡米まで、アメリカのアマスト大学における回心から帰国後の第一高等中学校における「不敬事件」、非戦論および社会批判時代、最後の再臨運動と待望信仰という五大時代に大別される。

一　時代の子として

江戸の生家

内村鑑三は、一九二二年三月一二日、ロマ書九章の講義後、石原兵永（いしはらひょうえ）に向かって「今日は僕の生れた家を見せてやらうか」と誘った。石原は喜んでお伴した。内村は本郷に建つ二、三軒の小さな長屋の一つを指さして言った。

僕が六十年前に生まれたのは、どれであるか、今ではよくわからぬ様になつてゐるが、とにかくone of them（この長屋の一つ）だ。僕が如何にhumble birth（貧しき生れ）であつたかを知ることが出来るだらう。（石原兵永『回心記』長崎書店、一九四二）

内村が石原に生家を教えた時は、まだ関東大震災前であった。当時の本郷区真砂町三〇番地である。それから更に五〇年後、筆者も品川力（しながわつとむ）氏に案内されてその家を訪れた。後楽園から本郷三丁目に向かう坂の途中で左手の急な石段を上がり、少し歩いた先の右手にある長屋風の平屋の家だった。たぶん、品川氏は石原兵永氏から教えられたものと思う。大震災と戦災とをくぐり抜けたとすれば、前と同じままの建物は無理だろうが、わずかに面影はとどめていた。

内村は、一八六一（万延二）年三月二三日、その江戸小石川鳶坂上にあった高崎藩の中屋敷に生まれた。父宜之（よしゆき）は、高崎藩主松平（大河内）輝声（てるな）の御側頭取、徒士頭をつとめ五十石をあてがわれていた。

高崎へ

しかし、父は軍政改革をはかり、敗れて謹慎処分を受け高崎に移された。六歳の内村は、江戸から高崎までの道中、駕籠のなかで父から孝経を教えられた。父は石高だけでみると藩士としては中程度だが、漢学、漢詩文に秀で藩主には重用されていた。藩主の著した一本に『切歯詩説』という小冊子があるが、その序文は父が記している。

高崎藩の松平家は、姓からもわかるように親藩である。内村家の家系をたどるならば、祖先は「智慧伊豆」と称された松平伊豆守信綱に仕え、その配下としてキリシタン一揆とされる島原の乱の制圧にも従軍している。その信綱の第五子信興が上州高崎藩八万二千石の藩主となる。しかし明治維新にあたり、高崎藩は新政府に付かざるをえなくなり、幕府の外国奉行をも勤めた小栗上野介の征討にも従った。そのためだろうか、後年、鑑三は小栗の死を惜しむ言葉を残している。またジャーナリスト時代には薩長による藩閥政府に対して痛烈な批判を加えてやまなかった。

明治維新を迎えると、藩主が一時的に高崎藩知事を務めることになる。これにより父は高崎藩の管轄下に置かれた石巻県に副知事のような役割を帯びて赴任、鑑三ら家族もこれに従った。その後、気仙沼を経て一八七一年には高崎に同藩少参事として戻る。しかし、まもなく廃藩置県により高崎県が設けられると知事の藩主も少参事の父も免職となる。その後、父は、要職に就くことなく、旧藩主の中国人との交遊に同席して筆談を交わすなど隠退の日々を送る生活に変わった。

高崎の家は、現在の高崎駅からほど近い高崎城公園の少し先にあった。跡地には「内村鑑三先生居宅跡」の石碑が建てられている。その高崎城に接した高台の一角にも、内村鑑三により晩年に作られた漢詩「上州人」が刻まれた記念碑がある。その高台から見下ろされるところには少年内村が魚獲りに興じた烏川が流れている。

少年時代の内村は、晩年に上州の住谷天来に宛てた手紙（一九二九年八月二一日）のなかで、

父は投網子は魚籃とりてその後に
鮎すなどりし昔しなつかし

と詠んでいる。のちに水産学を志す機縁になった経験かもしれない。

英語学校

時代の激変とともに第一線から引退した父は、代わって一家の将来を長男鑑三に託した。当時、内村には弟三人と妹一人がいた。少年内村は高崎時代に藩の設けた英学校に通った後、父の期待を背負って、一八七三（明治六）年には一三歳で単身上京、有馬私学校に入学して英語を学ぶ。有馬私学校は久留米藩主だった有馬頼咸（よりしげ）により前年設立された学校で報国学社ともいわれた。当時、同校の英語教師としてイギリス人女性のピアソン(Pearson, Frannces Susanna Maria)が在職。内村は、この「女教師」から『新約聖書物語』一冊を貰い受けた。当時、内村らがテキストとして用いた英語のウィルソンのリーダーには、第三リーダーに旧約による聖書物語があり第四リーダーには新約聖書の話も登場する。内村は、これらの書物を通じて、はじめて聖書の話を知る。また、在校中、友人に誘われて外国人居留地の教会に出席し始める。これをピアソンは歓迎した。しかし、まだ見物にとどまった。

ついで翌一八七四（明治七）年に東京外国語学校に入学。同校で生涯の友人宮部金吾、新渡戸稲造らを知る。東京外国語学校は、同年一二月には内村の学ぶ英語科が独立して東京英語学校となる。父は、新時代の鑑三の進路を新政府の官僚として描いていたと思われる。内村たちには、そのまま同校にとどまるならば、やがて東京大学への道が予定されていたのであった。

一八七五年には胸部疾患により一時休学、翌年には一家も東京府小石川仲町二三番地に転居する。しばらくして小石川区上富坂町一七番地に変わる。

これまでの内村の歩みを振り返るならば、維新という日本のなかでも際だって大きな大変化に遭遇したが、ある意味では時代の波に翻弄された生活であった。言い換えるならば受け身の生活といってよい。しかし、そのなかで松平姓を名乗る佐幕系の藩士の家に生まれたことは、内村の精神に消しがたく遺された。たとえ一八六八年に高崎藩は総督府に従ったとしても、薩長の藩閥政府に対する後年の内村の批判は痛烈だった。

『万朝報』時代の「胆汁数滴」のなかで内村は「大虚偽」と題して次のように言う。

余輩は思ふ新日本は薩長政府の賜物なりといふは虚偽の最も大なる者なりと、開国、新文明、封土奉還は一として薩長人士の創意に非ず、否な、彼等は攘夷鎖港を主張せし者なり、而して自己の便宜と利益との為めに主義を変へし者なり、即ち彼等は始めよりの変節者なり、新文明の輸入者とは彼等が国賊の名を負はせて斬首せし小栗上野介等の類を言ふなり（『内村鑑三全集』四、岩波書店、一九八一。以下、新全集は全集と表記）

小栗上野介は旗本であったが幕府の海軍奉行、陸軍奉行、勘定奉行などを歴任、改革につとめたが維新の変革に遭って所領の上野国権田村に帰っていた。その追討を命ぜられた高崎藩は、小栗を捕らえて斬首したのであった。この出来事は、当時の少年内村の心に消しがたい痕跡を遺したといえよう。

のちに一九一三年一一月二二日、最後の将軍だった徳川慶喜が死去。その葬儀は一一月三〇日に上野の寛永寺で営まれた。その日、内村は日曜の講義を終わると上野まで駆けつけ、葬列が来ると「脱帽して襟巻をとり、棺に向つて丁寧に敬礼」したという（浅野猶三郎『信仰と恩寵』日英堂、一九四二）。

二　「二つのJ」

札幌農学校

東京英語学校は一八七七年三月に東京大学予備門と改称された。同年六月、開拓使の役人堀誠太郎が同校に現れ、前年開校した札幌農学校への勧誘演説を行った。札幌農学校は北海道開拓の人材を養成するために一八七二年に芝増上寺内に設けられた開拓使仮学校を起源とし、一八七五年には札幌に移って札幌学校と改称した。しかし、成果が期待に反したため、一八七六年、新たな学校として専門性の高い札幌農学校を発足させた。そのため教頭としてアメリカからマサチューセッツ農科大学学長クラークが招かれた。クラークはマサチューセッツ農科大学をモデルとした学科編成を行った。

同校では授業料は課せられず、生活の衣食住にあたるまで官費でまかなわれるため、第一期生には東京英語学校をはじめ、全国から優れた人材の応募があった。一八七七年六月、大学予備門（前東京英語学校）に勧誘演説に訪れた堀はクラーク校長のマサチューセッツ農科大学に学び、来日したクラークの通訳を務めていた。堀は北海道開拓の意義に始まり、同地の風物、官費制度を巧みに説明したため、同校から一二名もの志願者が出て予備門の校長を驚かせたという（宮部金吾博士記念出版刊行会『宮部金吾』岩波書店、一九五三）。貧しい士族の子弟が多かったため、授業料をはじめ官費による生活にひかれたようである。そのなかに内村鑑三、新渡戸（太田）稲造、宮部金吾、岩崎行親らがいたのであった。

なかでも東京に家のある内村、太田、宮部の三人は一日おきに会って親交を結んだ。内村は富坂、宮部は御徒町、新渡戸は愛宕下に住んでいた。そして会う時は英語で話し日本語を用いたときは罰金を取ったという（新渡戸稲造「旧友内村鑑三氏を偲ぶ」『実業之日本』三三巻八号、一九三〇年四月一五日）。

まもなく合格者は全員、新橋の開拓使御用宿に集められオリエンテーションが行われた。このころ特に内村、新渡戸、宮部、岩崎の四人は共に立行社を結び「女色、飲酒、煙草」を用いぬことを誓いあった。「立行」という言葉は漢籍にも見当たらないが「身を立て道を行ふ」ことであると理解された。内村は一七歳にして、ようやく儒教的な立身ではあるが自覚的な人生に踏み出したといえよう。

キリスト教入信

クラークは農学教育の前提としてキリスト教による人間教育を重視、赴任に当たり横浜で相当数の聖書を購入、第一期生には「イエスを信ずる者の契約（Covenant of Believers in Christ）」への署名を求めた。同じことはクラークの帰国後に入学した内村鑑三ら第二期生にも聖書を与えるとともに同じ契約への署名が求められた。高崎以来、神社信仰にこだわった内村は「異教」を信仰することに強い抵抗があったが、親友の宮部や新渡戸に署名を先行され、ついにみずからも署名に到る。

学内でキリスト教の集会をもっていた第一期生にならい、第二期生の内村、宮部、新渡戸らも、学内でキリスト教の集会をもった。こうして一八七八年六月二日、函館から来訪するメソヂスト監督教会宣教師ハリスから受洗した。

入信と受洗により学内における内村の生活は一変する。宣教師のハリスは函館に在住し、年に数えるほどしか来札しない。そうなると信仰生活の維持は、入信してまもない生徒みずからによることが要求された。それは失敗もあったが生き生きした楽しい集会であった。これは『余はいかにしてキリスト信徒となりしか』（*How I Became a Christian*、岩波文庫に拙訳）にくわしい。

しかし、第一期生の卒業にともない、卒業後の礼拝が外国教派の相違により二分される状況に直面する。この結果、いずれの教派にも属さない独立した教会（のちの札幌独立教会）が設立される。無教派、平信徒によるキリスト教活動という方向付けが形成された（なお、札幌農学校とキリスト教に関しては、大山綱夫『札幌農学校とキリスト教』〈EDITEX、二〇一二〉にくわしい）。

キリスト教への入信が内村に与えたものは、日本の近代を支配し始めていた神道、国家、天皇制という、新しい社会秩序に対する、別の超越的秩序の示現であった。その二期生のなかでも入学前から親交のあった内村、新渡戸、宮部の三人は、卒業にあたり札幌の公園に集まり「二つのJ」すなわちJesusとJapanに対し一生を捧げることを誓いあった。これを入学前の「立行」の誓いと比較するならば、「立行」が「身を立て道を行ふ」との自己修養的、儒教的であるが漠然としているのに対し、「二つのJ」は目標が明瞭である。しかし一つでなく二つであるところに困難も予想された。

卒業して開拓使に就職した内村は、それなりに職務に精勤した。信徒たちの手でいずれの外国の教派にも属さない独立した教会（札幌教会）を設けることができた。これは信徒たちに何よりも強い独立精神を与え、宗教制度に対しては自由な裁量心を培った。

しかし、宮部、新渡戸の二人はいずれも学問の道に進んでいる。それも大きな刺激となったにちがいない。一八八三年、東京で開催された水産博覧会の委員として上京を機に、札幌県（開拓使の廃止により札幌県などを設置）を辞職した。辞職の理由は、札幌県の上司の腐敗、健康の不安、親友の新渡戸稲造、宮部金吾らの東京大学における勉学の影響などがある。

そのなかで内村は、五月に東京で開催された第三回全国基督信徒大親睦会には札幌教会を代表として参加、特に「空ノ鳥ト野ノ百合花」の演説では、その名を全国の信徒に知らしめた。他方、この会合により、内村も新島襄、海老名弾正（えびなだんじょう）、金森通倫（かなもりみちとも）、松村介石、津田仙などと知りあったと思われる。

しかし両親と多くの弟妹を抱えた内村には家長としての責任があった。いつまでも無職ではありえない。とりあえず津田仙の学農社で教えたりしたが、結局、農商務省水産課につとめ、ふたたび「農商務の〝どろぼう〟」になってしまったという。

このころ、海老名弾正の牧会する群馬県安中教会を訪問、同教会会員の浅田たけを知る。親の反対など多くの曲折をへたのち両人は一八八四年三月、結婚式を挙げた。司式は札幌で内村に授洗したハリスが務めた。しかし両者の結婚生活は永続しなかった。約半年後には破綻し、事実上の離婚となる。その原因を妻の側に認めた内村の苦悩は想像を絶した。苦悩にさいなまれる中で、この秋、内村は在京していたハリスを訪ねる。ハリスは東京教区の長老司であるとともに東京英和学校の教師もつとめていた。「狂か自殺か」の渦中のなかで訪ねてきた内村に対し、帰り際にハリスは二、三の蔵書を与えた。その一冊を内村は熊谷行きの車中で読んだ。そして次の聖句を読んでよみがえったという。

かるが故に我れ彼女を誘ひて荒野に導き至り其処(そこ)にて慰安の言を彼女の耳に囁(ささや)かん

旧約聖書ホセア書二章一四節の言葉である。この言葉に出会い、内村は目よりうろこの落ちた思いであったという。その書物が何であったかは特定できないが、内村は、ここにホセアが荒野に導かれた特別の意味を見いだしたのである。のちにもホセア書の講義のなかで言う。

人は楽園に在りて人の声に耳を傾けて神に聴かんとしない、然れどもエリヤの如くに独りホレブの曠野に彷徨(さまよ)ひて鮮(あざや)かに神の静かなる細き声を聞取ることが出来るのである(全集二四、「曠野(あれの)の慰安」)。

それは、内村が現世に求めた超越的秩序のひな型の崩壊であった。つまり内村は、現世とは別の世界を改めて聖書のホセア書を介して示されたといえよう。

こうして内村は農商務省も辞職し、新天地における新生をさぐり始める。

アメリカへ——人間観の転換

一八八四年一〇月、内村は農商務省を辞して突然渡米する。渡米の目的に関しては、福祉事業とか医学の研究とかを挙げている言葉もあるが、結婚生活の破綻とそれによる心の「真空」とみてよい。ただ友人たちの留学との大きな相違は、彼らが官費によるものであるのに対して、内村は私費であり、学ぶ先も未定であった。渡航費用の捻出には親はもとより友人の協力もあったようである。

渡米後、それまで生理学の手ほどきを受けていた医師のホイットニー（Whitney, Willis Norton）から紹介されていた実業家のモリス（Morris, Wister）をフィラデルフィアの自宅に訪ねる。モリスは、実業家にしてホイットニーと同じくフレンド派の信徒だった。しかし訪問は具体的な進路の決定には結びつかなかった。

一八八五年の一月から、とりあえず内村の就いた仕事は同州エルウィンにおける知的障碍児教育施設の看護人であった。待っていた仕事は、児童から「ジャップ。ジャップ」と蔑視されながらのお尻の始末などである。「お役人」から「施設の看護人」という職業の落差に嘆く。のちに、その回想録を「流竄録」と名付けているように、内村には衝撃的な経験だった。しかし、やがて児童との心の通いあいができるにしたがい、与えられた仕事に積極的な意味を見出していく。それにしたがい、自分の信仰、人間観のうえでも革命ともいえる転換を与えられた。すなわち内村は、文字どおり発達障碍児たちと生活を共にすることを通して、超越的秩序のもたらす新しい人間観を与えられたのである。このような経験をした日本の思想家は他に認めがたい。

院長のカーリン（Kerlin, Isaac N.）は内村を同じ事業の日本での継承者として期待し、同僚のバー（Barr, Martin W.）、時折訪れる専門家のリチャーズ（Richards, James B.）からも学ぶところが多かった。今日でも、この方面の教育の日本人の草分けとして内村鑑三の名を学界にとどめている。のちに内村は、この自己の経験から、教員を志す者はすべて、まず同様な施設における実習を「教員の一大資格」とすることを訴えている（全集三、「流竄録」）。

この後、内村は、一八八五年九月、マサチューセッツ州にあるアマスト大学（Amherst College）に入学する。それには折から滞米中の新島襄の勧めがあった。同大学は、いわば伝道者を志望する学生の教養大学である。同校に到着した内村は、さっそく前札幌農学校教頭クラークも訪ねた。

アマスト大学においては、こうして内村は、学長のシーリー（Seelye, Julius H.）による暖かな見守りの生活のなかで、超越的秩序にもとづく新たな信仰観、人間観を体得する。かつて国家の役人であった自己は、施設での生活経験により否定されたが、いまだ自己努力による進歩改良の苦闘が残されていた。いわゆる自力の道である。そのために胃痛の苦しみさえ生じるほどだった。それがシーリーの次の言葉により心の大革新が生じる。

> 徒（いたず）らに自己の内心のみを見る事を廃（や）めよ、貴君（きみ）の義は貴君の中にあるに非ず、十字架上のキリストに在るのである（全集二四、「聖書研究者の立場より見たる基督の再来」）

この日は一八八六年三月八日であった。「私の生涯で非常に重要な日。キリストの贖罪の力が、今日ほど明らかにあらわれた日はなかった。これまで私の心をうちのめしてきたあらゆる困難の解決は、カミの子の十字架のうちにある」（『余はいかにしてキリスト信徒となりしか』）の日とみてよい。それは「自力」に頼っていた自己の「死」を意味し、代わってキリストの十字架の真義を受容することによる「再生」であった。この内的な自己自身の「死と再生」を経験したことにより、内村には「二つのJ」を目指した新たな人生が訪れる。

内村は、のちに「信仰の三段階」について語っている。それは、「召」、「義」、「栄」の三段階である。「召」を札幌時代の入信とするならば、アマストでの経験は次の「義」にあたるであろう。「義」は自力で求め続けるかぎり終わりなき緊張の連続でしかなかった。しかし、シーリーは、内村に、その「義」は、すでにキリストの十字架により与えられていることを教えたのであった。その死は、人々に代わり「義」を求める生に終止符を打つものとされ、それゆえに「福音」とされる。これは同時に善行すなわち行為主義的な人間観の否定でもあった。内村においては、エルウィンの児童養護施設において用意された人間観の転換がアマストにおいて沸点に達したとみてよい。

二年後の一八八七年夏、内村は同校卒業を認められ、ハートフォード神学校に入学。しかし心身の不調もあって翌年初めには退学し、五月には帰国した。アマスト大学に関しては選科生として入学したにもかかわらず、シーリー学長のはからいにより卒業資格を与えられた。ただし、医師の資格はもちろん、キリスト教の教師の資格も、資格という資格は何一つ得ないままの手ぶらの帰国であった。結果的には、それが苦労の種になるが、一方では新しい進路に導くことになる。

内村は、アメリカ滞在中に愛用していた聖書に次の言葉を書き込んでいた。

I for Japan;
Japan for the World;
The World for Christ;
And All for God.

内村は、後年、これに次の訳語を付していた。

自分は日本の為に
日本は世界の為に
世界はキリストの為に
凡ては神の為に

さらに「千八百八十六年米国アマストに於て神と己とに誓いし所　内村鑑三」と書き添えている（全集四〇、「雑篇」解題）。

アメリカから帰国した内村は「ここは私の家でもあり、私の戦場でもあります。私の仕事、私の祈り、私の生命を、惜しみなく捧げるべき地であります」（『余はいかにしてキリスト信徒となりしか』）と意気込む。ここには札幌農学校卒業時に誓いあった「二つのＪ」への献身が改めて確認されているとみてよい。アメリカにおいて人間観の転換は与えられたが、現世観と現世における使命感は、かえって強まっていたともいえる。自己の「死と再生」をへて、帰国後の使命は日本の「再生」であった。

三 「二つのJ」の挫折

不敬事件

一八八八（明治二一）年五月に帰国した内村は、九月、滞米時代に交渉もあった新潟の北越学館（校長成瀬仁蔵）に仮教頭として着任した。当初は土地の有志により設立された学校とみなして赴任したのだが、経営をはじめ実権はアメリカン・ボードの宣教師によって掌握されていた。内村は、キリスト教主義学校とはいえ、日本にある学校だから、日本の宗教や中国の聖賢たちの教えも学ばせようとしたが、その教育方針は経営側との対立を招く。この結果、赴任して半年も経たない同年一二月には、早々に同校を辞任、帰京した。

帰京した内村は、翌年から東洋英和学校、水産伝習所に教員として勤める。

メソジスト系の東洋英和学校の生徒であった山路愛山は、天長節および立太子式の祝会における内村の演説を明瞭に覚えている。内村は演壇に飾ってあった菊花を日本の名花として賞したあと、窓の外にそびえる富士山を指さして述べた。

諸生よ、窓を排して西天に聳ゆる富嶽を見よ。是れ亦天の特に我国に与へたる絶佳の風景なり。されど諸生よ記せよ、日本に於て世界に卓絶したる最も大なる不思議は実に我皇室なり。天壌と共に窮りなき我皇室は実に日本人民が唯一の誇とすべきものなり。
（山路愛山『基督教評論』警醒社書店、一九〇六）

ただ、これは学校における公的な演説であるが、同年二月に起こった文部大臣森有礼の暗殺事件に対しては、アメリカの友人宛ての手紙のなかで、大日本帝国憲法の発布に関し人々が内容も知らずに「大狂喜（much madness）」していること、天皇が「神聖ニシテ侵スヘカラス」とあるところを、わざわざ"holy and inviolable"とカギ付きで取り出して危惧を表明している。

近代日本における天皇絶対化の歩みを振り返るとき、思い出すのは明治初年のニコライの日記である。それでは、天皇の地位がまだまだ不確定なものとしてニコライには受け取られている。また内村も『代表的日本人』の西郷隆盛の章で描いているように、維新革命の当初、天皇の地位をいかにすべきか他から問われる時期もあったのである。それが帝国憲法と教育勅語によって絶対化の確立がはかられたのであった。

一八九〇年、第一高等中学校に嘱託教員として就職した内村は、将来大いに嘱望される生徒たちの教育に生きがいを感じていた。ところが翌年一月九日、同校に前年与えられた「教育勅語」の発布式が行われることになった。この勅語は、東京大学や第一高等中学校など特定の学校に対しては、他校と異なり特に天皇の名前「睦仁」の親署がなされていた。

当時、第一高等中学校にならぶ第二および第三高等中学校でも天皇親署の「教育勅語」が交付され、その諸校では第一高等中学校より一日早く、一月八日に奉読式が行われていた。当時の学校の講堂では、正面に天皇の写真（「御真影」）が掲げられていたから、その二校では、まず天皇の写真に対して「奉拝」が行われ、つづいて「教育勅語」の「奉読」、校長の演説、「教育勅語」の「奉拝」が行われた。このような式次第は当局からの指示によるものとみたい。

第一高等中学校でも同様な式次第が伝達され、教員たちにも知らされていたのであろう。同校には内村のほかに倫理学の中島力造と物理学の木村駿吉の二人のキリスト教信徒の教員がいたが、中島と木村は当日欠席してしまった。特に三人が相談したとはみられないが、内村は出席することにした。しかし、何か予感したのか、それまで籍を残していた札幌教会に対して脱会通知を宮部宛てに送付していた。理由を話すと宮部が「自分を気の毒に思い、悲しむ」からとして、そのわけを記さなかった。

当日が来た。奉読式は風邪で欠席した木下広次（きのしたひろじ）校長に代わり教頭久原躬弦（くはらみつる）が執行した。「教育勅語」朗読のあと、教員および生徒は順次、その前に進み「奉拝」することになった。内村の番が来た。しかし内村は前に進んだが、その「奉拝」があいまいであったとみなされる。内村の意識では頭を下げなかった。これが大問題に発展したのである。非難は校内の一部の生徒、教員から始まり、仏教系の新聞雑誌、一般紙へとたちまち拡がった。

やがて流感にかかった内村が、なかば昏睡状態で病臥中に、第一高等中学校への辞表が他人の筆で記されて提出されていた。それに追い打ちをかけるように、内村の看病にあたっていた妻かずが病死した。内村の失意は想像を絶する。見るに見かねた札幌農学校の旧友達が内村を札幌に招いて慰めようと試みた。しかし、札幌に赴いた内村が、その席で見せた姿は、仲間の同情どころか反感を買うほど友を無視した精神の衰弱ぶりだった。すなわち、「不敬事件」により職を奪われ、妻とは死別、しかも全国からの非難の総攻撃にあって、内村は文字通り生ける屍と化したのであった。

アメリカから帰国した時には「二つのJ」のために働かんとした意欲に燃えていた。それが「不敬事件」により目指す「日本（Japan）」の方が内村から消え去ったということができる。「日本」で働かんとして第一歩を踏みしめた「日本」の消失と「死」だった。

再起

心身双方の危機から小康状態を迎えた内村は、横井時雄の友情により本郷教会などでの講義の場を与えられ、文字通りその日暮らしの生活を一年ほど送る。

一八九二年夏には、第一高等中学校時代の教え子の故郷千葉県竹岡で静養。このとき同地に天羽基督教会を設立した。教会で行った聖書講義には同地に滞在中の若き大西祝も出席した。

同年秋、大阪の泰西学館に教師として赴任。しかし、まもなく井上哲次郎による「教育と宗教の衝突」が『教育時論』をはじめ全国数十種の雑誌に掲載され、キリスト教の思想は、「教育勅語」の国家主義、現世主義、忠孝主義に反するとの主張が喧伝された。

文字通り現世に居場所のなくなった内村は、事実に近い体験をもとにした『基督信徒の慰』の執筆を始め、翌年二月には警醒社書店から世に送った。その「目次」だけを掲げよう。

第一章　愛するもの、失せし時
第二章　国人に捨てられし時
第三章　基督教会に捨てられし時
第四章　事業に失敗せし時
第五章　貧に迫りし時
第六章　不治の病に罹りし時

著者は「自伝にあらず」とは言うが、細部はともかく、これこそ「不敬事件」により、妻、国家、教会、職、などの一切を失った人間、すなわち死の谷に突き落とされた人間の再生の書といってよい。内村にとって「不敬事件」は、帰国後に目指した日本および日本人の「死」を意味した。そのなかで書かれた本書は、その「死」からの自己自身の「再生」の書と称してよい。以後の内村の宗教、思想のすべては、この「不敬事件」による

「死と再生」から生じたものとみたい。

一八九三年春には泰西学館を辞し、熊本英学校に赴任するが、それは夏までの短期であった。

以後は京都に居住、いわゆる生活困窮の「京都時代」を送る。しかし、その苦境のなかから、『求安録』、*How I became a Christian*（『余はいかにしてキリスト信徒となりしか』）、*Japan and the Japanese*（のち *Representative Men of Japan*〈『代表的日本人』〉）などの名著が生まれた。内村は徐々に「再生」の道を歩みはじめる。『求安録』は文字通り魂の安心を求める苦闘の記録である。『余はいかにしてキリスト信徒となりしか』は出生からアメリカでの生活をへて帰国までの半生の自伝にあたる。『代表的日本人』は西郷隆盛、上杉鷹山、二宮尊徳、中江藤樹、日蓮の五人を通して、英雄伝ではなく、それぞれの立場を通して「天」の声に耳を傾けて生きた日本人を描いたものである。

一八九四年七月、箱根で開催された基督教青年会第六回夏期学校に講師として出席「後世への最大遺物」と題して講演をした。この講演はまもなく京都の便利堂から公刊されるが、夏期学校の出席者はもとより読者に大きな影響を与える（くわしくは拙著『近代日本のバイブル』〈教文館、二〇一一〉にゆずりたい）。京都時代には若き有島武郎、国木田独歩などの訪問もあった。同じ京都時代の一八九六年夏、興津で開催された第八回夏期学校にも講師として招かれ、カーライルを論じた。これには青年正宗白鳥が出席している。ただし、このとき開戦された日清戦争に関しては、大国清により苦しむ朝鮮を援助する「義戦」とみた。

四　日本の再生運動

朝報社入社

一八九六（明治二九）年秋、内村は名古屋英和学校に教師として赴任する。名古屋英和学校はアメリカのメソジスト・プロテスタント教会の運営するキリスト教主義学校であった。内村はアメリカの宣教師の関わる学校には十分に懲りているはずなのに、あえて赴任した理由は何か。それは、ひとつには名古屋の地理によるだろう。出版のため警醒社書店との打ち合わせには少しでも東京に近い方が便利である。しかし最大の理由は給料七〇円の提示であったとみたい。新たに妻としてしづを迎え、まもなく娘ルツも生まれていたのであった。

名古屋英和学校における教員生活は宣教師とのトラブルもなく生徒たちの評価も高かった。そこへ朝報社の黒岩涙香（るいこう）（周六）が訪ねてきた。その経営する新聞『万朝報』は、スキャンダル記事も多く評判のよい新聞ではなかった。涙香は「まむしの周六」と恐れられてもいた。その内容と評価を一新するために黒岩は、森田思軒などを迎えていたが、さらに内村をはじめ幸徳秋水、堺利彦（枯川）らを記者として抱えようとしたのである。内村の品性については、黒岩の兄四方之進から聞いていたようだ。四方之進は札幌農学校の一期生であるうえ初期の札幌教会の仲間であった。涙香の入社依頼に対し、日本の社会のことは見捨てていると渋る内村に対して、それは、とにかく新聞記者になってから定めよと涙香は説得した。内村はかなり長く黙考したのち、『太平記』に登場する冷泉為明の次の歌を引いて応じた。

　思ひきや我が敷島の道ならで浮世の事を問はる可しとは

こうして一八九七年二月に上京、朝報社の英文欄主筆の地位に就いた。やがて内村は、社長の黒岩を変え、『万朝報』も変えた。

『東京独立雑誌』の創刊

内村の朝報社入社は、記事内容はもとより涙香をはじめ社員の気風一新にもあずかり、『万朝報』の評価を高めた。社内には山県五十雄、田岡嶺雲など一高、水産伝習所時代の教え子もいて涙香社長からも「先生」と言われる扱いだった。一方では東京基督教青年会館で毎週月曜日に文学講演を開催、これには若き日の正宗白鳥も出席していた（のちに『月曜講演』と題し警醒社書店から刊行）。

内村としては特に不満もない朝報社生活であったが、山県五十雄の兄で出版社を経営していた山県悌三郎が、内村の文才を見込んで主筆として新雑誌を創刊する話をもたらした。こうして一八九八年六月、「社会、政治、文学、科学、教育、並に、宗教上の諸問題を正直に、自由に大胆に評論討議」する『東京独立雑誌』を主筆として創刊させた。

伊藤博文、大隈重信、板垣退助をはじめとする政治家はもとより、実業家、学者、宗教家（仏教、キリスト教）に到るまで文字通りなぎ倒す筆鋒であった。とりわけ若い読者たちに歓迎された。当時一五歳だった魚住影雄（折蘆）は記している。

かゝる折柄内村鑑三氏の東京独立雑誌が世を罵り社会を呪ふて現れた。焰をはくが如き氏の不平と冷嘲熱罵は僕をして同感の胸を躍らせて、氏と共に慷慨の腕を扼せしめた。而して氏の中心思想は正義であつた。世界主義であつた。換言すれば人道であつた。宗教的人道であつた。（『折蘆遺稿』岩波書店、一九一四）

創刊一年後、加藤トシにより創立されてまもない女子独立学校を、彼女の遺志により校長として引き受けることになる。女性の自立のため職業教育を目的とした学校であり、内村の考えに適合した学校であった。東京府豊多摩郡角筈村にあった。今や新宿西口の高層ビルの林立する地域であるが、当時はクヌギ林の生い茂る閑静な地である。内村はさっそく校内に居を移した。『東京独立雑誌』の主筆と女子独立学校の校長であるから、決してひまではなかったが、豊かな自然に囲まれ、礼拝では感話をするなど、さながら「小独立国」であった。

しかし、まもなくして同校の教頭との間に争いが起こる。教頭は佐伯好郎と言い、東京専門学校を卒業、留学後、東京高等師範学校の英語教員を勤めていた。内村よりは一〇歳年下である。両者の争いの理由については佐伯側の言い分しか伝えられていない。そのために、真相は今日に到るもいまだ謎であるが、ことは東京独立雑誌社の社員にまで拡がり、結局『東京独立雑誌』の廃刊にまで追い込まれた。

『聖書之研究』の創刊

一九〇〇（明治三三）年九月三〇日付けで『聖書之研究』の創刊号が刊行された。聖書に関する研究雑誌刊行の夢は、アマスト大学在学中に接した旧約聖書の研究誌 *The Old Testament Studies* に接したことに始まる。みずから語っているように、当時の日本では、聖書の話をして金銭を受け取る人はいなかった。当然聖書の研究をうたった雑誌で生活できるとは思わなかった。

創刊号の「宣言」において、内村は『東京独立雑誌』との相違を高らかに言明している。

「聖書の［ママ］研究」雑誌は「東京独立雑誌」の後身なり、彼なる者は殺さんが為めに起り、是なる者は活さんが為めに生れたり、彼なる者は傷けんが為めに剣を揮ひ、是なる者は癒さんが為めに薬を投ぜんと欲す、責むるは彼の本分なりしが、慰むるは是の天職たらんと欲す、義は殺す者にして愛は活かす者なり、愛の宣伝が義の唱道に次ぐは正当の順序なり、「聖書之研究」雑誌は当さに此時に於て起るべきものなり。

これまでと同じ日本再生を目指した働きかけといっても、外形力でなく、いっそう内面的作用による働きかけという方向転換がなされている。

創刊号をみると全八〇ページのうち約三分の二は聖書の研究を中心とした主筆自身の執筆である。寄稿者として友人の田村直臣、住谷逸人（天来）、吉野臥城の名が見え、他は同年夏に開催された夏期講談会の記録である。しかし、予定していた初刷が早々に売り切れたため、一一月には二刷を出し、結局創刊号は三千部刊行された。これにより『聖書之研究』刊行の見通しが立ち、以後、一九三〇年の死に至るまで内村の一生にわたる中心的な仕事となった。

なお内村は『聖書之研究』創刊と同じ月に朝報社に客員として復帰している。当初『聖書之研究』の刊行だけでは生活費の見込みがまったく無かったからであろう。

夏期講談会

次に『聖書之研究』創刊と時を同じくして開催された夏期講談会についても記しておきたい。

女子独立学校および東京独立雑誌社の内紛により、東京独立雑誌社が解散し、同社により女子独立学校を会場として開催されることになっていた読者会の計画が宙に浮く事態をもたらした。やむなく、内村は、夏期講談会を自己の単独事業として開催しなくてはならなくなった。この後、やはり内村個人により一九〇一年と一九〇二年との二回、夏期講談会が開催されるので、この一九〇一年に開催された会合を第一回夏期講談会と呼び、以下第二回夏期講談会、第三回夏期講談会と称されることになる。第一回の会場は校長を務めていた女子独立学校であったが、以後は同じ会場でありながら学校名が代わり、第二回、第三回はそれぞれ角筈女学校、精華女学校となる。

第一回夏期講談会は一九〇〇年七月二五日から八月三日まで、一〇日間にわたって開催された。講師として札幌農学校時代の先輩大島正健の応援があり、そのほか北越学館の館主であった加藤勝弥（母は女子独立学校の前校長加藤トシ）、住谷天来らの応援もあった。参加者は、東京はもとより北海道から九州まで、判明しているだけでも約七〇人を数えた。職業は学生をはじめ農業、林業、漁業、商業、工業、教員、公務員、会社員、医師など多様である。そのうち六十数人が記念写真にも写っている。講師の内村および大島正健を中心にして小山内薫、井口喜源治、荻原守衛、青山士、倉橋惣三、西沢勇志智らの顔が並んでいる。のちに、その参加者のうち既成の教会員数名の出席のあることがわかり、内村は自分が「教会の敵」でないことの証明であるとして、これを歓迎している。

翌一九〇一年夏には第二回夏期講談会が、今度は内村単独の主催により角筈女学校（女子独立学校を改称）で開催された。記念写真には、若き日の小山内薫、志賀直哉の顔も見える。講師として留岡幸助、巌本善治、田村直臣、高野孟矩らが参加した。のちの『聖書之研究』には、やはり参加者の「感想録」と内村の付言が掲載されている。

さらに一九〇二年夏、第三回夏期講談会が精華女学校（角筈女学校を改称）で開催された。同じ場所には、戦後の一九五八年頃まで、やはり精華学園の名を付した学校が存在していて、ドイツの世界的神学者ブルンナーによるペスタロッチに関する連続講義が行われた。筆者はこの講義を聴講、往事を偲んだ。第三回夏期講談会の記念写真には志賀直哉、小山内薫のほか軍服姿の有島武郎も写っている。講師として大島正健、黒岩涙香が応援出演した。夏期講談会の雰囲気に関しては、のちの小山内薫の新聞小説「背教者」（『東京朝日新聞』、一九一三年連載）がリアルに描いている。

夏期講談会と『聖書之研究』の創刊を契機に、内村の一生の大事業となる聖書研究会が生まれる。その経緯を略述しよう。

角筈聖書研究会

第一回夏期講談会の最終日前夜（一九〇〇年八月二日）に開かれた懇親会の席上、内村の呼びかけにより東京独立苦楽部が結成され、出席者約三〇名が加入した（住谷天来日記）。講談会直後の八月一四日からは長野県上田に出向き、同一六日には上田独立苦楽部の結成に立ち会う（全集三、「北信侵入日記」）。翌年春ころ、上伊那独立苦楽部も結成（『無教会』

三、一九〇一年五月五日)、九月にはふたたび信州伝道旅行が行われて、九月二三日には穂高で安筑独立苦楽部の結成をみた。内村は、その発会式で演説をしている(『無教会』九、一九〇一年一一月七日)。

東京独立苦楽部は、毎月一回(第二日曜日)、角筈の内村宅に集まり内村の話を中心とした例会が開かれた。出席者のなかには倉橋惣三や小山内薫、浅野猶三郎らがいた。それから二、三カ月後、会員は毎月一回だけでなく、毎日曜日に内村宅で行われていた家庭における聖書講義にも出席を認められた。浅野は記す。「三畳の玄関と四畳半の事務室と六畳の書斎とを打抜いて臨時の集会所としたのであるから、三四十人も集ればもう満員である」(浅野猶三郎「角筈時代のおもひで」『内村鑑三全集』一五、月報、一九三三)。当時東京独立苦楽部の会員であった東京大学農科大学生森本慶三によると定員は二五名とされていた。東京独立苦楽部の方も会員三〇人と限定していたから、全員の出席は不可能である。そのため聖書講義の出席希望者二六名に対して抽選が行われたところ、森本が当たり高等商業学校生の長崎渉が外れた。しかし、まもなくして内村は長崎の出席も認めたという(森本慶三「第一回夏期講談会の思ひ出」『内村鑑三全集』一六、月報、一九三三)。

ところが、その秋、内村は突然、東京独立苦楽部の会員たちの出席を中止した。何か覇気のなさを感じたためでないかと浅野は書いている。それにより会員たちは自主的に集会を浅野の家で開いた。これが内村の知るところとなり、一九〇一年の夏近くになり内村の家庭で行われる聖書講義への出席も改めて認められたという（同上）。会員たちの熱意は同年開催された第二回講談会中も続き、日曜の内村宅における午前の集会だけでは物足らず、午後も中野の農家の離れを借りて行われた。

一九〇二年の八月の第三回夏期講談会の終了後に、まず東京独立苦楽部が生まれ、それから角筈聖書研究会が生じたとの見方がある（たとえば大賀一郎「角筈より柏木へ」『内村鑑三全集』一八、月報、一九三三）。しかし、その時期に関しては、それに先立つ約半年前の『無教会』一二号（同年二月五日）に、同誌の編集は角筈聖書研究会によって引き受けるとの「謹告」が出されている。したがって時期に関しては少なくとも一九〇二年二月には角筈聖書研究会は存在したとみてよい。

一九〇三年のある日曜日朝の集会後、内村の家の前で写された写真が残されている。それによると内村夫妻を中心にして石橋智信、永島与八、田中龍夫、小山内薫、倉橋惣三、永井久祿、志賀直哉、大賀一郎、小出満二、山岸壬五、山岸光宣、若林鑑太郎、黒木耕一、鈴木与平、篠原和一、西沢勇志智、森本慶三らの顔が見られる。当時の東京帝国大学および第一高等学校の学生が多い（浅野「角筈時代のおもひで」）。青年たちは白山の辺りに同宿もしていたようで、一九〇四年の新年には内村は、連名による賀状を受け取っている（全集一二、「「研究」読者の新年」）。

そのなかでも特に熱心な会員はキリストの十二使徒にあやかり「角筈十二人組」と称さ

第3回夏期講談会記念写真

1902年7月27日、会場：精華女学校。第2列：左から1人おいて内村の妻しづ、娘ルツ、3人おいて大島正健、内村鑑三と祐之、別所梅之助、第3列：右端、有島武郎、左へ3人おいて倉橋惣三、西沢勇志智、第4列：右から1人おいて藤沢音吉、海保竹松、斎藤宗次郎、第5列：左から石橋智信、森本慶三、1人おいて志賀直哉、同じく5列右から山岸壬五、浅野猶三郎、最後列：左から1人おいて大賀一郎、5人おいて魚住折蘆、小山内薫、右端、黒木耕一。

れた。ただし、その顔ぶれとなると確かでないが、一説には浅野猶三郎、小山内薫、倉橋惣三、西沢勇志智、沢野通太郎、菊池七郎、小野保之、安藤胖、佐藤武雄、中村新太郎、山内権次郎、小出満二の十二名とされ（『教友』一九一一、一九三四年七月）。これにつき筆者の中田信蔵は今や「其一人をも留めず」と付記しているが、それはあくまで中田の見方であるとみたい。

足尾鉱毒反対運動

『聖書之研究』の刊行は、『東京独立雑誌』による痛烈な社会批判に対し、人心の内面の変革に目を向けた方向転換の面は否定できないが、それにより社会に対し全く目を閉ざしたわけではない。朝報社の社員として内的な世界における改革の呼びかけは続けられた。そのなかでも足尾鉱毒反対運動、理想団活動、日露戦争反対論が社会的な大きな運動である。

足尾鉱毒反対運動には、一九〇一年四月に『大阪毎日新聞』の木下尚江とともに鉱毒地を見学、『万朝報』に「鉱毒地巡遊記」を連載したころより従事。同年六月、鉱毒調査有志会委員として改めて現地を調査し、田中正造の説明を受けている。同年夏に開催された第二回夏期講談会には被害地農民の永島与八が参加、永島は講談会への参加により「新しき生命を得た」との感想を寄せた。これに対して内村は「足尾銅山鉱毒事件が産出せし最も有益なる結果の一」と付言している。

同年一一月一日東京基督教青年会館で開催された鉱毒問題演説会には安部磯雄らとともに登壇して、鉱毒問題は「渡良瀬沿岸をしてサワラの沙漠」と化すと述べた。上京したばかりの少年竹久夢二は、この演説会に出席し「お金持ちになつて、天才の貧民教育の学校を建てるつもり」になる。

同月一〇日、第一六議会の開院式に臨む明治天皇の馬車に向かい田中正造の直訴事件が発生した。田中は逮捕されたが同夜釈放、その宿舎を内村が訪れて見舞ったとされる。

同月二七日に行われた学生たちの鉱毒被害地見学旅行に際しては、内村も現地に出向き演説した。立教中学生であった前田多門も参加し内村の烈しい批判演説を聞いた。

一九〇二年年末には角筈聖書研究会の会員有志と鉱毒被害地の見舞い旅行を行い、現地で田中正造の説明を受けている。同年、田中が官吏侮辱罪で入獄中、彼に聖書を差し入れた人物は内村とする見方が有力だが、当時の田中は、内村によれば「今は聖書を棄て起つ時である」と言っていたようである。しかし、ほどなく田中は聖書を愛読するようになり、その最期に遺された頭陀袋の中には聖書があった。

理想団

一九〇一年の七月には朝報社の黒岩涙香社長をはじめ、内村鑑三らにより理想団が結成された。同月二〇日に東京基督教青年会館で行われた発会式の呼びかけ人には次の人物が、名を連ねている。

黒岩涙香、内村鑑三、山県五十雄、幸徳秋水、堺枯川（利彦）、斯波貞吉、円城寺清、天城安政。

朝報紙に紹介された「理想団宣言」をまず引用しておこう。

理想団宣言

社会人心の腐敗堕落、年に月に甚だしきは何人も認めて而して慨嘆する所なり。之を救ふの道は人々自らを正くして人に及ぼすに在り、此理は何人も知る所なりと雖も個々分立するが為に、以て大勢に抗するに足らず、今日の急は先づ此の分立する者を合して一団の勢力と為すに在り。是れ理想団の興る所以なり。時世を憂ふる者。来りて相共に社会救済の原動力たるを期せよ

すなわち、いたずらに社会改革を呼びかけるのではなく、まず内面的なみずからの人心の改革から始め、しだいに他に及ぼすことがうたわれている。二〇日の発会式には八百余名の参加申込者があったとされる（住谷天来日記）。

この後、内村は、八月には千葉県香取神社内で行われた常総支部、一〇月には千葉町で行われた千葉支部のそれぞれ発会式に臨んで演説をしている。

非戦論

日清戦争においては、隣国朝鮮が大国清によって併呑されることを危惧し、「日清戦争の義」（一八九四年九月）を表明した内村であった。しかし、のちにロシアとの開戦論が高まるなかで、一九〇三年九月一三日、内村は非戦論を唱えて、幸徳秋水、堺枯川らとともに朝報社を辞職した。しかし非戦の理由は他の二者とは異なり、六月一三日に『万朝報』に発表した「戦争廃止論」で表明したように人を殺してはいけないとの単純な理由にもとづいていた。翌一九〇四年、実際にロシアとの戦争が始められると、戦争が開始されたからには、今や「非戦」でなく平和の回復に務めるべきとの時期に応じた使命を説いた。しかし、非戦主義者でありながら参戦せざるをえなかった青年や、戦死した青年たちには心を痛めた。

だが、内村の唱えた非戦論も、日露戦争勝利の大歓声の前にむなしく消されたというほかはない。皮肉なことに、このアジアの小国日本による大国ロシアに対する勝利は西洋諸国を驚かせ、その日本を知らんとして、ヨーロッパでは、内村の著した『余はいかにしてキリスト信徒となりしか』および『代表的日本人』のドイツ語版をはじめとする外国語版が版を重ねる結果を招く。

教友会の結成

非戦論を唱えた日露戦争が終わりに近づいた一九〇五年秋、内村は、これまで『聖書之研究』と題して刊行を続けていた雑誌を『新希望』と改題、あわせて同誌の読者組織として教友会を全国的に組織する動きを始めた。この大きな理由を二つあげたい。

その一つは、唱えた非戦論を拒んだ日本国民に対する絶望である。内村の絶望は戦勝騒ぎが大きくなるに反して募っていった。

もう一つは、一九〇四年秋に訪れた母の死と、それに対する肉親の実弟たちの反逆である。これによって頼るべきものとして「霊の兄弟」しかないとの思いを募らせた。当時の手紙にも「今や骨肉叛き去るに際し、霊の兄弟姉妹の関係の一層にナツカしきを感じ申候」(一九〇五年一月一六日。葛巻行孝宛て)と書いている。

『聖書之研究』六三号(一九〇五年四月二〇日)には次号から「新希望」と改題することとあわせ三つの方針が掲載されている。

『新希望』は第一に来世の希望を歌ふべし。
『新希望』は第二に地上に於ける平和を唱ふべし。
『新希望』は第三に総ての方面に於て拡大、征服(平和的)、改善を計るべし。

これとあわせて新方向の具体化として、教友会の結成を全国の読者にうながし始めた。これを受けて各地から同会結成の報告がなされ、そのための機関紙として『教友』も発行された。すなわち内村は日露戦争で唱えた非戦論に対する国民の反応などから、より人間の深部における革新の必要を痛感したのではないか。同時に人為的な人間の努力のみによる日本の再生、変革に限界をつくづくと感じ始めたと思う。

これにより内村は、「肉」の兄弟への働きかけから、「霊」の兄弟による変革へと、大きく舵を切り替えたとみたい。

一九〇七（明治四〇）年一一月一日をもって内村は角筈から東京府下淀橋町柏木九一九番地に移転した。新宿駅からは遠方になったが、当時の青年たちには問題なかった。第一高等学校生天野貞祐が聖書研究会に出席したのはこのころである。学校の寮のある本郷から日曜日になると毎週雨の日も風の日も休まずに通ったという。現在の新宿区北新宿三丁目一〇番地にあたり、最近になって新宿区により指定史跡にされた。

柏木に移転した翌年春には、大阪の香料商今井樟太郎の妻から寄付を受け聖書講堂が落成、今井館と名付けられた。これによって聴衆の人員制限もなくなり、『聖書之研究』の一年以上継続の読者には聖書講演会への出席が可能となる（『聖書之研究』九八、一九〇八年四月一〇日）。同館の開館式は六月五日に挙げられた。このころの会員は四、五〇名とされる。山田幸三郎（一九〇九年入会）は当時の集会の様子を次のように述べている。

当時の内村先生の日曜集会は出席者ほぼ四、五十名で、始めに先生の祈り、次に先生の指名による出席者各自の聖句暗誦（一節だけの簡単なもの）、それから極めて真摯な態度と熱意のこもった先生の聖書講義と感謝の祈りで終わり、讃美歌斉唱は始めにも終り

にもなくて解散という状態でありました。（山田幸三郎『信仰五十年』一九七三）

柏会

一九〇九年一〇月、第一高等学校校長新渡戸稲造のもとに集まっていた読書会グループがあった。そこへ、すでに内村の聖書研究会に出席していた高木八尺（たかぎやさか）と黒木三次が加わった。そのうち以前の会員のなかからも、内村の聖書研究会に出席の希望が出て、新渡戸の紹介状を持って一〇月二九日、大久保駅に参集、今井館の聖書研究会に出席することになる。この日の読書会からの出席者に対し、内村は柏会と命名した。第一高等学校の校章柏の葉と柏木の地名とをかけた名であろう。

高木と黒木のほか、柏会の会員が内村を中にして三列に並んで撮った写真（一九一一年秋。次頁参照）がある。塚本虎二により後の肩書きを付した説明があるが、肩書きを除いて示しておく。前列左より笠間杲雄（かさまあきお）、石川鉄雄、前田多門、（内村鑑三）、岩永祐吉、三辺金蔵、武富時敏。中列左より川西実三、沢田廉三、森戸辰男、三谷隆正、鶴見祐輔、藤井武、椎津盛一、後列左より樋口実、金井清、黒崎幸吉、塚本虎二、膳桂之助、氏名不詳、高木八尺、黒木三次の二二名が写っている。塚本は、欠席者として岩切重雄、田島道治の名を加えている（『内村鑑三全集』一六、月報）。のちに矢内原忠雄、江原萬里、河合栄治郎らも加入した。塚本によると柏会は内村から「蝮（まむし）の卵を温めてゐるやうなものだ」と言わ

1909年に結成された柏会（1911年秋撮影）

前列左より笠間杲雄、石川鉄雄、前田多門、内村鑑三、岩永祐吉、三辺金蔵、武富時敏。中列左より川西実三、沢田廉三、森戸辰男、三谷隆正、鶴見祐輔、藤井武、椎津盛一。後列左より樋口実、金井清、黒崎幸吉、塚本虎二、膳桂之助、1人おいて高木八尺、黒木三次

れたが、やがて黒木三次の神社結婚問題をはじめ、藤井、塚本の両人も、内村との間にトラブルを生じさせた。

しかし第一高等学校生の聖書研究会会員であっても、すべて柏会に入会したわけではない。次のように白雨会に所属した者もあれば、山田幸三郎のように東京教友会の浅野猶三郎に誘われて同会に加入した者もいる。柏会は、内村の再臨運動時代にはエマオ会と改名する。

白雨会

一九一一年一二月二三日、教友会にも柏会にもいまだ所属していない会員によって、新しい組織を結成しようとする計画が内村から提案され、東京帝

国大学生南原繁、第一高等学校生坂田祐らが賛同した。翌年一月三〇日、坂田宅で発会式が行われ、南原、坂田のほかに四人の青年が参加した。同年二月四日、新加入の青年グループに対し、会員の多くが最初に研究会に出席した前年一〇月一日の聖書講義詩篇六五篇一〇節にちなみ、白雨会とすることが内村により認められた。その後、白雨会会員として高谷道男、植木良佐らが参加、ほかに青木時一、石田三治、松本実三、星野鉄男、鈴木錠之助、鈴木禎二、浅見審三、佐藤禎一、千葉英雄、金谷二郎、高田運吉らがいた。一九一七年には小出義彦、松田寿比古、享爾の兄弟の参加もあったが、その後夭折した会員も少なくなかった。

柏会、白雨会を通じて、会員たちの一生をみると、官界、学界、教育界、言論界、政界、実業界、キリスト教界など多岐にわたっている。

文学と文学者たち

内村鑑三について、文学および文学者が嫌いというような見方がある。たしかに晩年、文学者を痛罵した次の文章がある。

> 当(あて)にならぬ者とて文学者の基督教の信仰の如きはない、彼等は基督教に接して之を歓迎する、之に憧憬(あこがれ)る、其美的一面を視て之に引付(ひきつ)けられる、然れども一朝其厳格なる道徳的要求に会ふや之に耐へ得ずして忽(たちま)ち之を棄去(すてさ)るを常とする。（全集二五、「文学者の

信仰」）

さらに「文学は基督教を解せんと欲する者の択むべき最悪の途である」とまで言い切っている。

では当初から文学そのものが嫌いかというと決してそうではなかった。アマスト大学ではゲーテの『ファウスト』を学び、それを「この世の聖書」とまで評している。それにより当初は「何故に大文学は出ざる乎」、つづいて「如何にして大文学を得ん乎」を雑誌『国民之友』に発表したほどである。また、一八九八年には「米国詩人」とともに「南米詩人」を紹介する講演を行っている。おそらく「南米詩人」の紹介は日本で最初に近いのではなかろうか。

のちに山県悌三郎とともに創刊した『東京独立雑誌』には蒲原有明や児玉花外なども詩を寄せている。したがって同誌の読者会を予定して一九〇〇年に開催された夏期講談会は、同誌の廃刊により内村の単独事業として続けて三回開催されたが、参加者のなかには若き日の小山内薫、葛巻行孝、有島武郎、志賀直哉、魚住折蘆らの名が認められる。このほか講演会、聖書研究会、訪問などを通じて内村と交渉のあった青年として国木田独歩、正宗白鳥、中里介山、野上弥生子らがいる。これらの青年たちは、当時はいずれも無名の人々にすぎなかった。それが文学者として世に立つ基盤には、若き日に内村から受けた刺激が欠かせない。

内村は、その文学論のなかで『源氏物語』については明らかに好感を示していない。しかし、これについては、あの大部の作品を、当時、実際に読んだうえでの発言とはみられない。その評言のみをもって内村を文学嫌いと断定するのは早計である。そのような源氏物語観は、内村だけでなく、当時(明治二〇年代)の一般的日本文学観、源氏物語観であったと思われるからである。

五　世界の再生運動

ルツの他界

内村の子どもとしては、最初の妻と別れたのち、二人の間に一女のあることが判明したが、彼女の実家で兄の家族として育てられた。内村は、彼女を、その少女期に一時引きとったが永続しなかった。妻しづとの間にはルツと祐之の一男一女が生まれた。そのルツが女学校に通っていた一六歳のとき、原因不明の病気にかかった。一九一一年の夏前である。その年の一二月には医師から死の宣告まで出された。内村の家の近くには、教義のひとつとして「いやし」を掲げるホーリネス教会があった。内村は、同教会の教師笹尾鉄三郎に「生きるも死ぬるもあなたにまかせるから祈ってくれ」と依頼した(『笹尾鉄三郎全集』五、福音宣教会、一九七七)。しかし、ルツは、一九一二年一月一二日、あえなく世を去ってしまった。内村の悲嘆は言うまでもない。最後に彼女が遺した「モー往きます」の一言が、内村に「永世」の確信を生じさせた。

翌日行われたルツの告別式には、聖書研究会に入会してまもない学生矢内原忠雄も出席。矢内原は、告別式の後、雑司ヶ谷の墓地まで行く葬列に付き従った。墓地に着き、ルツの棺を埋葬するにあたり、突然、内村が一握りの土をつかんだ手を高く上に掲げ、「ルツ子さん万歳」と叫んだ。この光景に接した矢内原は驚愕、「キリスト教を信ずるといふことは生やさしい事ではないぞ」と叩きこまれたという(『内村鑑三全集』一五、月報、一九三三)。

ルツの死後一カ月、彼女の記念に集まった女性たちによりモアブ婦人会が結成された。旧約聖書に登場するルツがモアブの女であったことによる。会合は会員の家庭に持ち回りのかたちで開催され、内村の妻しづのみならず内村本人も何度か出席している。

デンマークの再生

矢内原忠雄の記録によれば、ルツの死に先立つ一九一一年一〇月二二日、内村は聖書研究会の話を、病人(ルツ)の容態が悪くて準備できなかった。そのため代わりの話をした。それが「後世への最大遺物」である。ドイツとの戦争に敗れ国土の良地の多くを失ったデンマークが、ダルガス親子により、不毛の土地に植樹をなすことによって、りっぱな緑地に変えた話である。信仰と希望によりデンマークを再生させた話といってよい。本講演は、のちに『デンマルク国の話　信仰と樹木とを以て国を救ひし話』（一九一三）と題する小冊子として刊行され、日本でも国内および朝鮮などで多くの植樹をもたらすとともに、一九四五年の敗戦後の日本人を鼓舞するためにも役立った。

実は長い間、筆者にもこの話の原材料がわからなかったが、やがて当時のアメリカの雑誌によることが判明した。当時、森林破壊の問題に悩んでいたアメリカにダルガスの子どもが招かれて話した記事によったのである。このことは現在刊行されている岩波文庫の『後世への最大遺物／デンマルク国の話』の解説（二〇一一年以降の版）で述べておいた。地球の大地にも娘ルツにも共に再生の願いを内村は抱いたとみたい。

東京聖書研究会

柏木の地に移転し、今井館聖書講堂も成り、出席を『聖書之研究』購読一年の読者にも拡大した結果、聖書研究会への出席者は急増、当初の四、五〇名から、最初に作られた「柏木教友名簿」（一九一七年）によると一三一名に達している。この名簿では「柏木教友」とあるが、『聖書之研究』では名称としては東京聖書研究会がみられる。同名簿は出席者の「カード記入分のみ」となっているから、実際はもっと多いとみてよい。その名簿には住所、職業も掲載されていて、次の人々の名前が見られる。

青山士、藤井武、今井信子、石河光哉、神田盾夫、金井清、金沢常雄、黒崎幸吉、三谷隆信、室賀文武、南原繁、坂田祐、住友寛一、鈴木（石原）兵永、高木八尺、高谷道男、田中耕太郎、塚本虎二、山岸壬五、矢内原忠雄（ABC順で記載）

再臨運動

娘ルツの死によって来世の確信を強めていたところへ、一九一四年七月、ヨーロッパにおいて世界大戦が始まった。その開戦は内村の心に大きな衝撃を与えた。それはキリスト教国、文明国間の戦争であったから、内村にとっては欧米のキリスト教とそこに成立していたキリスト教文明、西洋文明に対する決定的な絶望をもたらした。内村には世界の死が突きつけられたとみてよい。

もはやキリスト教文明、西洋文明は死滅、地上の改革や発展は、人間の手によって成就されるものではない。ひたすら聖書に記されているキリストの再来、再臨をもってはじめて成就される。その口火となるキリストの再来を願って生きることこそ、今生きる人間の心のあり方とみたのであった。すなわち世界と人類の再生をキリストの再来に託したのである。内村にとり、再臨運動は世界の再生運動だった。

具体的には、その運動は一九一八年一月、ホーリネス教会の中田重治とアメリカにあって再臨思想の大きな影響を受けて帰国した木村清松とともに三人により開始された。一九一八年一月六日の東京基督教青年会館における「聖書の預言的研究演説会」の開会によって口火を切った。それまでは「角筈の隠者」とも称されて、日曜日ごとに参集する青年たちに聖書の講義のみをしてきた日々が内村の生活だった。柏木に移ってからも、新しい今井館聖書講堂に入る程度の聴衆を相手にして聖書を説いてきた。その内村の生活が一変する。内村の活動を支えるために柏木兄弟団が結成された。これには角筈教友会をはじめとする全国の教友会、エマオ会（前柏会）、白雨会が協同し参加した。

やがて中田重治らとの共同による再臨運動は終わるが、内村個人による再臨演説会は全国にまで広がり、一九一八年の一年を終えるにあたり、内村は「北は北海道より南は岡山まで高壇に立つ事五十八回二万余人に福音を説いた」と回顧するほどだった。

一方、一九一八年末から一九一九年初めにかけて、世界では、スペインはじめ、イギリス、アメリカで流行性感冒の大流行が起った。いわゆるスペイン風邪である。内村は、一九一九年二月一四日の日記において、世界の死者は「六百万人」とまで記している。「東京市中に於て今日でも毎日二三百人の死亡者あり」とも記している。あわせて「民起りて民を攻め国は国を攻め、飢饉、疫病、地震有るならん」とマタイ伝二四章七節の言葉を引用した。そして「戦争、飢饉、疫病の続発である、其点から見ても再臨の信仰を拋つことは出来ない」と再臨信仰の論拠を見出している。

前回の流感が流行した時は一八九〇年の「不敬事件」の時で、みずから意識不明の状態になるなど重い症状を呈した。今回は、自身は軽い発熱程度で済んだが、友人、知人のなかに少なからぬ死者が出ている。前者では日本、後者では世界の死と再生の機縁となった。

しかし、内村たちの再臨運動に対して日本の主流を占めていたキリスト教界は冷ややかだった。当初、内村が講演会場としていた東京基督教青年会館を運営する側から、まず、教会を否定する無教会の内村に、会場を提供していることに対する異議が出た。その中心人物が小崎弘道であった。会場使用を拒まれた内村は、一九一九年六月、新会場を大日本私立衛生会講堂に変更を余儀なくされた。

この年三月、内村は、渋谷の松村介石の家で田村直臣を交えて最初の三村会を開いた。内村によれば「田村君は六十二歳、松村君は六十歳、余は五十九歳」である。田村は日本基督教会を追われ、松村は独自の日本教会を開き、内村はいうまでもなく無教会である。いずれも日本のキリスト教会からは「異端」視された人々と称してよい。会合は三人の回り持ちで開催となり、第二回は同年末に内村の家で開かれた。午前十一時から午後四時までだった。第三回は翌年三月、順番どおり巣鴨の田村の家で開催された。これを知ってか知らずか、一九二六年に内村を訪ねて来た中田重治が、植村正久を含めて四村を詠み込んだ次の歌を披露した。

植替は過ぎて田は苅りおさめられ
　松はみどりに内は有福

この歌を日記に紹介した内村は「植村君は逝き、田村君は日本基督教会に帰復し、松村君は道会に栄え、内村は有福に暮らす、之で基督教界は平穏無事である」と解釈、ただし自分の「有福」は、イエスは「福なり」という意味の「福」であるとことわっている（全集三五）。一方、内村は、田村の日本基督教会復帰を惜しみ、みずからは次の歌を詠んだ。

植さりし田面に秋の風吹きて
　みどりは深かし（ママ）内の松ヶ枝

青年たちの転進

再臨運動は、一般のキリスト教会からは白眼視された運動であったが、青年たちの反応は別だった。

一九一九年五月三〇日付けの『東京朝日新聞』に次のような見出しの記事が掲載された。

　実生活の不安から霊に目醒む新日本
　　米問題に努力した塚本参事官を初め高等官が続々辞職して伝道師に
　◇「角筈の聖者」内村鑑三氏を慕うて
　◇四方より集ひ来る青年求道者

折から内村鑑三は、講演会場としていた神田の東京基督教青年会館を、同会の役員から追われた時であった。その問題もあって来訪した記者に対して内村は、今日に於て日本の思想界は既に政治や哲学に飽満して居る、そればかりでは生活が満足されぬのだ、霊的要求は度を増して肉体に要する米の如くに日常必要になつたのだ、否それ以上であるべき時代に入つたのだと思つた、今日の如き混沌たる思想界の中に不安動揺の生を続ける事は◇誠に苦痛であるのは最もな事と思ふのである。

内村はこう語って、農商務省の塚本虎二、内務省の藤井武、同じく大沢章らの高等官が官を辞して宗教界に投じている例を挙げた。かえりみれば内村自身も農商務省の役人であった。この時期の塚本や藤井や大沢の転身の理由を探るならば、具体的には後述することになるが、生を得て一身、一生を打ち込む道として役所の仕事よりは、聖書を学び、それを伝える道にひきつけられたというほかはない。

もっとも、この時代は内村の聖書研究会のみならず、日本の思想全体にも宗教的、精神的世界への希求が高まっている時代でもあった。文明国間の世界大戦など人類の文明に対する懐疑、ロシア革命など世界を動揺させる大きな出来事が続き、日本の著作をみても西田幾多郎の『善の研究』(一九一一)、倉田百三の『出家とその弟子』(一九一七)、賀川豊彦の『死線を越えて』(一九二〇)、西田天香の『懺悔の生活』(一九二一)というような宗教的、求道的作品がベストセラーになっている。

結婚問題

しかし、その内村の周りに集まった青年たちの間にもトラブルが生じた。それは、意外にも結婚問題であった。

さかのぼると、一九〇七年、志賀直哉が家で働いていた女性との結婚に関し内村に相談に行ったところ、「ピュワ・リーゾン」としては理解できるが「プラクティカル・リーゾン」としては反対と言われた。

実は、内村には、親の反対を押し切って結婚した初婚の苦い経験がある。結局、それが若い人たちの結婚問題に内村なりの慎重な姿勢を招いているように思われる。しかし、内村自身のその苦い経験は、生前には会員たちのだれにも知らされることはなかった。内村の、かたくなと見えるほどの結婚に対する慎重な態度だけが表に出て、青年たちの反発を招くことが多かった。

柏会の会員黒木三次が、一九一六年に日比谷大神宮で結婚式を挙げたことに関し、内村は黒木の聖書集会への出席を認めなかった。これに対し同じ柏会の会員たちの間には厳しすぎるとの意見が生じた。しかし内村は、これを機会に会員たちが浸っている観念的な信仰を戒めたふしがある。この事件は、内村自身の苦い過去と直接結びつくものではないが、観念的な信仰の先走りという点では同根とみたのだろう。

一九二〇年には住友吉佐衛門友純の長男寛一の結婚をめぐり、藤井武との激しい対立が生じた。寛一は住友に就職した黒崎幸吉が補導係をつとめていたが、黒崎の転勤後は藤井武があたっていた。その寛一に結婚問題が生じたとき、諸事情を配慮し慎重な内村と、男女の愛の関係はすべてに超越するとみる藤井との間に大きな意見の相違が生じた。結局、藤井はみずから司式して二人の結婚式を強行した。

さらに一九二二年、ヨーロッパ留学から帰国した田中耕太郎は、内村聖書研究会の先輩石川鉄雄が妻に先立たれた後、同じく会員の妻（事実上の離婚状態）との結婚の媒酌をして、内村から出入り禁止を言い渡された。田中はこの出来事に関し次のように書いている。

先生と弟子達や弟子達同志の間に意見が違い、争いが起り、先生のところから遠ざかるようになることが稀れでなかつた。そしてその原因は多くの場合結婚問題であつた。
（田中耕太郎『生きて来た道』世界の日本社、一九五〇）

田中もやがて次に述べるように内村のもとを去り、カトリックに転宗する。

前述したように当時の内村の聖書研究会員たちは、内村自身の結婚歴に関してはまったく知らなかったといってよい。今日では、それが、内村の一生を大きく方向付けるものであったことが判明している。そのことを思うと、宗教者の人生とはいえ、いな、それだからこそ結婚問題は重要となる。

転宗問題

内村は一九〇七年五月、次のように述べたことがある。

余は今は無教会信者である、然しながら若し教会に入るとするならば余は羅馬加特利教会（天主教会）に入らうと欲ふ、是れは最も古い、最も固い、最も世界的にして、最も完備せる教会である、是れは新教諸教会のやうな成上りの教会ではない、是れは二千年間の歴史に深き根拠を据えたる最も歴史的の教会である、若し信仰を維持するために制度の必要があり、教職の必要があると云ふならば、余輩は斯かる強固なる斯かる完備せる教会に入るべきである。（全集一五、「最も貴むべき教会　羅馬加特利教会」）

ところが、かつて第一高等中学校時代の教え子であり千葉県竹岡で共に夏を過ごした飯山敏雄が、鉄道省技師としてヨーロッパ視察後の一九一九年、カトリックに転宗した。田中耕太郎も前述の結婚式問題後、一九二六年にカトリックに入信した。また、第一高等学校のキリスト教青年会会員として内村の聖書研究会に通っていた吉満義彦は、大学入学後にカトリックに接近、一九二七年に改宗した。このほか、前述の大沢章および井上紫電も、いずれも第一高等学校から東京帝国大学に進み、将来を大いに嘱望された青年たちがそろってカトリックに転宗している。これらの青年たちに共通する要素として、ヨーロッパ留学と滞在によるカトリック体験が挙げられよう。田中も友人の結婚問題にとどまらず、プロテスタント、なかでも「内村先生のグループ」の行う祈禱の主観性、感情性、攻撃性に疑問を呈している。これに対しカトリックの信仰に「静温、清純、朗らかなキリスト教世界」を知ったとする。このようなカトリック体験に関しては、青年期に一時であるがカトリック研究所の研究員をしていた筆者にも理解できるように思われる。

内村はこのような青年たちの動きに対し一九二八年に「カトリックに成らず」（全集三二）を発表、内村までもカトリックに入るのではないか、との憶測まで生じた状況に反発した。そのなかで、自分が当時のプロテスタント教会に反対する理由は、プロテスタント教会が「カトリック主義に後戻り」するからである。当然、そのカトリックに成る理由はないとする。

さらに続けて同年「柏木と羅馬天主教会」を発表し、その聖書研究会を開いている「柏木」が「多くの天主教会信者を作つた」との非難に答えた。その中で内村は、飯山と田中の転宗については、内村の信仰に反対したための離教ではなく、別の理由とみる。しかし吉満の名は挙げていないが、後述するように、そこには内村の無教会主義という信仰の根本問題に迫る課題が認められよう（本章の吉満義彦の項参照）。

他方、内村のもとで助手役をつとめていた塚本虎二は、一九二七年、カトリックの岩下壮一と大論争を展開、その雑誌『聖書知識』の表紙に掲げたEXTRA ECCLESIAM SALUS（教会の外に救あり）は、キプリアヌスの「教会の外に救なし」をもじった言葉であり、内村をもためらわせた過激な標語であった。

万物再生の祈り

内村は、一九一八年三月一〇日、大阪の天満基督教会で「信仰の三階段」と題して講演をした。天満教会は今井館聖書講堂の寄金をした今井安子の夫故今井樟太郎が長年役員を務めていた教会である。同教会の創立四十年記念会でもあった。『聖書之研究』二一三号（同年四月一〇日）に掲げられた講演筆記には、冒頭に新約聖書ロマ書から引かれた次の言葉が掲げられている。

それ神は預じめ知り給ふ所の者を其子の状に効はせんと預め之を定む、こは其子を多くの兄弟の中に嫡子たらせんが為めなり。又預め定めたる所の者は之を召き召きたる者は之を義とし義としたる者は之に栄を賜へり（羅馬書八章廿九、卅節）

内村によれば、この年は天満教会の四十年である。それとともに内村本人にとっても四十年であるという。すなわち四十年前の一八七八年、札幌において宣教師ハリスから新渡戸稲造、宮部金吾らとともに洗礼を受けた。内村によれば、それがカミからの「召き」であった。それは「罪人」としての自己の自覚でもあった。

次は「如何にして自己を神の前に義とせん乎」が課題となった。その課題の解決を求めてアメリカに渡り、児童施設で働いたが、義化の願いは空しく、失望を抱えてアマスト大学に入学、そこでシーリー学長は内村に次のように教えたのであった。

汝の義とせらるゝは汝の努力に由るに非ず、汝自身如何に自己を聖めんと欲するも聖む能はず、汝の義は汝自身に於てあるに非ず、汝の罪の為め其の身を十字架に釘けられ給ひしかの主イエスキリストに於てあるなり、故に自己の努力を抛棄し唯彼を仰ぎ見よ、然らば救はれん

内村は、このキリストの十字架の出来事の意味を知らされることにより、はじめて、それまでの自己に死に、新生の方向に足を踏み出したのである。その新生した自己により「二つのJ」のためにつくさんとした。第二段階の「義」は、ここで経験されたのであった。

しかし、勇躍して帰国した日本は「不敬事件」の出来事により内村を叩き落とした。まず国家としての日本が大きく立ち塞がったのである。それは働き場として意気込んで帰国した日本の死だったが、しだいに国家でない日本の再生に希望をかけた。それが朝報社での理想団活動や、足尾鉱毒反対運動、非戦論の主張であった。しかし、それも日露戦争の戦勝に狂喜乱舞する国民の姿を見て絶望に終わった。

今や日本社会の再生は、日本人一人ひとりの精神の再生に望みを託するしかない。内村は「角筈の隠者」と称されても日本における「霊の兄弟」の拡がりに期待をかけるほかはなかった。

そこへ、娘ルツの夭折と世界大戦が勃発した。ことに世界大戦はキリスト教国間の戦争であり世界の死を意味した。もはや世界再生の希望と「栄」をキリストの再臨に期待する

しかない。ここに再臨運動の開始があった。ただし、その運動も、しだいに巷に叫ぶ運動から祈りへと転じていった。

一九三〇年三月二六日、その七〇年の生涯を閉じるにあたり、内村は次の言葉を遺した。

聖旨にかなはゞ生延びて更に働く。然し如何なる時にも悪き事は吾々及び諸君の上に未来永久に決して来ない。宇宙万物人生悉く可なり。言はんと欲する事尽きず。人類の幸福と日本国の隆盛と宇宙の完成を祈る。

新渡戸らと5人でハリスの墓参
1928年6月2日、新渡戸稲造（右）、大島正健（右後）、伊藤一隆（左後）、広井勇（左）と信仰50年を記念し青山墓地にハリスの墓参。

内村鑑三の一生を顧みると、次のように大別されるであろう。

一、まずその時代に生まれ育ったままの自然的存在としての自己がある。それが札幌でキリスト教に出会うことによりJesusとJapanという「二つのJ」のために生きんとする存在に変わる。

二、続いてアメリカに渡り、エルウィンの児童養護施設における生活経験をへて、アマスト大学においてシーリー学長の示唆により、キリストの十字架により罪の克服に苦しむ自己の死と再生を体験、「二つのJ」のために生かされる自己という存在に変わる。

三、しかし、帰国後しばらくして経験した「不敬事件」は、内村から一切を奪いとり「死の淵」に突き落とした。同時に素朴な一次的客体としての「二つのJ」のうちのJapanも喪失。日本の死の経験である。

四、その苦悩ののち、やがて内村には、一度は失せた日本において日本の再生すなわち新しいJapanを目指す活動の時が訪れる。鉱毒反対運動および非戦論である。

五、最後は、世界大戦の勃発（世界の死）と娘の死を経験。これを契機に、世界の再生、新世界の出現はキリストの再臨によりはじめて実現するとみる。内村の一生の帰結は、その希望に生きることとみてよい。したがって再臨運動は、いわゆる運動というよりは世界再生の祈りである。

このように五大時期に分かれるといっても、それら相互の間は判然と線引き出来るものではない。同じ人間として前進と後退を繰り返しながら、自己の死と再生、日本の死と再生、世界万物の死と再生という質的漸進の人生とみたい。

本章　内村山脈の人々

以下に収めた人々は、内村鑑三の無教会またはキリスト信徒にとどまらず、内村と影響や交渉の比較的深かった人々も含め、広範囲に及んでいる。そのもとから離反した人々もある。叙述も、人名辞典的な一般的な叙述は少なめにして、内村との関係を主とし、できるだけ相互の応答、会話などの紹介を心がけた。なかには反発や非難もあるが、さまざまな視点からみた内村鑑三像になるかもしれない。

青木義雄　あおき よしお

実業家。一八六八―一九五〇。下野国出身。幼名萬平。家業は肥料商。一八九四年七月、箱根で開催された第六回基督教青年会夏期学校に参加し講師内村鑑三の「後世への最大遺物」の講演に感動。一九〇〇年に開催された第一回夏期講談会にも参加。内村は青木の印象を次のように述べた。

下野の青木義雄氏は肥料商なり、沈黙にして席上曾て一語を吐かず、余輩時には氏の吾人の中に在りしや否を疑へり、爾も氏が実際的に氏の熱情を発表せらるゝの事実に至ては余輩をして感奮せしむる事多かりき、瑞西人の諺に曰く「雄弁若し銀ならば沈黙は金ならん」と、余輩弁士の位置に立ちし者は青木君の前に愧ぢたり。（『聖書之研究』1、

一九〇〇年九月三〇日、『内村鑑三全集』八）

その後、内村の開始した聖書研究会には、栃木県から可能な限り上京して聴講した。内村も一九〇六年一〇月一二日、宇都宮に行き講演、このころ『聖書之研究』の読者組織である宇都宮教友会が設けられ青木は中心人物となる。また宝積寺銀行宇都宮支店の支配人を勤める。同銀行は、見目家に養子入りした四男清が頭取、長男六郎が取締役だった。その後、内村は宇都宮をはじめ同地を何度も訪れ、他方、青木も伝道資金の寄付をした。一九一二年には小冊子『商売成功の秘訣』（内村鑑三述）を宝積寺銀行宇都宮支店から出版した。同年には下野教友会が組織された。しかし前年の母の死後から家産処理をめぐるトラブルが生じ、経済的危機におちいる。

再臨運動で忙しくなり内村が下野教友会を訪れる機会が減った一九一九年九月一八日、急に宇都宮を訪ねたところ、予定外の演説をさせられたことがある。内村は怒りながら「大演説」をしたようだ。終了後に青木は内村から叱責されたが、次のように語っている。

先生は矢張り怒らせるに限る、何となればあの時の演説は、怒るライオンがたてがみを烈風に櫛らして荒れ狂う海濤を叱咤するの概があった。（『柏木通信』一二、一九二五年二月一〇日）

一九二〇年には宝積寺銀行は喜連川銀行と合併して下野実業銀行になり、青木は取締役に就く。一九二二年には内村が同銀行で行った講演を『商人と宗教』、宇都宮の旭館で行った講演を『本当の宗教　附、霊なる神』、一九二三年に宇都宮で行った講演を『残る者と残らざる者　付録　日本の国体と基督教』と題し小冊子とし、「発行者　青木義雄」名で出版している。

ただし一九二三年に同銀行は破綻し、一九二五年、宇都宮銀行などと合同し下野中央銀行が設立され青木は同銀行の監査役に就く。しかし青木家の家産は危機におちいり、内村は同銀行に有していた預金約五百円を青木に同家の整理資金として寄付した。また挟間田（はさまた）の土地を購入し「内村学田」と名付け青木に貸し付けるかたちをとった。約九反五畝、購入費七千二百円とされている。

内村の没後の一九三二年、青木は挟間田に帰り一九三二年から三九年の間熟田村村長に就く。青木家には内村の「公義第一」、「士道第一」、「排米節倹」などの書が遺されている。内村の同家訪問はたびたび行われ、青木宛ての書簡は現存する内村の書簡としては最大の四百余通を数える。これらの書簡は『内村鑑三全集』のほか、さくら市史編纂委員会編『氏家町史　史料篇　近代の文化人』（二〇一三）にも収録された。

青山士　あおやま　あきら

工学者。一八七八―一九六三。静岡県出身。小学校を終えると上京、東京府立尋常中学校をへて一八九六年、第一高等学校に入学。同室の学生浅野猶三郎は内村鑑三主筆の『東京独立雑誌』の愛読者であり、その雑誌を青山に勧めた。一八九九年、東京帝国大学工科大学土木工学科に入学、内村と札幌農学校時代の同級生広井勇教授の指導を受ける。同年一一月五日、神田の帝国教育会館で行われた内村の講演を聴講。翌年には『東京独立雑誌』の読者を対象として開催された夏期講談会に参加。やがて内村の開いた聖書研究会にも出席した。『後世への最大遺物』(便利堂、一八九七)を読み、土木事業の話と天文学者ハーシェルの「生れた時より世の中を少しなりとも良くして往かう」との言葉に感激する。一九〇三年、同大学を卒業すると直ちにパナマ運河の開削事業への参加を志し渡米。アルバイトをしながら事業に参加の機会を待ち、約一年後、地峡運河委員会に採用され、パナマ運河開削という歴史的大工事にただ一人の日本人技師として参加。その話は、のちに青山の記した『ぱなま運河の話』(一九三九)にくわしい。

一九一二年に帰国すると内務省の土木技師として採用され荒川改修工事に従事。一三年後の一九二四年一〇月一二日、荒川放水路通水式が行われ、その五日後の一〇月一七日、青山は師の内村鑑三を迎えて岩淵水門を案内した。内村は聖書研究会会員の女学生らを伴って出かけた。同日の日記には次のように記している。

聖書研究会々員中の女学生十名(主に女子高等師範生)を伴ひ、旧い教友の一人なる工学士青山士(アキラ)が主任技師として近頃竣工せし荒川下流改修工事中の岩淵水門を見学した。技術上教へらるゝ所が多々あつた。発電所に小集会を開き、神を讃美し、我が愛する友の事業の成功を感謝し、其の永く東京市民を福ひせん事を祈つた。風は寒くあつたが心は温く、若き人達と共に一日を暮らして、我も亦若き人となつた。(全集三四)

のち青山は、新潟土木出張所長として信濃川の大河津分水の改修工事も担当し一九三一年に完成。同工事の完成記念碑には「万象ニ天意ヲ覚ル者ハ幸ナリ」の言葉と、その下に同じ意味のエスペラント語の文章が刻まれ、さらに裏面には「人類ノ為メ国ノ為メ」とやはり同じ意味のエスペラント語の文が刻まれている。「人類ノ為メ国ノ為メ」には、内村の一生を貫いた「二つのJ」が明らかに反映されている。一九三四年五月、内務省技監、一九三五年、日本土木工学会会長。二〇一九年九月、関東地方を見舞った河川の氾濫においては、青山の行った荒川改修工事が再評価されている(「あの日荒川は東京を守った・下」、『朝日新聞』二〇一九年一一月一六日東京版)。(ほかに『写真集青山士　後世への遺産』山海堂、一九九四。高崎哲郎『技師・青山士の生涯』講談社、一九九四。荒川治水資料館『荒川放水路と青山士』一九九九。鈴木範久『近代日本のバイブル』教文館、二〇一一)

秋元梅吉　あきもと　うめきち

盲人福祉事業者。一八九二―一九七五。東京出身。五歳のころ失明。一九〇六年、東京盲唖学校に入学。一九一二年、同校を卒業し、一九一四年に東京盲学校師範科に入学。同年、鈴木錠之助(白雨会)の紹介で内村聖書研究会に入会。一九一六年、東京盲学校師範科卒業。一九一九年、盲人基督信仰会を設立。一九二四年、内村鑑三、好本督らの協力により日本語点字旧約聖書を完成。秋元は次のように述べている。

点字聖書出版に当って内村鑑三先生から御奨励をいただいた事は多大であります。列王紀略を製版している頃です。先生は秋元と伊藤とを招いて「之でマンジューでも買って食べ給へ」と言って金三〇円下さいました。当時一〇円あれば一人の一カ月の食費に足りたのですから之は大金です。その時先生は「どうも俺の所の集会の連中は君たちの事業に冷淡だ、集りには来るが信仰はわかっていないんだ。彼らに君たちの事を話して募金したが成績がよくない。君たちのやっている事は実に尊い。君たちは点字聖書を作るからなどとタイコをたたかないで黙々としてやっている。そこが偉いのだ。計画準備が万事とととのってからやろうとしたら出来なかったろう」と申されました。（岩島公『秋元梅吉』盲先覚者伝記シリーズ、日本盲人福祉研究会、一九八五）

一九二四年一二月二二日に開催され同聖書の感謝会にも内村は出席した。一九三三年、盲人基督信仰会は東京光の家に改称され盲人の福祉厚生事業を展開した。

芥川龍之介　あくたがわ りゅうのすけ

文学者。一八九二―一九二七。東京出身。東京帝国大学在学中の一九一五年に「羅生門」を発表。夏目漱石に入門。海軍機関学校教官を経て一九一九年、大阪毎日新聞社に社友として入社。「奉教人の死」などのキリシタン物に加え、『西方の人』では「クリスト」を描いた。芥川に聖書を贈った人物として室賀文武（一八六九―一九四九）がいる。室賀は山口県の出身、芥川の生家耕牧舎で牛乳配達に従っていたが、内村鑑三の聖書研究会に出席して会員となり聖書の行商などに従事。その後、芥川が第一高等学校在学中に二人は再会。その室賀から芥川は内村の著書を勧められたり、その講演に誘われたりした。室賀から内村の著書『感想十年』を借りて読んだ芥川は「内村さんは実に偉い。明治の第一人者である」、「早くから内村さんに就いて学んでおくと好かつたのだがなあ」と語ったという。室賀が聖書協会に勧めていた関係で、芥川から聖書の注文を受けたりした。芥川が世を去るとき枕元にあった聖書は室賀が用立てたものかもしれない。

一九二七年七月二五日、前日の芥川の自殺の報を新聞で読んだ内村は日記に記した。

自分は氏を知らずと雖も、氏に対し深き同情なき能はずである。有島の場合に於けると同様に、近代思想は人をして茲に至らしめざれば止まない。神なし、義務なし、責任なしと云ふ。近代人が死を急ぐは当然である。人の罪と云ふよりも寧ろ思想の罪である。近代思想はあたら人間を殺しつゝある。（全集三五）

暁烏敏　あけがらす　はや

仏教僧侶。一八七七―一九五四。石川県出身。一八九三年、京都大谷尋常中学校三年に

編入。一八九六年、真宗第一中学校を卒業し真宗大学本科二部に入学。同盟休校により退学処分となるが翌年四月復学。一九〇〇年七月、真宗大学を卒業し東京に出て清沢満之方に居住。九月、東京外国語学校露語科に入学。一〇月二七日、多田鼎、佐々木月樵とともに内村鑑三を訪問。日記に「文明の事、摂理の事、祈禱の事、罪悪の事、仏基合同の事、依頼の事等を談じ来る」とある。真宗大学に入学以来、『東京独立雑誌』、『聖書之研究』を愛読していたし、『求安録』『後世への最大遺物』『地人論』『警世雑著』『小憤慨録』『余はいかにしてキリスト教徒となりしか』などの著書はすべて「むさぼるやうにして読んだ」という(『暁烏敏全集』二六)。のちに当時をふりかえり「この頃は宗門の革新と信心の相続に心を砕いてをつた」時であり「世界平和の夢を抱いて東京に出るやうになつたのは内村先生の教化に負ふところがすくなくない」とする(『香草抄』、『暁烏敏全集』一九)。

直接両者が会ったのは右の一回きりであったが、一九二七年、イタリアの旅で留学中の内村祐之と会い、ともにヴェスビオス火山を見物、「ゴツ、ゴツ、ゴーとすさまじい音をたてて噴火する火山の姿を眺めながら内村先生を念じていた」という(同上)。この後、暁烏はエルサレムから美しい押し花をそえて内村に手紙を出した。その手紙には次のように書かれていた(内村は四月二七日の「日々の生涯」で紹介)。

十二月国を出て印度仏跡をめぐり、三月九日キリストの跡をめぐるべくこゝに来ました。こゝまで私をして来さしたのはあなたである事を思ひました。青年時代に求安録と独立雑誌とによらなかつたら私は今こゝに来なかつたでせう。改めて先生にお礼申します。

内村は、この手紙に接して次のように思った。

基督教の宣教師等よりイヤ味たつぷりの手紙を受取りつゝある此頃、音信久しく絶えたる仏教界の長老より、斯かる書簡を、而かも我がヱルサレムより受取つて感慨無量である。所詮我国の浄土仏教徒は我が信仰の兄弟姉妹である。彼等が真の阿弥陀は主イエスキリストである事を知って呉れる時に、世界の基督教の大改革が始まるのであると思ふ。

内村は、右の日記の掲載されている『聖書之研究』誌三二四号を暁烏に送った。

浅野猶三郎　あさの　なおさぶろう

伝道者。一八七八―一九四四。東京出身。旧姓伊東。幼児期に伯父の浅野家を継ぐ。一八九七年、第一高等学校に入学、翌年、内村鑑三の創刊した『東京独立雑誌』を愛読。次の年の秋、社会教育会館で行われた内村の講演「日本の今日」を聴く。一九〇〇年秋にはじめて角筈の自宅に内村を訪問、秋には内村の家庭で開かれていた聖書研究会に参加。以後、同聖書研究会の主要メンバーになり、最初期の会員のなかでも特に熱心な「角筈十二人組」の一人となる。

そのころ、浅野は次の質問を内村に発した。

先生、私共は、よし親を苦しめるやうなことになつても、猶ほ正義を実行すべきでせうか。

これに対して内村は答えた。

君、僕にそんなことを聞くのは残酷だよ。考へて見給へ、判るでせう。(『祈の生活』一三、一九三七年九月一〇日)

若い人たちの質問に対する内村の回答には、このような態度が多い。浅野も記していることだが、内村は聖書講義などを通じてみずから見出すように示唆を与えるだけにとどまっている。

浅野の角筈時代の回想は、同時代の内村本人の人物論にとどまらず、当時の青年たちのキリスト教への入信事情についても貴重な資料である(『内村鑑三全集』一五、月報)。第一高等学校卒業後、東京帝国大学理科大学物理学科に入学するが、一九〇六年、独立伝道を志し大学を退学。国内はもとより朝鮮、満州にも出向き伝道、その帰国のたびごとに内村に報告している。一九三六年、伝道雑誌『祈の生活』を創刊。

浅見仙作　あさみ　せんさく
伝道者。一八六八―一九五二。越後国出身。一八八四年、青年夜学校を設け教員となる。

一八九一年、家運の回復をはかるため北海道に渡り石狩国篠路村で開拓に従事、五十町歩余りの土地所有者となる。ところが一八九八年はじめ、洪水に会い田畑を一挙に失う。同郷の木村清松から中田重治を紹介され、札幌で中田の話を聞き、さらに中田から勧められた三谷種吉より放蕩息子の話を聞いて回心、一九〇二年、札幌メソヂスト教会で受洗。岩見沢メソヂスト教会会員になり伝道活動に従事。一九〇三年渡米。サンフランシスコ近くの日本人教会で伝道活動。しかし日露戦争が起こると、熱狂する日本人信徒たちと対立。一九〇五年同教会を辞して一九〇七年帰国。当時、『聖書之研究』を通じて内村鑑三の非戦論に共鳴し角筈に内村を訪ね、しばらく東京に滞在。のち、北海道に戻り牧畜及び農業、さらに石狩で製麻工場の社員をへて札幌で浴場を開業。金沢常雄らと同地方の無教会信徒の集会を開催。一九三一年、伝道誌『喜（よろこび）の音（おとずれ）』を創刊するが折しも満州事変が起こり、一九三七年一〇月、七七号をもって発行禁止となる。代わって『純福音』を創刊する。しかし、これも反戦思想により一九四一年一〇月に二五号で廃刊。翌年六月私製葉書による『雪の下より』を毎月発行。一九四三年七月二一日、特高により逮捕され翌年二月まで留置、一九四四年五月一九日治安維持法違反により懲役三年の判決を受ける。即日大審院に上告し一九四五年六月一二日無罪となる。戦後は『純福音』を復刊し伝道を再開。著書に『小十字架』（待晨堂、一九五二、増補改訂一九六八）。

畔上賢造　あぜがみ　けんぞう

伝道者。一八八四―一九三八。長野県出身。一九〇〇年、上田中学校に在学中、内村鑑三が長野県上田の明倫堂で行った講演を聞く。のち早稲田大学在学中の一九〇四年秋から内村鑑三の角筈聖書研究会に出席。『聖書之研究』に「角筈聴講録」を連載。卒業後、県立千葉中学校に教員として赴任。まもなく長野県出身でやはり上田で内村の講演を聞いた成沢むつと結婚。一九一一年、皇太子の千葉中学校視察の前に、教職を辞し千葉県東金町で独立伝道を始める。同じころから内村の『聖書之研究』への寄稿が毎号のように見られるようになる。内村は原則として稿料を支払っていたから、内村の配慮とみなされる。同時に時々上京し内村の刊行物の仕事を手伝うようになる。一九一六年、ある地方で行った講演が教育勅語批判として受け取られ攻撃を招く（畔上賢造『歩みし跡』警醒社書店、一九一七）。

一九一八年、内村の再臨運動開始にともない上京して助手となる。再臨運動には批判的であったが、同年一一月一〇日に開催された基督再臨研究東京大会の最終日に上京して聴講。その日、内村は自分の伝道を顧みて、背教者が出て悪口ばかり言われ、何度もひどい目に遭ったが、その苦痛を慰めてくれるのは再臨のキリストしかない、と語った。この言葉に畔上は「眼から不覚の涙」がこぼれたという。心は決まったのであった。畔上の仕事はそれまでの助手役の藤井武の代役ともみなされる。上京した畔上が内村から最初に受けた叱責がある。
　私がまだ二十八歳であつた年の秋、研究誌の助手としての最初の上京をした時、校正刷の来るのを待つてゐたが、来さうもないので「一時間位散歩して来てもよいでせうか」とたづねた。すると先生の面からぱつと火花が散つた。「君は此家の奴隷ではないぞ！」と叫んだ。まるで鉄槌で頭をぐわんとやられたやうな気持であつた。（『日本聖書雑誌』四〇、一九三三年四月）
　一九二一年、内村はロマ書講演を開始。その『聖書之研究』記載の文章に関しては畔上に任せた。しかし、内村は畔上の記述に不満を抱き、のちにはみずから「講演約説」を付して掲載。その単行本化においても著者名は内村鑑三のみで畔上賢造の名を省いた（『羅馬書の研究』向山堂書房、一九二四）。畔上は一九二八年秋から独立して自宅で上落合聖書研究会を始める。一九三〇年一月から『日本聖書雑誌』を刊行（『畔上賢造著作集』全一二巻、同著作集刊行会、一九四〇―四二。畔上道雄『人間内村鑑三の探求』産報、一九七七）。

安部磯雄　あべ　いそお
社会主義者。一八六五―一九四九。筑前出身。一八七九年、同志社英学校入学、一八八二年、新島襄から受洗。一八八四年同志社を退学。一八八五年、安部家の養子となる。一八八七年、岡山教会の牧師に就く。一八九一年、アメリカに渡りハートフォード神学校に留学。同校に学んだ内村鑑三の影響を次のように述べている。

内村が日本人として良い印象を知人に与へて呉れたため、ハートフォードに於ける日本人に対する人々の信用は極めて厚かつた。私も其恩恵を受くることが少なくなかつた。

（『社会主義者となるまで』明善社、一九四七）

一八九四年、同校を卒業しイギリス、ドイツをへて帰国。岡山教会に復帰。一八九七年、同志社中学校教員となる。一八九九年、上京し日本ユニテリアン教会に加入。社会主義研究会に参加。東京専門学校の講師に就く。年末には足尾銅山鉱毒地の被害調査に岸本能武太、学生らと行く。一九〇〇年、社会主義研究会を社会主義協会と改め会長に就く。翌年五月、幸徳秋水、木下尚江らと社会民主党を結成するが翌日禁止され解散。同年七月、朝報社社長黒岩涙香、内村鑑三、幸徳秋水らによる理想団の開会式に参加。同年末、足尾銅山鉱毒地視察修学旅行団の現地調査にも加わり、海老瀬小学校で内村鑑三らとともに演説。

一九〇二年二月および三月に開催された理想団晩餐会の席上、内村と安部の間には社会改革の方法をめぐり相違が露呈、同席した堺枯川（利彦）は次のように報告している。

内村君は「個人を作らねば駄目だ」と云ふ。安部君は「個人を作ると共に社会の組織を改めねばならぬ、社会の進歩は人が両足で右ひだり一歩づゝ歩く様な者で、個人が一歩前に進んで社会組織を率ゐる時もあれば、社会組織が一歩前に進んで個人を導く時もある」と云ふ。安部君の談話の後で、内村君が安部君に向つて「総て賛成です。只、あなた方が汽車や鉄道を作る時に私はダイナマイトを詰込んでトンネルを作つて置かうと云ふのです」と笑ひながら云ふのを聞いた。(『万朝報』一九〇二年四月三日)

一九〇三年、社会主義協会は日露非戦論大会を開催。一九〇五年、早稲田大学野球部団長となる。一九〇九年、日本ユニテリアン協会会長に就く。一九二六年、社会民衆党を結成し委員長となる。一九二八年、衆議院議員に当選。一九三二年、全国労農大衆党と合同して社会民衆党を結成し委員長に就く。一九四〇年、反軍演説をした民政党の斎藤隆夫議員の除名に反対し除名支持の社会民衆党を離党。大政翼賛会発足により議員辞職。

阿部次郎　あべ　じろう

哲学者。一八八三―一九五九。山形県出身。一九〇一年、第一高等学校入学。中学校から第一高等学校在学中、『聖書之研究』を購読、内村鑑三の著書『興国史談』、『宗教座談』も読む。しかし、内村の聖書研究会への参加については次のように記している。

私は中学校から高等学校にかけて内村鑑三先生の文章を愛読した。出来るならば先生に親炙して教を請ひたいと思つてゐた。之は私のゐた高等学校の位置と便宜の上から決して出来ないことではなかつた。私の友達は段々先生の私宅を訪問したり、日曜日の聖書講義に出席したりするやうになつて来た。併し私は私の個性の独立が早晩明瞭に発展して遂に先生に背かなければならぬ日が来ることの恐ろしさに、先生の親しい御弟子に

なる気になれなかつた。(『三太郎の日記』東雲堂、一九一四)
一九〇四年、東京帝国大学入学、ケーベル(Kœbel, Raphael von)に師事。卒業後の一九一四年に刊行した『三太郎の日記』が学生の間のロングセラーとなった。一九一七年、岩波書店発行の『思潮』(のちの『思想』)の主幹となる。翌年の一〇月二八日、同書店で内村と出会っている。この後、ヨーロッパに留学後、一九二三年から東北帝国大学教授に就任。

安倍能成　あべ　よししげ

教育者。一八八三—一九六六。愛媛県出身。一九〇二年、第一高等学校に入学。一九〇六年、東京帝国大学文科大学哲学科に入学。一高の友人魚住影雄(折蘆)の影響もあり海老名弾正の話を聞く。また植村正久、小崎弘道の教会にも行く。一九〇七年夏ころ、友人岩波茂雄の紹介で角筈で開催されていた内村鑑三の聖書研究会に出席。同時期の出席者として岩波茂雄をはじめ小山内薫、志賀直哉、倉橋惣三、黒木三次、浅野猶三郎らを記憶している。内村の話では、パウロの復活論はわかりがたかったが、ヨブ記の講義には感動する。内村の影響を受け個人と社会との関係につき個人が先として、社会を先とする生田長江と論戦。内村の研究会に通ったころがキリスト教にもっとも接近した時という。英訳聖書により旧約新約ともに通読、ヨブ記や雅歌にひかれ、すぐ口にする聖句にヨハネ伝の

「真理はなんじらに自由を与うべし」がある。大学卒業後の一九二〇年、法政大学教授。ヨーロッパ留学後京城帝国大学教授、一九四〇年、第一高等学校校長に就く。ついで学習院院長をつとめ、戦後は文部大臣に就任。(「内村先生のこと」『内村鑑三著作集』六、月報、一九五三。「私の精神的遍歴(三)」『読売新聞』一九六〇年一一月六日)

天達文子 あまだつ ふみこ

教育者。一九〇一―一九六五。京都府出身。旧姓三谷。三谷民子、隆正、隆信姉弟とは親戚関係。上京して女子学院に入学、一九一八年、三谷隆正の関係で内村鑑三を知る。一九一九年、東京女子大学に入学し内村鑑三の聖書研究会に出席。一九二二年卒業。翌年アメリカ留学に先立ち内村鑑三は現地の生活を考慮して彼女に受洗。アメリカではマウント・ホリヨーク大学に学び一九二六年卒業。帰国して東京女子大学教授。父の負債で生活の苦しい一九二九年のクリスマスに、病中の内村から金一封を与えられる。また内村から自分の死後、人はいろいろ言うだろうが「僕が十字架にすがる幼児にすぎない」と伝えるように頼まれる。一九三八年天達忠雄と結婚して改姓。一九四三年、忠雄は思想犯として逮捕され戦後釈放。(『天達文子遺稿・追想集』天達文子記念会、一九八九)

天野貞祐 あまの ていゆう

哲学者、教育者。一八八四―一九八〇。神奈川県出身。医師を志し独逸学協会中学校に入学。野球部に入り練習中に右足首を捻挫、いったん同中学を退学。「怪我による野球との絶縁、母の死、中学退学という三重のショック」のなかで内村の『後世への最大遺物』に出会った。「人生の意味はこの世に輝くことではなくして神と人とに仕える生涯において成立することを会得」して独逸学協会中学校に再入学。今度は教育者になる道に志望を変更（『わたしの生涯から』青林書院、一九五三）。中学五年の時本郷教会で内村の講演をはじめて聞く。特に『後世への最大遺物』を愛読。一九〇六年、第一高等学校に入学。

一高入学後、知人の紹介で内村先生が少数の近親者のために毎日曜なされた聖書講義に出席をゆるされ、当時本郷に在った一高の寄宿寮から通った。徒歩で本郷から小石川に出て戸山の原を通って柏木の講義所へ行き、午前は講義を聴き、寮から貰って来た大きなオムスビを昼食にし、午後の祈禱会に出席した。毎日曜柏木行きを休んだことはなかった。雨が降っても風が吹いても試験の前日でも決して休まなかった。当時の私には内村先生の指示が絶対であって、先生が日曜日には平常の仕事を休めと云われたので、日曜日には試験の準備勉強など決して為さなかった。（『教育五十年』南窓社、一九七四）

内村鑑三が日本人に及ぼした影響の強さと大きさ、広さについて、天野は次のように「内村山脈」と称した。

その影響の強大さにおいて個人格の偉大性を認めるならば内村鑑三先生の如きはまこ

とに稀有の偉人というべきである。その信仰思想の影響によって新生命を見出した人数は無数だといえる。そういう人達が社会の各処にそれぞれ個性的な活動を営んだし、また現に営んでいる。これら内村先生の影響下にある人達を一つの山脈にたとえるならばそしてこの山脈は幅を持つと考え、これを先生の正統キリスト教を受けついだ人達のみに限らないならば、わたしなどもその周辺に座を占めるということもできるであろう。

(「内村山脈の一員として」『心』、一九六二年一一月)

一九〇九年、京都帝国大学文科大学哲学科をへて一九一四年、鹿児島の第七高等学校に赴任。学習院教授をへてドイツに留学。一九二六年京都帝国大学助教授に就任するが、一九三七年、軍事教練を学校教育の本質である「常識」または「教養」の教育に反すると批判し、前年刊行した著書『道理の感覚』を絶版処分に追い込まれる。しかし、同書の「国難の克服」において、国家の道徳的堕落が国家の滅亡を招くと述べた思想は、内村の著書『興国史談』から学んだ見方であることを後に言明している(前掲「内村山脈の一員として」)。一九四四年、京都帝国大学教授を退職後、甲南高等学校、第一高等学校の校長に就任。一九四八年、日本育英会会長、一九五〇年、文部大臣に就任。一九六六年、「期待される人間像」の発表にかかわる。

新井奥邃　あらい　おうすい

伝道者。一八四六—一九二二。本名常之進。仙台出身。幕末に仙台藩士として奥羽越列藩同盟の結成を計画するが、仙台藩の降伏により有志と脱藩、榎本武揚に従って箱館に行き、同地で沢辺琢磨からニコライを紹介される。以後、箱館、仙台間を往復してギリシア正教の布教にあずかる。一八七〇年、東京で森有礼と出会い、同年末随行員としてアメリカに渡った。翌年、森の一時滞在していたハリスの新生社（Brotherhood of the New Life）に入る。一八九九年、約三〇年ぶりに帰国。一九〇一年四月から『聖書之研究』に「真道之感」と題して三回寄稿する。内村は次のように奥邃を紹介している。

新井君は仙台の人、幕末の頃より米国に航し、彼地に留ること三十有余年、深く基督教の奥義を究めらる、君の信仰にして余輩の及ばざる所のもの多し、余輩今君に乞ふて君の所感を茲に掲ぐるに際して読者諸君が深く敬虔の念を以て此老錬の士を迎へられんことを希望す。（全集九）

奥邃は、その後、謙和舎を設け少数の学生に影響を与える一方、特に田中正造からは師と仰がれた。

荒畑寒村　あらはた　かんそん

社会主義者。一八八七—一九八一。本名勝三。神奈川県出身。小学校卒業後、商社に勤める。一九〇三年、横浜海岸教会で受洗。教会の現状に飽き足らず内村鑑三の『聖書之研究』を愛読。あわせて『万朝報』の文章にも引き寄せられた。内村の文章を読みたいために同紙を購読したともいう。たとえば「飢饉よ、来れ」で始まる文章（一九〇二年八月一八日）には次のような感想を抱いた。

上下腐敗堕落した日本を亡ぼす神の劫火として、飢饉の襲来せんことを祈り求めた激越な論調は、まるで旧約の予言者ヨブの俤を目の当り見るようであった。（荒畑寒村「内村先生の導き」『内村鑑三著作集』八、月報、一九五三）

一九〇四年、社会主義協会に入会。日露戦争下に非戦論を唱え「社会主義伝道行商」に従う。同年六月に刊行された『聖書之研究』五三号に荒畑勝三名で次の「信仰歌」を投稿している。

少年の歌
神さまよ僕（しもべ）は感謝致します
深きめぐみにあづかりまして

一九〇七年『谷中村滅亡史』を刊行。一九二二年、日本共産党の結成に参加。戦後は日本社会党衆議院議員（一九四六〜四九年）。しかし晩年「よく考えてみると私が社会主義を知るようになったのは、謂わば先生にみちびかれたようなものである」と述懐している（同上「月報」）。

有島武郎　ありしま　たけお

文学者。一八七八―一九二三。東京出身。一八八二年、父の横浜税関長就任にともない横浜に移る。一八八七年、学習院予備科第三年級に編入学し寄宿舎に入る。翌年、皇太子（のち大正天皇）の学友になる。一八九六年、学習院中等科を卒業、札幌農学校予科五年級に編入学。親戚の同校教授新渡戸稲造宅に寄寓。新渡戸の聖書講義に出席するとともに級友の森本厚吉の影響もあってキリスト教に傾斜する。一八九七年七月一一日、夏期休暇を利用し、はじめて内村鑑三を友人増田英一とともに青山南町の自宅に訪問。その後、『万朝報』に掲載された内村の文章や同人が主筆として創刊した『東京独立雑誌』を愛読、内村の「心志」に傾倒する。著書『求安録』、『基督信徒の慰』にも親しむ。一九〇一年、札幌独立教会に入会した（前年、内村も同教会に復帰している）。同年、札幌独立基督教会の洗礼と晩餐の廃止に関し、内村の意見を聞くとともに札幌教会への訪問を依頼するため、同教会から有島が内村のもとに派遣される。内村は、札幌訪問を見合わせたかわりに、前年創刊した『聖書之研究』六号に「洗礼晩餐廃止論」を発表した。同誌にまもなく有島も「札幌独立教会」を寄稿。翌一九〇二年夏、角筈で開催された内村の第三回夏期講談会には入営中のため軍服姿で参加。内村の『求安録』、『基督信徒の慰』、『興国史談』、『月曜講演』なども愛読、内村の「不動の信念」に惹かれる。しかし、その文学観はあまりにも「使徒的」とみる。

一九〇三年、札幌農学校を卒業、渡米してハバフォード大学、ハーヴァード大学に学ぶ。滞米中の約二カ月間、内村が知的障碍児の養護院に勤務した例にならい、フレンド派の精神病院で看護夫として働く。一九〇七年、ヨーロッパをへて帰国し札幌農学校の後身東北帝国大学農科大学の英語講師に就任。一九一〇年、創刊された雑誌『白樺』に参加。同年、札幌独立基督教会を退会。内村は一九一二年秋、同教会訪問時に有島と会い、それを確認した。有島は内村の援助もあって刊行した『リビングストン伝』の第四版（一九一九年六月）の「序言」において札幌における両者の会話の一端を記している。話を聞いた内村は「それではまあ君の思ふとおりにやつて見るがいいだらう」と語り、有島はその時の「先生の淋しげな顔を私は今でも忘れることは出来ない」と述べている。事実、内村は「今日に至るまで多数の背教の実例に接したが、有島君のそれは最も悲しき者であった」と次に述べる文章のなかで述懐している。

一九二三年六月九日、軽井沢の別荘で波多野秋子と心中自殺。自殺の報に接した内村は、「背教者としての有島武郎氏」を『万朝報』（一九二三年七月一九日）に寄せ、「人も私も彼が私の後を嗣いで日本に於ける独立の基督教を伝ふる者」と一時は自分の後継者として望んでいた人物の死を悲しむとともに怒った。死の原因については「棄教」の結果「心中深き所に大なる空虚」すなわち「コスミックソロー」の生じたためとみなした。

有島が内村から去った後も、その文学作品には多くの内村の影響を認めることができる。

『或る女』でヒロイン葉子が、死を前にして娘を託さんとする「内田牧師」は内村がモデルとされる。そこには「内田の心の奥に小さく潜んでゐる澄み透つた魂」との表現は見出されるが、それは有島自身の内村観とみることもできる。また、作品「洪水以前」ほか、有島の作品の随所に、『聖書之研究』で接した聖書の内容や内村の文章の痕跡が消しがたく残されている。

粟屋仙吉　あわや　せんきち

公務員。一八九三―一九四五。仙台出身。中学在学中から『聖書之研究』を愛読。一九一八年、東京帝国大学在学時、東京基督教青年会館で行われていた内村鑑三の聖書研究会に出席、以後研究会会員になりパウロ組に属する。大学を卒業し内務省に入り各地を転勤。北海道地方課長時代の一九二八年八月、札幌へ伝道に訪れた内村を自動車に乗せ、野幌、月寒などを案内した。警察部長として大阪に在勤中の一九三三年、市内の交差点における陸軍の一兵士の交通違反をめぐり警察側と大阪憲兵隊、さらに第四師団との争いにまで発展。最終的には和解に至る。いわゆる「ゴー・ストップ事件」である。粟屋は事件後、愛知県、兵庫県の総務部長、大分県知事、農林省の部長などを歴任。退任後、一九四三年広島市長に就くが一九四五年八月六日、市役所で会議中、原爆により即死。（津上毅一編『粟屋仙吉の人と信仰』待晨堂、一九六六）

飯山敏雄　いいやま としお

公務員、鉄道技師。一八七三—一九二九。岐阜県出身。一八七八年、上京して郁文館中学校に入学。一八九一年、第一高等中学校に入学し内村鑑三に習い、内村の「教育勅語不敬事件」に遭遇。翌年夏、辞職した内村に誘われ千葉県君津郡竹岡村に滞在。同地には飯山と同じ第一高等中学校の同級生鈴木一の実家があった。当時の生活を回顧した記録には次のように記されている。

何しろ博識な先生と一緒の事でありますから、実に面白い。朝は起き上がると先づ共に祈りをして食事を執る、海に入る、寒くなると上つて砂にもぐる、体中をこがして砂浜を散歩する、さあ大変之が忽ち博物教室否実験室となるのです。（中略）斯様な生活がしばらく続く中に、やがて秋分になると近所の百姓が先生に話しかける、と共に種種な話の中にいつか農事に関する話となり、種々農事改良に関する先生の専門的なお話があつた。かやうな次第で一人ふえ二人ふえ、終には可成な人数の人が集つて来るやうになつた。

飯島によると、この天然の恩恵が神の恩恵の話となり、農民の間から教会の設立の計画に到る。すなわち天羽基督教会である。

飯山は、一八九五年に東京帝国大学工科大学に入学。一八九八年、同大学を卒業し北海道炭坑鉄道に入社。一九〇七年、鉄道作業局の秋田建設事務所に在勤中、土崎工場の建設に従事し、完成後は土崎工場長に就く。一九〇九年、山形に向かう内村と車中で出会い、師を自分の関わる線路で運ぶことを喜んだ（内村鑑三「山形県に入るの記」、全集一六）。一九一三年、鉄道院監督官に就き、一九一九年、ヨーロッパを視察。この間、カトリック信仰に接し、帰国後はカトリック教会に転じる。しかし『聖書之研究』三〇〇号記念会（一九二五年）には出席し前記の「不敬事件」後の回想談を披露するなど、最後まで内村との交流を続けた。一九二三年、鉄道省を退職。一九二九年四月、病気で倒れ内村の見舞いを受けるが没後となった。内村は、飯山の学生時代に共に一夏を過ごした房州の話をするつもりであったという。（飯山敏春編『飯山敏雄　遺稿』、一九三五）

井口喜源治　いぐち　きげんじ

教育者。一八七〇—一九三八。長野県出身。一八八九年、松本中学校を卒業し明治法律学校入学。一八九一年、同校二年を修了し東穂高村高等小学校の教員として就職。東穂高村には同村から東京専門学校に学んだ相馬愛蔵（のち中村屋創業）によりキリスト教思想がもたらされ、相馬により一八九一年に東穂高禁酒会が結成される。井口も二年後の一八九三年、これに加入。やがて『東京独立雑誌』を愛読。一八九八年、芸者置屋の設置をめぐる反対運動により校長と対立して辞職。研成義塾を設ける。一九〇〇年夏、内村鑑三の夏期懇談会に出席のため友人の荻原守衛（のち彫刻家碌山）とともに上京。はじめて内村と対面した。翌年九月、内村を研成義塾に迎えて信州東穂高講談会を開催。内村は研成義塾を次のように紹介している。

南安曇郡東穂高の地に研成義塾なる小さな私塾がある、若し之を慶応義塾とか早稲田専門学校とか云ふやうな私塾に較べて見たならば実に見る影もないものである、其建物と云へば二間に四間の板屋葺の教場一つと八畳二間の部屋がある許りである、然し此小義塾の成立を聞いて余は有明山の巍々たる頂を望んだ時よりも嬉しかつた、此小義塾を開いた意志は蝶ケ岳の花崗石よりも硬いものであつた、亦之を維持するの精神は万水の水よりも清いものである。（『内村鑑三全集』九）

一九〇三年九月にはふたたび研成義塾で内村の講演会。一九一〇年一〇月に開催された研成義塾創立満三〇年感謝記念会には内村も出席し「教育の基礎としての信仰」と題して講演。同塾に学んだ清沢洌（リベラリスト）は内村から「決して権威の前に屈するな」と言われたと井口宛ての手紙で述べている。また太平洋戦争中の日系アメリカ人の強制収容に関し補償を認めさせたゴードン・平林は、研成義塾に学んだ父から内村鑑三の非戦思想を学んだと述べている。井口は研成義塾を病気により一九三八年に廃校とした。（斎藤茂・横内三直編『井口喜源治』井口喜源治記念館、一九七六。南安曇教育会『井口喜源治と研成義塾』一九八一）

池田次郎吉　いけだ じろきち

商業。一八六三―一九四四。静岡県出身。家業の書店で働いたのち一八八五年、日本メソヂスト静岡教会で平岩愃保（ひらいわよしやす）から受洗。山路愛山、高木壬太郎らと静岡青年会を組織。翌年、メソヂスト教会の全国大会のため上京、同宿の江原素六から種子業を勧められる。一八九〇年、津田仙の学農社に入社し『農業雑誌』の編集に従う。学農社時代の内村鑑三につき次のように記している。

当時の文章は、漢文訓読体が主流だったが、内村が之れに習熟していなかったので、内村の求めに応じ、彼が口述するのを漢文調に書き改めた。その仕事の為、内村から駄賃を貰って書いたこともあった。後に、大勢の人を感動させる文を書いた、名文家の代筆を頼まれたとは面白い。

一八九三年、池田商店を開業し種苗、書籍、寒暖計などを販売。日清戦争後の中国、朝鮮に樹木の苗木を販売。早稲田農園も経営。一九〇七年、日本種苗会社を設立。（池田春樹編、池田次郎吉『馳場を馳せて』一九二〇）

石川三四郎　いしかわ さんしろう

社会運動家。一八七六―一九五六。埼玉県出身。号は旭山。旧姓五十嵐。一八八〇年、

徴兵回避のため石川家の養子となる。一八九四年に哲学館、一八九八年に東京法学院で学ぶ。一九〇一年、東京法学院を卒業。このころ本郷教会の牧師海老名弾正から受洗。一九〇二年、堺利彦の紹介により朝報社に入社し内村鑑三を識る。同社を中心として結成された理想団の事務も担当。翌年、内村、幸徳秋水、堺の日露戦争非戦論による退社の後を追うように退社。幸徳、堺らによる平民社に入り『平民新聞』の発行に参加。本郷教会とは海老名の説教「貞操論」に対し「自由恋愛論」を語ったことにより関係が終わる。同紙八号（一九〇四年一月三日）に「基督教界の二大人物（内村鑑三と海老名弾正）」を掲載、そこで内村と海老名とを比較して論じている文章の一部を紹介する。

海老名先生は温厚篤実、しかも何処となく古武士の風露はる、内村先生は剛強耿介（こうかい）、しかもその間に於て自から人と和ぐるの温情を見る。

海老名先生は広く道を伝へんとし、内村先生は強く道を宣べんとす、前者は門を山麓に築き、後者は堂を山頂に建つ、故に海老名先生の教は入り易くして成り難く、内村先生の道は入り難くして且つ成り難し

このころ、石川は病気療養中に内村が刊行した『約百記　従第一章至第七章』（聖書研究社、一九〇四）を愛読、その書評も「旭山生」の名で『平民新聞』（同年九月二五日）に寄せて「人生絶大の悲劇より基督教の真義を発見せんとしたるは実にこの書なり」と紹介している。

石川は、その後、谷中村時代の田中正造の活動を支援。しかし、二度も筆禍事件により投獄を経験する。大逆事件後にヨーロッパに渡り、一九二〇年に帰国。晩年に記した「内村さんの思い出」（『内村鑑三著作集』一四、月報、一九五四）のなかで内村の朝報社時代をしのぶとともに右に紹介した文章の一部を引用している。

石川千代松　いしかわ　ちよまつ

動物学者。一八六〇―一九三五。江戸出身。東京大学理学部生物学科を卒業。モースの教えを受ける。助手として動物学教室に勤務中、内村が訪ねてきて、壁にかけてあったダーウィンの像を眺め「石川君、Darwinを拝してはいけない、唯敬意を表するはよろしい」と語ったとされる（大賀一郎「自然科学者としての内村先生　上」『基督信徒之友』二、一九三四年五月二〇日）。石川は同教室の教員になり訳書にモールス著『動物進化論』（一八八三）がある。

石川鉄雄　いしかわ　てつお

会社員。一八八六―一九三四。東京出身。一九一〇年、東京帝国大学法学部独法科卒業。在学中、内村鑑三聖書研究会に入会し柏会に参加。一九一一年、第四高等学校にドイツ語講師として赴任。翌年秋『聖書之研究』にたびたび寄稿、一九一四年夏、神奈川県浦賀町で開催された基督教青年会第二四回夏期学校に参加、講師の内村鑑三の講演を筆記し『聖書之研究』一七〇号（一九一四年九月一〇日）に「夏期学校に於ける内村先生」と題して掲載。このほか同誌にたびたび寄稿するが、一九一二年、農商務省臨時産業調査局嘱託に就く。一九一八年、南満州鉄道会社に入り調査部課長となる。しかし、同じ柏会会員だった笠間杲雄の妻との結婚問題で内村から破門される。この結婚の「媒酌」役をつとめた田中耕太郎も内村から「出入禁止」を言い渡され、結局カトリックへの転宗となる。

石河光哉　いしこ みつや

画家。一八九四―一九七九。長崎県出身。鎮西学院在学中に受洗、『聖書之研究』を知る。一九一一年、青山学院に転じ、内村鑑三の『所感十年』を図書館で熟読。『聖書之研究』誌において、同誌一年以上の読者は入会が認められることを知り、一九一三年から聖書研究会会員となる。内村の勧めで東京美術学校に学ぶ。同校の前田寛治も聖書研究会会員だった。一九二一年同校を卒業し前田寛治とともにヨーロッパに渡る。中国をへて帰国。さらに一九二七年にはエルサレム旅行の「聖地写生展」を今井館で開催、同年六月二〇日の日記に、内村は「我が聖書研究会員の一人なる石河光哉君のパレスチナ、アラビヤ、メソポタミヤ旅行談を聞いて面白かつた」（全集三五）、さらに六月三〇日の日記にも柏木青年会の晩餐会において同人の「パレスチナ旅行談」を聞いたことを記録している。内村の没後、そのデスマスクを作成するとともに肖像画を描く（アマスト大学ほか所蔵）。

石館守三　いしだて　もりぞう

薬学者。一九〇一―一九九六。青森県出身。一九二二年、第二高等学校をへて東京帝国大学医学部薬学科に入学。キリスト教主義の学生寮同志会に入り、先輩の小西芳之助により小石川福音教会（のち小石川白山教会）のローラ・モーク（Mauk, Laura）のバイブル・クラスおよび内村鑑三の聖書研究会に出席。二人のキリスト教による感化を次のように述べている。

一生をかけて、命がけで説くところの内村鑑三先生のキリストの贖罪の教えと、神との断絶の中にある人間の、神への和解としての、神の愛としての贖罪の教えに、また一方、か弱い身をもって福音のために一生を捧げている一人の宣教師の生活態度に魅せられて私の魂は強く動かされた。（山口周三編『エンカウンター』一三九、二〇一三年一一月二〇日）

一九二五年、大学を卒業し、一九三九年に東京帝国大学助教授、一九四二年に教授となる。一九四四年、ハンセン病の特効薬プロミンの国内における合成に成功。一九四九年、日本基督教団高円寺東教会（牧師小西芳之助）の創立に参加し転会。一九五八年、東京大学薬学部初代学部長。一九六一年、東京大学を定年退職。以後、日本キリスト教海外医療協力会会長、日本クリスチャン・アカデミー理事長などを歴任。一九五九年の高円寺東教会の解散により、葬儀は小石川白山教会で行われた。（石館守三『はまなすのこみち――私の歩んだ道』広川書店、一九八八。蝦名賢造『石館守三伝――勇ましい高尚なる生涯』新評論、一九八七）。

石橋智信 いしばし とものぶ

宗教史学者。一八八六―一九四七。北海道出身。夕張炭鉱の社宅に生まれる。札幌中学校在学中の一九〇一年秋、札幌伝道に訪れた内村鑑三の講演を聴く。翌年、中学卒業とともに上京して内村鑑三の聖書研究会に出席、同年開催された第三回夏期講談会に参加。一九〇三年、山口高等学校に入学、同地の日本基督教会に出席し村田四郎から受洗し内村から「破門」される。しかし「破門」は前田護郎によると後年取り消された。一九〇六年、東京帝国大学文科大学哲学科に入学、学生らには内村聖書研究会への出席を勧めたとされる。一九〇九年、同大学を卒業しドイツに留学。一九一四年、帰国し同大学講師。一九三四年教授。（K・S生「東京帝国大学文学部教授　文学博士　石橋智信氏」『福音新報』二〇八九、一九三六年三月五日。大畠清「内村先生と石橋先生」『内村鑑三著作集』七、月報、一九五三）

石原兵永 いしはら ひょうえ

伝道者。一八九五―一九八四。栃木県出身。旧姓鈴木。一九一〇年、青山師範学校予科に入学のため上京、長兄保一郎に伴われて内村を訪問した。この直後に二、三回内村の聖書研究会に出席するが途中で中断し、一九一二年春から改めて出席を再開した。一九一六年八月、会員黒木三次が日比谷大神宮で結婚式を挙げたために内村は厳しい態度を表明、それに対し会員の見方が分裂した。その最中の八月一二日夜、内村は石原を呼び次の言葉を口述させた。

余が若し今日永眠するとすれば、柏木の会合は二ケ月を出でずして、異端百出のため全く内より破壊せられるであらう。若し余以外の人が「聖書之研究」を継続するならば、一ケ年を出でずして其の雑誌は全く別物と成り終るであらう。斯の如くにして余の事業と称すべきものは全く消え去るであらう。併して教会信者等は其の状態を見て余の生涯の全く無効なりしを唱へ、無教会主義を嘲けるであらう。然し乍ら余の事業は是れが為めに必ず亡びないと信ずる。近き将来に於て、或は遠き将来に於て、余の知らざる人より或は嘗つて一回も余に接触せし事なき人より、或は遠方にありて余の雑誌又は著述によりて余の福音を知りしものよりして、余の精神主義及び福音を了解し呉れるもの表はれて、思はざる所に之れを唱へ、余の志を継承し且つ之れを発展し呉れることと確く信ずる。

余の事業は余の救主イエスキリストの夫れと同じく形としては何も残らないと信ずる、

よし又形として残るものあるとするも其れは余の精神に背くものである。精神的事業は読んで字の如く精神的事業である、則ち形なくして精神として残るものである、而して余の精神は必ず亡びないと信ずる、故に柏木の会合、其の他諸所の教友会合等の消え去ることは余は少しも悲しまぬ、又余の雑誌の継続せられないことを憂へない。

余は之れを君に告げておく、

余に何かの変ありて万一準備する遑なくして是の世より召さるる場合には其れと同時に柏木の会合を閉鎖し、又研究誌を廃刊すること、余は余以外に人によりて今の余の事業を継続せられることを願はず、

鈴木兵永君に語り置く

(これは内村の最初の遺言とも称してよいものである。それだけ黒木の神社結婚問題は会員のなかに大騒動をもたらしたと言ってよい。筆者〈鈴木範久〉が生前の石原から直接コピーを許された「大正五年夏　内村先生の遺言」による。)

一九二〇年には青山学院英文学部を卒業、青山師範学校教員に就く。一九二九年、内村の助手として手紙の代筆、『聖書之研究』の編集や刊行実務、聖書研究会関係の仕事を手伝う。一九三〇年五月、教職を辞し独立伝道者として石原聖書研究会を始める。一九三二年一〇月『聖書之言』を刊行、『回心記』(新教出版社、一九五一)のほか、関連する著書として『内村鑑三の思想と信仰』(木水社、一九四八)、『身近に接した内村鑑三』上・中・

下（山本書店、一九七一、七二、『石原兵永著作集』四〜六巻に収録）。『私の歩んで来た道――戦前・戦中・戦後』（山本書店、一九八〇）などがある。

伊藤一隆　いとう かずたか

実業家。一八五九―一九二九。江戸出身。一八七一年、開拓使仮学校に入学。翌年、祖父の実家伊藤家を継ぐ。同校の札幌移転および札幌農学校設立により第一期生となる。同校教頭として着任直後のクラークの公邸でイギリス教会宣教会宣教師デニング（Dening, Walter）から受洗。まもなくクラークの起草した「イエスを信ずる者の契約」に署名。一八七九年、父平野弥十郎一家も札幌移住。同家は内村たちのたむろ場所となる。一八八〇年、同校を卒業、開拓使に就職。一八八六年、水産調査のためアメリカに派遣される。翌年、北海禁酒会を創立し会頭に就く。のち日本国民禁酒同盟理事長。一八九四年、北海道庁を辞任し帝国水産会社社長に就任。一九〇〇年、直江津にインターナショナル石油会社（のち日本石油）を設立。一九二八年、大島正健、内村鑑三、新渡戸稲造、広井勇とともに宣教師ハリスの墓参に参加したが、一九二九年死去。内村は『聖書之研究』誌に「伊藤一隆を葬るの辞」を著し、そのなかで初期の札幌教会時代に伊藤が説教中、これを覗き見している開拓使長官調所広丈を見かけ「狗児を追払へ」と叫んだ話を紹介している。（江原小弥太『伊藤一隆』木人社、一九三〇、大島正満『水産界の先駆伊藤一隆と内村鑑三』北水協会、

一九六（二）

伊藤幸次郎　いとう　こうじろう

実業家。一八六五―一九二八。京都出身。一八八四年、東京大学予備門に入学。一八九六年、東京帝国大学法学部を卒業し東洋汽船に入社。一九〇九年、富士見町教会で植村正久より受洗。同年、東洋汽船を退社。一九一〇年、満州日報社社長となり渡満。一九一二年、友人三人と日本鋼管を創立。一九二〇年ころより内村聖書研究会に入会。翌年一〇月一七日には同研究会会員の親睦会を開催し内村鑑三以下一七四名が来会。一九二五年四月二二日には同じくモアブ婦人会を開催、これにも内村は出席している。一九二八年、死去に際し葬儀は畔上賢造が司式し、内村は「伊藤幸次郎君を葬るの辞」を述べた。その中で次のように故人の声を代弁している。

　私の為した凡ての事業、私の作つた少しの財産、それは何でもない、今の私に何の役にも立たない。私は又それが私が去りし世界に於て益を為す乎、害を為す乎を知らない。然し私はそれが故に六十年の生涯が私に無意味無価値であつたと思はない。私は幸にして神を知る事が出来た、そして少しく其誡命を教へられた。そして及ばずながらその実行に努力した。私の為に生きずして神と他人との為に生きんと努力した。そして其事が最大幸福でありました。私はその為に報賞（むくひ）を受くるに及びません、其の事其れ自身が充

分の報賞でありました。（以下略。長尾半平編『荊堂　伊藤幸次郎』、一九三二）

伊藤祐之　いとう　すけゆき

教育者。一八九六―一九六九。広島県出身。一九一四年、第三高等学校に入学し内村鑑三の『所感十年』や『独立短言』にひきつけられる。一九一六年秋、京都の佐伯理一郎宅で開催された『聖書之研究』読者会に出席、内村の力強い祈禱に驚く。一九一八年五月。京都基督教青年会館で開催された内村の再臨運動演説会を聴く。京都帝国大学進学後、河上肇の影響を受ける。一九二二年、同大学を卒業し福岡の西南学院教授となる。一九二八年、広島アライアンス教会に牧師として赴任。一九三〇年、アライアンス神学校を卒業し同校教授。一九三三年、藤井武の影響により無教会伝道者となる。一九四六年、西南学院専門学校（二年後大学）に教授として赴任。一九五四年、広島女学院大学教授。一九五八年、四国学院短期大学に赴任し四年制大学化に努める。一九六七年、茨城キリスト教大学教授。特に内村から教えられたこととして次の三点をあげている。

第一は日本的、武士道的基督教を教えて下さった事、第二に真理の為に闘う戦闘的精神を訓えて下さった事、第三は独立の精神を教えて下さった事であります。（伊藤祐之『忘れえぬ人々』待晨堂、一九六八）

また一九四三年ころ、出獄してまもない河上肇は、「自叙伝」執筆中に京都帝国大学の卒業生伊藤祐之からココア、海苔などの小包が届けられた。このことを「内村鑑三氏の系統を引いた無教会主義のクリスチャンたる同君は、古い京都帝大の卒業者であるが、未だにかうして時折この老いたるマルクス主義者に、余り豊かでもない中を割いて、物を送つてくれられてゐる」と感謝している（河上肇『自叙伝』五、岩波書店、一九五二）。

井上伊之助　いのうえ　いのすけ

伝道者、一八八二―一九六六。高知県出身。一九〇〇年、上京して東京中央郵便局に勤務。一九〇二年、メソヂスト中央会堂でキリスト教に接する。一九〇三年中田重治より受洗。一九〇四年、東京基督教青年会館で内村鑑三の「聖書の真髄」の講演を聴く。そのときの感想を次のように述べている。

わたしは二年ほど前から本郷の中央会堂で求道しておりまして、新旧約聖書を持っていましたけれど余り熱心に読まず、ことに旧約などは解し難いものとして処々を拾い読みする程度でありました。先生のお話を聞いてから聖書は世界の唯一の書であり、その真髄はキリストである、キリストを知る事が人類最大の幸福であり、聖書の熟読、研究することはキリストを知る最大の道であることを教えられました。（『台湾山地伝道記』新教出版社、一九六〇）

一九〇五年、聖書学院に入学。『聖書之研究』を愛読する。一九〇六年、父弥之助が台湾で現地人に殺害される。一九〇七年聖書学院を卒業し千葉県佐倉地方で伝道。八月、同県鳴浜村の海保竹松宅で開催された夏期懇話会に出席し内村と会う。一九一〇年、父の殺害された台湾山地の伝道を志し医学を勉強。一九一一年、内村を訪ねたのち台湾に渡り現地人に伝道。一九一五年、生まれた長女を内村家のルツにちなみルツ子と命名。一九一七年、病気のため一時帰国。一九二六年、内村の序文を付して『台湾山地伝道記』（原題、生蕃記）を警醒社書店から刊行。一九四七年、帰国。

井上紫電　いのうえ しでん

法学者。一九〇七―八五。山口県出身。一九二七年、東京帝国大学法学部入学。東京大学キリスト教青年会寄宿舎に入寮。内村鑑三の聖書研究会に出席。同年秋、同寮で行われた塚本虎二の講演を聴く。その直後、大学構内のカトリック研究会で岩下壮一の話も聴く。岩下に塚本の教会論を引いて質問したことが機縁となり、一九二八年一月、『聖書之研究』三三〇号（塚本の「真の教会（上）」を掲載）を持参しカトリック研究社に岩下を訪問。この塚本の記事に対し岩下は「カトリック研究社講義録」一八（のち『カトリックの信仰』）で反論、両者の論争が始まる。井上は塚本に内村聖書研究会退会を伝える。さらに井上が塚本に出した手紙に対する反論が「カトリックか新教か（或る青年に答ふ）」と題して『聖書之研究』三三五号（一九二八年六月一〇日）に掲載された。結局井上は、それから一年半後にカトリックに改宗する（「無教会主義からカトリックへ」、安田貞治編『神との出会い』一九六〇、春秋社、収録）。

井上は一九三一年、同大学法学部を卒業。小樽高等商業学校、福島大学、南山大学教授となり、一九四九年、同大学を退職。『優生保護法改正をめぐる問題と意見』（一九六八）などの著書がある。

井上哲次郎　いのうえ てつじろう

哲学者。一八五六―一九四四。筑前出身。東京開成学校をへて一八七七年に東京大学文学部哲学科入学。一八八〇年に同校卒業。翌年、同大学助教授に就く。一八八四年、ドイツに留学。一八九〇年、帰国し東京大学教授となる。翌年、『勅語衍義』を刊行。内村鑑三の第一高等中学校における「不敬事件」などに関し、一八九二年から「教育と宗教の衝突」を諸新聞雑誌に連載。これに対し内村は「文学博士井上哲次郎君に呈する公開状」を記して反論。井上は内村の「不敬事件」自体について「天子の影像」に対する「敬礼」を怠ったものとみたが、内村は井上の典拠とした仏教系をはじめとする資料の問題を衝いたうえ、偽善性を烈しく批判した。しかし、「東京大学教授」にして「文学博士」の井上の前には当時の内村は無名の一青年にしかすぎない。そのうえ、病臥していた内村本人に代わり、抗議に押しかける者たちに対応していた妻をもまもなく失う。その受けた衝撃の大きさは測り知れなかった。

しかし、それから約二五年後、今度は井上自身が「三種の神器」に関する発言で「不敬」との非難を浴びる事件が生じた。これに対し内村は「世人」の審判はあてにならないとみるとともに、往年を回顧し次のように述べている。

自分の如き井上氏の痛撃に会ふて、殆ど二十年の長き間、日本全国に枕するに所なきに至らしめられし者に取て、井上氏今回の不敬事件は唯事とは如何しても思はれない。何にか其内に深い意味があるやうに思はる、斯く言ひて今日井上氏に対し怨みを報ひんと欲するのでない。自分の場合には痛撃は壮年時代に臨んだのであつて、之に由りて蒙りし傷を癒すの時があつた。然し井上氏の場合に於ては老年に於て之が臨んだのであつて、傷を癒すの時の甚だ短きを思ふて、其事丈けは氏に対し深き同情無き能はずである。（全集三三五）

今井樟太郎　いまい　しょうたろう

実業家。一八六九―一九〇六。紀伊国出身。一八八六年、神戸の貿易商の店員となる。同年、神戸の多聞教会で受洗。一八九六年、石鹸の製造と香料を販売する会社を大阪に設立。内村鑑三の『東京独立雑誌』および『聖書之研究』を愛読。一九〇五年には東京に支店を設ける。しかし、一九〇六年六月五日、三八歳で急死。遺著『香料案内』（永広堂、一九〇七）の公刊にあたり内村は巻頭に次の献辞を掲げた。

馨はしき人ありたり
馨はしき業に従事し
馨はしき生涯を送れり
茲に馨はしき祈念を留む

この献辞は今井の墓碑にも刻まれている。
没後、妻信子から千円の寄付を受けて柏木に聖書講堂が設けられ、今井記念聖書講堂と命名された。

入間田悌佶　いるまだ　ていきち

医師。一八八七―一九四一。宮城県出身。仙台第一中学校を卒業後、一九〇九年、上京し高等学校受験準備中、内村鑑三の聖書研究会に出席。このとき聴いた内村の次の教えを一生の糧とした。

今の青年は皆学校、然も大学の門をくゞらなければ人になれない様に考えてゐる。然も学校を出て学士となり、博士となつたが為に、独立が出来なくなつて、会社や政府の保護の下に生涯を終らねばならぬ様になつて仕舞ふものが多い。然し君よ、もし学問が君の自由を縛るきづなとなるならば、余は敢て云う、之を切つて捨てよ。

入間田はこの言葉を守って「余は一人枯骨を提げ、あらゆる世の栄耀、栄華の夢を捨て、、ひたすら平凡なる一医人、病者の慰藉たらんと決心した」という。一九一〇年、大阪府立高等医学校に入学。一九一六年卒業。兵庫県明石の湊病院をへて大阪市に医員として勤務。湊病院は『信の内村鑑三と力のニイチヱ』（警醒社書店、一九一七）を著して内村のもとを去った湊謙治の病院だった。一九一九年四月、内村の司式で結婚。一九二四年、兵庫県本山村で開業。阪神聖書研究会を主宰し内村も招く。その後も上京して内村を訪ねるたびに、湊の消息を聞かれたという。（「先生を懐ふ」『内村鑑三全集』一八、月報、一九三三。黒崎幸吉編『無教会基督者　入間田悌佶』一九六〇）

岩崎行親　いわさき　ゆきちか

教育者。一八五五—一九二八。讃岐出身。一八七三年、東京英語学校をへて一八七七年、札幌農学校第二期生として入学。入学にあたり内村、太田（新渡戸）稲造、宮部金吾とともに立行社の交わりを結ぶ。入学後、「イエスを信ずる者の契約」に署名はしたが内村、太田、宮部らと異なりハリスからの洗礼は受けなかった。一八九四年、鹿児島における第七高等学校造士館の創設にあたり校長として赴任。「国体詩」により知られるように日本主義者であったが偏狭な思想の持ち主ではなかった。晩年まで内村とは親交を保ち、その古稀に内村は「岩崎行親君と私」と題した一文を贈っている。また、その主張する「日本魂」に対して内村は、「ヤマトダマシヒ」と読むと語弊があるから「ニッポンコン」と読むようにと要望している。

岩永裕吉　いわなが　ゆうきち

実業家。一八八三―一九三九。東京出身。第一高等学校在学中、新渡戸稲造の読書会に参加。京都帝国大学に学ぶが卒業後、同会の会員らとともに一九〇九年一〇月、内村鑑三の聖書研究会（柏会）に入会。実弟の長与善郎にも内村聖書研究会への入会を勧める。一九一〇年、長与を内村に紹介、長与も研究会に入会して柏会会員となる。一九一一年、南満州鉄道会社、一九一七年、鉄道院に就職。一九一八年、同院を退官して渡米、ヨーロッパをへて帰国後の一九二三年国際通信社取締役に就く。一九二六年、日本新聞連合社を設立して専務理事に就く。一九三六年、同盟通信社を創立し社長となる。（『岩永裕吉君』同伝編纂委員会、一九四一。長与善郎『我が心の遍歴』筑摩書房、一九六三）

岩波茂雄　いわなみ　しげお

出版業者。岩波書店の創業者。一八八一―一九四六。長野県出身。一八九九年四月、杉浦重剛の日本中学校に編入学し翌年卒業。同年七月の第一高等学校の受験に失敗して帰郷中、長野県上田ではじめて内村鑑三の講演を聞く。同年末、伊東で静養中、温泉旅館山田屋でふたたび内村の講演を聞く。同地から徒歩で熱海に向かう内村に荷物を担って従う。一九〇一年四月、『万朝報』に発表された内村の「鉱毒地巡遊記」の影響を受け一〇月に同地を訪問。この年第一高等学校に入学するが二度の落第により除籍処分を受ける。一九〇五年、東京帝国大学哲学科に選科生として入学。このころ内村の聖書講義に出席する。一九〇八年、同選科を卒業し神田高等女学校教師に就く。一九一三年、神田で古本屋を開業。内村の影響を受け古本の正札販売を履行した。一九三三年末、岩波書店による『内村鑑三全集』の刊行を終えるにあたり「全集完了に際して」を『内村鑑三全集』月報二〇に発表、若き日から内村の最期までにおよぶ回想を述べ、教えられたことを次のようにまとめている。

神の国の福ひは遂に分らなかつたとしても此の世の栄の詰らない事はしみじみ教へられた。永遠なるものと泡沫の如く消え行くものとの区別も教へられた。真理や正義や真実は何物にもまして尊重すべきものたる事を教へられた。民衆を眩惑する外面的の事柄よりも密室に於ける一人の祈りが遥かに大事業である事を力強く教へられた。社交のつまらなくて自然を友とする事と読書を楽む事の気安さとを教へられた。

また、一九四二年一一月三日、創業三〇年にあたり自己の精神に影響を与えた人物として杉浦重剛、ケーベル、福沢諭吉、渋沢栄一とともに「永遠の事業の何ものなるかを御教へ下さつた内村鑑三先生」と言明している（『岩波茂雄遺文抄』一九五二）。

巌本善治　いわもと　よしはる

教育者。一八六三—一九四二。但馬出身。一八七六年、上京して中村正直の同人社に入る。一八八三年、木村熊二より受洗。津田仙の学農社に学び、同人の創刊した『農業雑誌』の編集に従事。一八八五年、『女学雑誌』を創刊。あわせて植村正久らと明治女学校を創立、一八九二年、校長に就く。内村鑑三は『農業雑誌』、『女学雑誌』に寄稿するとともに明治女学校でも講演。同校生徒の野上弥生子はその講演を聴いている。巌本は同校の校長時代の一九〇一年に開催された内村の第二回夏期講談会に講師として出席し「宗教と婦人」と題して講演をした。

植木良佐　うえき　りょうすけ

医師、伝道者。一八九四—一九三六。千葉県出身。一九一一年、第五高等学校入学。一九一四年、同校のキリスト教青年会花陵会に入会。熊本市草葉町教会和田信次牧師より受洗。一九一五年、同校を卒業して上京、九月に東京帝国大学医科大学入学。坂田祐の紹介で内村鑑三を訪ね聖書研究会への入会を乞うが『聖書之研究』の一年間購読を条件とされる。翌年、改めて内村を訪ね同研究会に入会。まもなく白雨会会員となる。一九一九年、同大学を卒業し医師として茅ケ崎の南湖院、内務省衛生試験研究所勤務。一九二五年、東京帝国大学医学部助手。一九二九年、賛育会錦糸病院内科部長に就く。同年、塚本虎二の内村聖書研究会からの独立に従う。一九三三年、妻好江死去し、柏木聖書講堂でみずから司式して葬儀。この出来事を契機に医業を廃し聖書の研究と伝道に専念。翌年『旧約知識』を塚本虎二とともに編者として創刊。内村鑑三について次のように述べている。

牧師さんは十字架の利益、十字架で賞められる事だけを教へようとします。先生は十字架で憎まれる事を教へて下さいました。先生自身それでそしられ、憎まれ、打たれました。(『内村鑑三全集』一四、月報、一九三三)

(『植木良佐文集』上下二巻、一九三七。『植木良佐君』同文集刊行会、一九三八)

植村正久　うえむら　まさひさ

伝道者。一八五八—一九二五。江戸出身。旗本の家に生まれたが、明治維新により横浜に行き宣教師バラの私塾に学ぶ。一八七三年、プロテスタント最初の教会とされる横浜公会でバラから受洗。ブラウン塾、東京一致神学校をへて、一八八〇年、下谷一致教会の牧師に就く。内村鑑三は、札幌農学校在学中の夏、東京に帰省、たまたま平岩愃保の家を訪問したところ、同家にあって東京青年会の機関誌『六合雑誌』(一八八〇年一〇月創刊)の発行を相談中の植村および小崎弘道と会ったとされる。続いて一八八三年五月、東京で開催された第三回全国基督信徒親睦会でも同席している。内村は同会の親睦会で行った「空ノ鳥ト野ノ百合花」と題する演説において、百合花を壇上でかざしたが、植村はこれを「気障（きざ）」とみたという（植村環『父母とわれら』新教出版社、一九六六）。

しかし、一八九一年に起った内村の「一高不敬事件」に関しては、「不敬罪と基督教」（『福音新報』五〇、一八九一年二月二〇日）を発表し「吾人は新教徒として、万王の王なる基督の肖像にすら礼拝することを好まず。何故に人類の影像を拝すべきの道理ありや」として内村に対する世の攻撃を批判した。

ところが日露戦争に際しては、内村が非戦論を唱えたのに対し、植村は、開戦は、経済的な理由でなく「日本の腐敗と堕落」を救う精神的刺激剤とみて賛成した（『福音新報』四一一、一九〇三年七月二日）。

植村は、日本基督一致教会、日本基督教会の常に指導的地位にあるとともに、明治学院、東京神学社において教職の養成につとめたが、内村は一貫して無教会主義を貫いた。それでも一時、小崎弘道とともに三者が協同して聖書の翻訳につとめた時もあったが永続しなかった。晩年、アメリカにおける排日法案に対しては共に反対する会合につらなったが、当時の植村は内村に対し「内村を孤立の境遇から救ってやるだけの事だ」と語っていたという（松野菊太郎伝編集委員会『松野菊太郎』、一九五九）。

一九二五年一月、植村死去の報を受けて弔問した内村は、死顔に対面して「グレイト、グレイト！」と連発したという話も伝えられている（植村環前掲書）。

魚住折蘆　うおずみ せつろ

文芸評論家。一八八三―一九一〇。本名影雄。兵庫県出身。兵庫県立姫路中学校時代に内村鑑三の『東京独立雑誌』に接し、同誌の主張する「正義」、「世界主義」、「人道」にひかれる。一九〇〇年、姫路中学校を退学して上京、『東京独立雑誌』をはじめ内村の『求安録』、『宗教座談』などを愛読し内村を訪問している。「内村先生の感化は自己の所在と其尊貴とを教へられて、権威に向つて不断の闘」を刺激させられた。一九〇一年、デサイプル派の教会で宮崎八百吉（湖処子）から受洗。教会における受洗は、内村の主張に「義」のみを感じ「愛」の欠如を感じたためという。しかし、一九〇二年夏、内村の主宰した第三回夏期講談会には参加している。また『聖書之研究』も愛読して内村のもつ宗教世界の内実にも気づく。一九〇四年には海老名弾正の本郷教会に入会。しかし非戦論に関しては内村に賛同し『聖書之研究』を購読。一九〇六年、東京帝国大学哲学科に進みケーベルに習う。自己の思想形成における内村の影響については次のように述べている。

内村先生は私に基督教の力を教へて下されました。又形式と時代の潮流の頼むに足らぬことを強く吹き込んで下さいました。又来世の生命の福音を深く私の魂に刻んで下さいました。私の思想は根柢に於て全然内村先生の感化なのです。私の今日「超現代」の人として常に未来に生き希望に生きて居る革命的性格は先生の力です。（一九〇五年五月

六日、田中きゑ子宛書簡）

宗教的には、まもなく西田天香に出会い「一衣一鉢に身を雲水に任じた古への僧侶やフランシスカンの乞食坊主が慕はしくてなりませぬ」との思想を抱くが夭折。その文明批判と文明を超越した信仰の背景には内村の思想の存在が否みがたい。（安倍能成編『折蘆遺稿』岩波書店、一九一四）

ヴォーリズ Vories, William Merrell

実業家。一八八〇―一九六四。アメリカ出身。一九〇〇年、建築家を志しコロラド大学に入学。一九〇四年、同大学を卒業、ＹＭＣＡ主事補となる。ＹＭＣＡ本部から日本で英語教師の求人の情報に接し来日を決意、一九〇五年、来日して滋賀県県立商業学校に赴任。一九〇七年、八幡基督教青年会館を建設、一九〇八年、ヴォーリズ建築事務所を開設。一九一〇年、近江ミッションを結成、一九二〇年、近江セールズ会社を設立し近江メンソレータムを販売。一九二二年六月二五日、内村鑑三は近江八幡にヴォーリズを訪問し同家に一泊。一九二四年、著書『吾家の設備』に内村が序文を寄せる。一九二六年九月九日にも軽井沢で内村はヴォーリズを訪ねている。内村はヴォーリズを「日本にいてほしい米国人」とみた。一九三四年、近江ミッションを近江兄弟社と改名。一九四一年、妻一柳満喜子の戸籍に入籍、一柳米来留（メレル）と改名。一九五八年、近江八幡市名誉市民第一号となる。

（『失敗者の自叙伝』近江兄弟社、一九七〇。奥村直彦『ヴォーリズ伝』港の人、二〇〇五）

内村達三郎　うちむら　たつさぶろう

翻訳家。一八六四―一九三四、群馬県出身。内村鑑三の弟。札幌農学校卒業。最初の編著『教科及独習用新英語学』（一八九四、警醒社書店）には札幌農学校の先輩志賀重昂が序文を寄せている。おもな訳書として『アウグスチヌス懺悔録』（春秋社松柏館、一八九八）、ミルトン『失楽園』（建武館、一九〇八）、トマス・ア・ケンピスの『基督のまねび』（一九三三、春秋社）などがある。兄鑑三に伴われて札幌農学校に入学しながら、一九〇二年ころから兄鑑三との不和がつのり始め、二年後の母の入院と死を契機に頂点に達し、鑑三の葬儀にも参列しなかった。

内村美代子　うちむら　みよこ

内村鑑三の長男祐之の妻。一九〇三―二〇〇三。東京出身。東京の大館源太郎の子として生まれたが、小学校時代に新潟の母の実家久須美家の養女となる。日本女子大学付属高等女学校卒業。一九一九年、神田で開催された内村鑑三の講演会への出席を機に内村聖書研究会会員となる。同年の「東京聖書研究会会員名簿」にはハンナ組に久須美美代の氏名が掲載されている。一九二一年、内村鑑三の長男祐之と婚約。一九二四年に結婚。祐之の北海道帝国大学医学部就任とともにドイツ留学が決まったため、鑑三家に同居。一九二七年、祐之の帰国により札幌に移る。鑑三家における同居時代の経験をもとに「卓上談話」を『聖書之研究』に連載。

一九八二年一月一六日、筆者は内村の日常生活について尋ねるために美代子氏を訪問、その全体は次の書物に掲載されているが、「衣」に関する一部だけ紹介しておく。

家では和服です。近所を散歩する時もそのままですが、改まって外出する時は洋服でした。背広でね。しかし聖書の集会に講師として出席する時はフロックコートで、これは夏用と冬用とを持っていました。そしてそのワイシャツは、「イカ胸」というんでしょうか。胸の部分が固い地質でできているものと決まっていました。(内村美代子『晩年の父内村鑑三』教文館、一九八五)

内村祐之 うちむら ゆうし

精神医学者。一八九七—一九八〇。東京出身。内村鑑三の長男として生まれる。父内村が極貧生活をようやく脱し『万朝報』英文欄主筆として活躍しはじめた時であった。第一高等学校に入学、同校の野球部エースとして鳴らした。東京帝国大学医学部に進み精神医学を修めた。一九二四(大正一三)年、久須美美代子と結婚、北海道帝国大学医学部に就職とともにドイツに留学。一九二七年帰国して同大学医学部助教授に就任。父鑑三は自分の母校である札幌農学校の後身北海道帝国大学への就職を歓迎した。一九三〇年、父の病状悪化の報告を受け上京、医師として同年三月二八日、父の最後に立ち会った。一九三六年には東京帝国大学医学部教授に転じ、その後東京大学医学部長をつとめ日本の精神医学界の代表的存在となる。かたわらプロ野球のコミッショナーをつとめた時期もある。（内村祐之『わが歩みし精神医学の道』みすず書房、一九六八。同『鑑三・野球・精神医学』日本経済新聞社、一九七三）

内村宜之　うちむら　よしゆき

内村鑑三の父。一八三三―一九〇七。上野国出身。高崎藩藩士の父内村長成とともに一八五九年に江戸藩邸に移る。小石川邸に居住。同月、大戸吉蔵長女ヤソと結婚。一八六五年家督を継ぎ馬廻格五十石を付与される。翌一八六六年、近臣長ならびに徒士頭となるが、軍の編制改革の嫌疑で解職され高崎に移る。一八六八年、王政復古にともない、三国および越後の一の木戸などに派遣。維新後の一八六九年、権判県事に任命され旧仙台藩領石巻に赴任。続いて登米県少参事。一八七一年版籍奉還にともない高崎藩（のち県）少参事。廃藩置県により高崎県は群馬県と合併され免官。

一八七六年、小石川仲町に家屋を購入し移転。翌年長男鑑三に家督を譲る。旧藩主大河内家の家扶に就く。一八八二年、旧藩主の中国人外交官との交際に綏所と号し陪席し筆談を行っている。その後、長男鑑三の転居にともない京都、名古屋、東京の青山へ居を移す。鑑三の影響を受け一八八一年、日本メソヂスト下谷教会で平岩愃保から受洗。まもなく同教会勧士に就く。終生、長男鑑三の事業を支援し、『聖書之研究』刊行の理解者であった。

内山完造　うちやま　かんぞう

書店主。一八八五—一九五九。岡山県出身。大阪、京都の商店で働き、この間、京都教会で牧野虎次牧師から受洗。牧野牧師の勧めで一九一三年、眼薬を扱う参天堂の店員として中国に渡る。出発にあたり聖書、讃美歌とともに、夜店で内村鑑三の『聖書之研究』四十余冊を購入し持参、上海に到着以来「毎朝四時には必ず起きて聖書を読み、讃美歌を読む。それから聖書研究誌を読む」のを日課とした。一九三〇年、内村の訃報に接し次のように述べている。

私の今日あるは聖書の研究に負うところ甚だ大である。私は先生の『研究十年』『所感十年』『感想十年』などをくりかえし読んだ。そして先生の透徹した信仰に引きずられた。しかし遂に私は先生につづく事は出来なかった。『平民詩人』も『後世への最大遺物』も『求安録』も『余は如何にして基督信徒となりしか』『ロマ書講義』も『愛吟』も読んだ。読みは読んだが遂に内村読みの内村知らずに終わったようである。しかし今もなお先生への追慕の念は少しもおとろえない。実に深い感銘を受けて居る。（『花甲

録』、岩波書店、一九六〇）
その後、内山書店を営むとともに魯迅らとも交わり、戦後は日中友好協会の理事長としてつくした。（前掲『花甲録』、小沢正元『内山完造伝』番町書房、一九七二）

浦口文治　うらぐち　ぶんじ

英文学者。一八七二―一九四四。兵庫県出身。一八八四年、神戸教会で原田助から受洗。一八九〇年、同志社普通学校を卒業。宣教師にして登山家ウェストン（Weston, Walter、日本アルプスの命名者）の山岳登山に通訳をつとめる。国内各地をはじめ台湾の中学校でも教える。このころから『聖書之研究』にたびたび投稿。一九一三年、同志社大学教授に就任。ハーヴァード大学に留学後の一九一八年、同志社を辞し東京商科大学教授となる。一九二七年に英語教育法『グループメソッド』（文化生活研究会）刊行、同書の改訂三版に内村鑑三は「スコットメソッドの復活と浦口君のグループメソッド」を寄せ、東京英語学校（大学予備門）時代のスコット教師の教育について述べている（全集三〇）。

江原萬里　えばら　ばんり

経済学者。一八九〇―一九三三。岡山県出身。一九〇八年、第一高等学校入学。同級の高木八尺とともに内村の聖書研究会に出席する。一九一一年、東京帝国大学法科大学に入学し柏会に加入。一九一五年、同大学を卒業し住友総本店に就職。翌年、内村家で家事見習いをしていた黒崎幸吉の妹祝と結婚。一九二〇年、大阪出向中に生まれた長男は内村鑑三により栄と命名された。一九二一年、住友を退職、東京帝国大学経済学部助教授に就く。一九二二年鎌倉に転居。一九二七年、病気のため東京帝国大学を休職。同年個人雑誌『思想と生活』創刊。一九二九年退職。一九三一年、『思想と生活』を『聖書之真理』と改題。(『江原萬里全集』全三巻、岩波書店、一九六九。高木謙次・福島穆編『江原萬里・祝 遺稿と回想』新教出版社、一九九四)

海老名弾正 えびな だんじょう

伝道者。一八五六―一九三七。九州の柳川出身。熊本洋学校、同志社に学ぶ。日本組合基督教会牧師。内村鑑三とは一八八三年の第三回全国基督信徒大親睦会で出会う。その時のことを海老名は次のように回想する。

野の百合の花空の鳥と題して講壇に花を咲した内村鑑三君は、一見愛すべく親しむべく益友と認め、予は同君を伴ひ谷中の奥、日暮里停車場近き高台の小笹藪に取囲れたる空地を尋ねて相共に親しく信仰上の心事を語り、将来長く斯の道の為めに尽さんと結託した。(益本重雄・藤沢音吉著『内村鑑三伝』の序文、一九三五)

本郷教会在任中は吉野作造をはじめ大学生の出席が多く、雑誌『新人』とともに青年に大きな影響を与えた。内村もたびたび同教会で講演。その後、同志社大学総長を務める。内村鑑三の再臨運動には反対を表明したが、個人的には両者は親交を保った。内村の没後に「内村君と私との精神的関係」と題して語った熊本バンド、横浜バンド、札幌バンドの三者の相違は有名。(『内村鑑三全集』一二、月報、一九三三)

逢坂信忢　おうさか　しんご

伝道者。一八八二―一九八一。新潟県出身。一九〇〇年、札幌農学校に入学。同年、内村鑑三の第一回夏期講談会に参加。二日目の七月二六日に行われた内村の講演「世を救ふの力」に感激。その時のことを次のように述べている。

先生は「世を救ふの力」と題して、哥林多前書十三章を読み且つ註し、一場の演説を為し給ひたり、先生は先づ前章との脈絡を述べたるの後、註して曰く、若し今日の言語を以て説明するならば、「諸(もろもろ)の人の言(ことば)」とは「凡ての外国語」の義にして、「天使の言」とは「雄弁」の謂なり、当時は希臘国民も将た又羅馬国民も共に挙つて、外国語の知識と、雄弁の術とを尊重したりしが故に、パウロは先づ愛を高調せんと欲して、敢て是の言を為したる也。(以下略。『暗黒より光明に』警醒社書店、一九一六)

内村の演説を聴いて逢坂は「天来のインスピレーション」に打たれ、全身汗を以て湿され、両眼涙を以て溢れ、茲に始めて悔悟」を経験したという。

一九〇一年、札幌独立基督教会に入会。札幌農学校の後身東北帝国大学農科大学を卒業後、救世軍に入隊。一九一六年に刊行した著書『暗黒より光明に』は巻頭に内村への献辞が掲げられている。一九一九年アメリカに渡り神学を学ぶ。一九二一年、長岡教会牧師に就く。一九三四年九月、札幌独立基督教会牧師に転じる（一九四六年まで）。ほかに著書として『クラーク先生詳伝』（一九五六）など。

大賀一郎　おおが　いちろう

植物学者。一八八三―一九六五。岡山県出身。一八九六年、岡山県立尋常中学校に入学。このころ、『東京独立雑誌』、『聖書之研究』を愛読。特に『後世への最大遺物』にひかれる。一九〇二年、岡山基督教会で受洗、同年九月に第一高等学校入学。さっそく内村鑑三を角筈に訪ね聖書研究会に出席、熱心な「角筈十二人組」の一員となる。一九〇五年九月、東京帝国大学理科大学植物学科に入学。ハスの研究を始める。大学院をへて一九一〇年、第八高等学校講師として名古屋に赴任。大家族の生活を支えるために一九一七年、南満州鉄道会社に入社し同社専門学校の教員として大連に赴任。同地の泥炭層から出土された古ハスの実の研究を始める。社命によるアメリカ留学中、ジョンズ・ホプキンズ大学でも古ハスの研究を継続。満州へ帰還後も研究をつづけて一九二六年、「南満州フランテン産の生存古蓮実の研究」により学位を取得。しかし満州事変勃発後の一九三二年、軍部の行動に批判的な大賀に対し排斥運動が生じ、「真正な日本国を愛するために、こんな軍や時勢と妥協した会社は辞めます」との辞表を南満州鉄道会社に提出して退社。一九三二年帰国後は、諸学校の講師をしながら研究を続け敗戦を迎える。

戦後の一九五一年、東京大学の千葉県検見川の農場から丸木舟が発見されたため、ハスの実の存在を予想、同じ内村鑑三門下の友人東京大学総長南原繁の協力をえて発掘を始め、同年三月、古ハスの実を発見、翌年夏、ついに開花に成功する。同じ古ハスは各地に移植され大賀ハスとも呼ばれて毎夏、淡紅色の美しい花を咲かせるようになる。その後も大賀は府中町（現在の府中市）のケヤキ並木の保存運動をはじめとする自然保護につとめた。後年、ある少年からハスの研究を始めた理由を問われ、次のように答えている。

君は内村先生の『後世への最大遺物』と云う本を読んだことがあるでしょう。わたしは学生時代にあの本を読んで人はどんなに小さい事でもいいから何か一つ後世に残る仕事をしなければいけないと教えられた、それが蓮の研究になったのですよ。（『蓮ハ平和の象徴也、大賀一郎博士を偲ぶ』、大賀一郎博士追憶文集刊行会、一九六七）

（著書に、『ハスを語る』忍書院、一九五四。『ハス』内田老鶴圃、一九六〇。『ハスと共に六十年』アポロン社、一九六五）。

大隈重信　おおくま しげのぶ
政治家。一八三八—一九二二。肥前国出身。藩校弘道館、蘭学寮に学ぶ。長崎に行き、長崎洋学所でフルベッキ（Verbeck, Guido F.）から聖書または万国公法を習う。同地に佐賀藩の英語学校致遠館を設ける。明治維新後、外国長崎裁判所で浦上キリシタン問題を扱う。新政府の外国官副知事時代におけるフルベッキからの提案により、一八七一年、岩倉使節団の派遣を実現させる。一八八〇年、参議。一八八二年、立憲改進党を結成。同年、東京専門学校（のちの早稲田大学）を創立。一八八八年、伊藤内閣の外務大臣となり、翌年、玄洋社社員の襲撃に遭遇し片足を失い辞職。一八九八年、板垣退助と憲政党を組織し隈板（わいはん）内閣を組閣するが短命内閣に終わった。

一九〇三年一月に発行された『中央公論』には「煤払ひ」と題された「頰冠生」の記事があり、冒頭に次の文章が記されている。

内村鑑三先生、亡国の歎を発し日夕悲調を絶たず、大隈伯評して曰く「彼れは泣いて飯を食ふものなり、飯の中には自の涙も混じつゝあるなり」と。

この大隈による内村評の事実のほどは未だ確認していないが、同時期に開催された理想団晩餐会の席上、内村が同題に関し語り「余の嫌ひなものは政治家で、中にも伊藤侯と大隈伯とが一番嫌ひである」と語ったとされる（『中央公論』同年二月）。

内村には、この大隈による内村評が忘れ難かったようで少なくとも二度想起している。

そのうちの一度のものを紹介しておこう。

曾て故大隈重信侯は私の文章を読んで冷評して言ふたさうである。「内村と云ふ奴は恐らく毎日飯に涙をかけて食つてゐるのだらう」と。若し私が幾分にても真剣に国の為めに泣き涙を以て食する事を得しならば私の名誉此上なしである。

これは一九二六年三月耶利米亜(エレミヤ)記九章の講義のなかである。同章でエレミヤは「あゝ我わが首(かうべ)を水となし我目を涙の泉のなす事を得んものを」と嘆いている(全集二九)。大隈は四年前の一九二二年にすでに世を去っていた。

大沢章　おおさわ　あきら

法学者。一八八九―一九六七。東京出身。第一高等学校をへて一九一五年、東京帝国大学法学部を卒業。内務省に入り先輩南原繁の跡を襲うように富山県射水郡に郡長として赴任。一九一九年、郡長を辞職。塚本虎二らとともに官を辞して内村の門に投じた青年達の一人として新聞に報道される。国際連盟の随員としてヨーロッパに渡り、引き続きパリ大学で法学を研究。一九二二年、九州帝国大学法文学部教授に就く。神父岩下壮一の影響を受け、まもなくカトリックに変わる。一九三一年、急性肺炎の療養のため、岩下によって御殿場近くに設けられた不二農園内宿舎を提供された。国際法の専門学者であるとともに、『永遠を刻むこゝろ』(一九二六)などの著書のほか訳書多数。蔵書は「大沢文庫」として一橋大学に収蔵。

大島正健　おおしま　まさたけ

教育者、中国古韻学者。一八五九―一九三八。相模国出身。東京英語学校をへて一八七六年、札幌農学校に第一期生として入学。クラーク教頭の起草した「イエスを信ずる者の契約」に署名。のちに著した『クラーク先生とその弟子達』（帝国教育会出版部、一九三七）によりクラークの言葉 Boys, be ambitious! が広く知られることになる。一八八〇年、同校を卒業し予科教員になる。一八八一年、内村鑑三らとともに札幌教会を創立。一八八六年同教会牧師に就く。一八九三年、同志社普通学校に教員として赴任し、京都で極貧生活時代の内村を訪ねる。その時の内村の様子を次のように思い出している。

当時予は同志社教授の職にあり、ヨナタンの貧苦を憐れみ、しばしば彼を寓に招いて牛鍋を振舞う。舌鼓を打ってその煮汁の最後の一滴をすする。その様今なお眼前に泛ぶ。

（『クラーク先生とその弟子たち』宝文館、一九五八）

一九〇〇年、角筈で開催された第一回夏期講談会、翌年の第二回夏期講談会にも講師として参加し応援した。奈良中学校校長をへて一九〇一年に山梨県中学校（のち甲府中学校）校長に就く。同校で大島の教えを受けた石橋湛山は、自分を「クラーク先生の孫弟子」と称したとのことである。

太田十三男　おおた　とみお

軍人。一八八〇―一九六八。東京出身。陸軍軍人の父の転勤により名古屋で育つ。一九〇〇年、横須賀の海軍機関学校に入学。同地にはアメリカ人エステラ・フィンチ（日本名星田光代）の影響下にキリスト信徒団体陸海軍人伝道義会が結成されていて、海軍士官の太田も加入。内村の『東京独立雑誌』を愛読。フィンチを内村に紹介、内村による海軍機関学校伝道の契機となる。日露戦争時には軍人として参戦をめぐり内村の意見を求め、内村は「非戦主義者の戦死」（『聖書之研究』五七、一九〇四年一〇月）を著してこれに答えた。その後、海軍機関学校の教官、連合艦隊機関長をつとめ海軍少将として退役。退役後は京都、和歌山に居住し黒崎幸吉、塚本虎二を迎えて聖書集会を開く。

一九二六年に太田は、内村鑑三の了解をえて内村の全著作を通じて愛国心、武士道、日本人、日本国を中心とした論説約百題を集録し、これを翌年、内村にささげた。しかし、まもなく内村が世を去ったため出版にいたらず、原稿はいったん返還された。それを遺族の了解をえて一九三二年に内村鑑三著・太田十三男編『愛国心と基督教』と題して刊行。ところが太平洋戦争に入り発売禁止となった。戦後になり、同書に収録した内村の戦争と平和論を骨子としつつ自己の文章を加えて出版したものが『予言者としての内村鑑三先生』（大翠書院、一九四八）である。ちなみに『愛国心と基督教』の目次をみると「愛国心と基督教」、「武士道と基督教」、「日本人と基督教」、「日本国と基督教」に大別されていた。それが『予言者としての内村鑑三先生』になると、前者では目立った「日本的基督教」関係の文章が後退し、題名どおり非戦論、平和論の「予言者としての内村鑑三先生」が表立っている。(『とこしえの生命　太田十三男追憶遺稿集』一九七〇)

大塚久雄　おおつか　ひさお

経済学者。一九〇七―九六。京都出身。一九二〇年、京都府立第一中学校に入学。同中学の友人でキリスト信徒の鈴木光武(のち立教大学教授)が貸してくれた内村鑑三の『基督信徒の慰』および『求安録』に感激、『聖書之研究』を愛読する。一九二四年、第三高等学校に入学。一九二七年、東京帝国大学経済学部に入学。内村鑑三の聖書研究会に出席。一九二八年六月二日、内村は自己の受洗記念日にあたり、みずからの手による受洗者を募集。大塚はこれに応募、内村は大塚も含めて計七人に受洗した。翌年夏、大塚は沓掛に滞在中の内村を訪問、マルクス主義史観と信仰の両立に悩み内村に相談する。これに対して内村は次のように教えた。

君、そんなことは何でもないではないか。私も、キリスト教と進化論の間でそれと同じ問題に直面した。進化論が正しいとすればキリスト教を捨てねばならず、キリスト教が正しければ進化論を捨てねばならない、と多くの人々は考えていた。しかし自分はあえてその両方をとった。キリスト教と進化論とを両立させるにはこう考えればよいのではないか。（大塚久雄「信仰と科学の間」『朝日新聞』一九七八年八月一八、一九日）

大塚は、その後、東京帝国大学経済学部助手をへて一九三三年に中央大学、立教大学講師。一九三五年四月、法政大学経済学部助教授となる。一九三八年に同大学教授になるが、翌年八月、東京帝国大学経済学部助教授に就く。一九四七年四月、東京大学経済学部教授に就任。一九四七年、天野貞祐編『大学生活』（光文社）に「後世への最大遺物」を寄稿し内村のいう「勇ましい高尚なる生涯」につき「それは、どんな意味にしろ貴族的な理想ではなく、民衆のための民衆らしい理想です。まさしく民主的な理想というべきでありましょう」と説く。一九六八年、東京大学を定年退職。一九七〇年から国際基督教大学教授（一九八五年まで）。（著書に『宗教改革と近代社会』みすず書房、一九四八。『共同体の基礎理論』岩波書店、一九五五。『社会科学の方法』岩波新書、一九六六。『社会科学と信仰の間』図書新聞社、一九六七。『生活の貧しさと心の貧しさ』みすず書房、一九七八。『意味喪失の時代に生きる』日本基督教団出版局、一九七九、などがある。参考文献として、石崎津義男『大塚久雄　人と学問』みすず書房、二〇〇六）

大西祝　おおにし　はじめ

哲学者。一八六四―一九〇〇。備前国出身。一八七七年、同志社英学校普通科に入学。

翌年四月、新島襄より受洗。一八八二年、同学校普通科を卒業し神学科に進む。一八八五年、同科を卒業し東京大学予備門に編入。翌年東京大学文学部に入学。一八八九年、同大学（帝国大学文科大学）を卒業し大学院に進む。一八九一年、東京専門学校講師に就く。一八九二年、「一高不敬事件」により退職して千葉県竹岡に滞在していた内村鑑三は、同所に天羽基督教会を設立。その創立後最初の礼拝は内村の司式で行われ、現地に滞在中の大西も出席している。大西は翌年発表された井上哲次郎の『教育ト宗教ノ衝突』（敬業社）に関連し「当今の衝突論」を『教育時論』に掲載、キリスト教は国家に反するとし教育勅語を絶対化する井上らの見方を反駁した。一八九四年に箱根で開催されたキリスト教青年会の第六回夏期学校で、内村は「後世への最大遺物」と題した講演をしたことは知られているが、同会合に大西も講師として参加し「哲学と安心立命」と題する講演をしている。大西は一八九八年、高等師範学校の講師に就くとともに文部省からドイツ留学に派遣された。大西没後の一九一九年八月、内村は那須に坂田祐らと滞在、その間、警醒社書店による内村全集中止の話から、同書店より一九〇六年に全集の刊行された大西祝のことに話が及び、内村は「官費でドイツに遊学したときに彼の生命がなくなった」と評した（この話について『内村鑑三日録10』にも掲載）。

沖野岩三郎　おきの　いわさぶろう

伝道者、作家。一八七六―一九五六。和歌山県出身。一八九六年、和歌山尋常師範学校卒業。小学校教員に就く。子どもの急死を契機に和歌山教会で受洗。一九〇四年、明治学院神学部に入学。一九〇七年、卒業し和歌山県新宮教会に牧師として赴任。翌年、幸徳秋水、大石誠之助らとの熊野川船遊びに参加。幸徳らの「大逆事件」の謀議参加の嫌疑で家宅捜索を受ける。一九一七年、上京して日本ユニテリアン教会の牧師に就く。同年、「大逆事件」を扱った小説「宿命」が『大阪朝日新聞』の懸賞に入選し作家としても活躍。一九二〇年、『基督新教縦断面』を著し内村鑑三に献本したところ、内村から次のような礼状を受け取る。

御新著『基督新教縦断面』御恵送被下御厚意誠に有難く奉存候、大なる興味を以て拝読仕り、実に今昔の感に不堪候

小生に関する記事は大抵は間違無之候、但し第一高等学校不敬事件に就ては世間普通の誤聞の貴著に現はれ居るは遺憾に存候、何時か御面会を得て其委細を貴兄の如き我国基督教界の歴史家に伝へ置きたく存じ候、(全集三八)

この手紙で内村が伝えたかった「委細」は、おそらく沖野が同書のなかで内村の「不敬事件」の対象を、「御真影」と記していたことと思われる。事件では教育勅語に記された天皇の署名に対する態度が問題となったのであった。当時は内村が記すように「御真影」とする非難が少なくなかった。

沖野はこの内村の手紙に接したことに加えて友人たちの勧告もあり、翌年早々、内村の日記を資料として「内村鑑三氏の閃影」を『新小説』二月号（二六巻二号）に発表、「科学愛好者内村氏」、「詩人としての内村氏」、「宗教家としての内村氏」に分けて、当時再臨論を唱えて一般のキリスト教界から顰蹙を買っていた内村を、内村の側からの内的理解にもとづき好意的に論じた。この掲載を新聞広告で読んだ一九二一年二月二日の内村の日記がおもしろい。その一部を引こう。

恐い物見たさに歯科医に通ふ途中、或る雑誌店に於て金六十五銭を投じ此粋（すゐ）な雑誌一冊を買ひ求め電車の中にて読んだ、是は余が『新小説』を買ふた初めての経験である、読んで悪くは感じなかつた、沖野君は確に余の深い同情者である。（全集三三）

内村は沖野の文章に「感謝の涙を余の眼より引出した」とも述べている。内村の目から涙を誘う文章はきわめて稀れである。

荻原碌山　おぎわら　ろくざん

彫刻家。一八七九―一九一〇。本名守衛。長野県出身。一八九四年、相馬愛蔵、井口喜源治らの東穂高禁酒会に入会しキリスト教に接する。内村鑑三の著作に親しみ、特に『東京独立雑誌』を愛読。画家を志し一八九九年一〇月上京、同月二五日、相馬愛蔵とともに内村鑑三を訪ねる。一一月、不同舎で絵画を学ぶ。翌年四月、明治女学校内に移転。夏、内村鑑三の開催した第一回夏期講談会に井口喜源治とともに参加。この間、七月二六日、八月一日には井口と新井奥邃を訪ねている。一九〇一年一月二八日、渡米の希望を抱き内村を訪問。二月受洗。翌月、渡米。二年後フランスに渡る。一九〇四年、ロダンの「考える人」に接し彫刻に志望を変更。パリから井口に宛てた手紙のなかで「内村先生と申せば角筈の夏当時の楽しさが直に見る様に浮んで参ります。」と懐かしむ一方、「僅かに六、七年ですが、人も我れも種々変つた様に思はれます」とも述べている（碌山美術館『荻原守衛の人と芸術』一九七九）。一九〇七年帰国。「文覚」、「デスペア」などの作品で知られる。一九一〇年四月二日、相馬愛蔵・黒光の営む中村屋で病死。（仁科惇『荻原守衛　その生の軌跡』、一九七七）

奥山吉治　おくやま　よしはる

農業。一八六六―一九三四。羽前出身。小学校卒業後、学校に授業雇または授業生として勤務。一八八一年、結婚し一女が生まれるが自身は入院。この間妻が去り離婚。一八八八年、山形一致教会で受洗。まもなくリンゴ栽培を始める。一八九八年、『後世への最大遺物』などの著書を通じて内村鑑三を知り手紙とともにリンゴを送る。以後両者の間で文通がつづく。両者は最初の妻に去られた点で共通していた。一九〇九年一〇月二日、内村は山形県沼沢の奥山宅を訪問、内村により生香園と名付けられたリンゴ園で共に写した写真が遺されている。一九一三年には山形県理事官として赴任する藤井武を紹介。内村、藤井両者との交流は、内村の世を去る一九三〇年まで続けられた。（奥山俊一編『黎明の星　奥山吉治』一九七五）

小山内薫　おさない　かおる

文学者、演出家。一八八一―一九二八。広島県出身。一八八五年、軍医だった父の死去にともない東京に転居。一八九九年、東京府立尋常中学校を卒業し第一高等学校文科に入学。翌一九〇〇年、失恋を契機に角筈で内村鑑三の開いた第一回夏期講談会に参加。引き続き一九〇一年に開催された第二回夏期講談会、および一九〇二年に開催された第三回夏期講談会にも参加。その参加者を中心に内村の自宅で毎週開かれた角筈聖書研究会に出席する。同研究会の出席者は会場の関係で二十数名に限定された。そのなかでも特に熱心な会員は角筈十二人組と称され、小山内もその一人であった。一九〇二年には第一高等学校を卒業し帝国大学文科大学に入学する。聖書研究会会員としては内村が発行していた『聖書之研究』三〇号（一九〇二年一二月）に「サムエル前書二章四節」を寄稿したのをはじめ、八〇号（一九〇六年一〇月）の「露国文豪ドストイエフスキーの臨終」に至るまで寄稿は数回行われている。この間、一九〇五年に『聖書之研究』が、一時誌名を『新希望』と改題したころに、内村の編集を助けている。のちに日露戦争時を題材とした小山内の短編「沈黙」は、明らかに内村と思われる非戦論者が話をするため軍港（横須賀か）に行く話である。小山内はその非戦論者に付き従って同行したとみられることから、当時小山内は内村の助手のような役割を果たしていたと言ってよい。

他方、小山内は帝国大学に入学するとともに『帝国文学』の編集委員となり、みずからも戯曲などの作品を発表、そして、卒業前後には関心は急激に演劇方面に傾斜して行った。それにしたがい演劇嫌いの内村のもとからも遠ざかる。大学卒業後は、雑誌『新思潮』を創刊（一九〇七）、一九〇九年には市川左団次と自由劇場を設立、その後、土方与志らと築地小劇場を創立し、日本の新劇運動推進の中心となった。

他方、一九二三年には『東京朝日新聞』に小説「背教者」の連載を開始、その題名にくわえて聖書研究会時代のリアルな内容は内村を怒らせ、内村は同新聞の購読を中止した。同作品には、聖書講談会の記述といい、登場人物も仮名だが容易に実在の人物が推定されるなど、実録にひとしい小説であった。連載して五カ月後に、関東大震災が起こったため掲載は打ち切られた。しかしながら、同作品の連載をはじめ、小山内の著した諸作品（前述の「沈黙」、「第一の世界」、「否定」など）には、内村と聖書研究会時代の精神的影響が深い影を落としていることが容易に読みとられる。

小山内は一九二八年に急逝するが、その直前、斎藤宗次郎により内村と小山内との間の和解を試みられたとき、小山内は内村に対して「私は先生を離れてゐても、先生の弟子だったことを一度も恥だと思ったことはない」と述べた（石原兵永『身近に接した内村鑑三下』山本書店、一九七二）。他方、内村も和解を試みた人物に対し、その節介を怒る一方「私は君以上に彼を知り彼の為に祈って居る。そして信仰的に帰り来ることを望んで居る」と言った（斎藤宗次郎『恩師言』教文館、一九八六）。

落合太郎　おちあい たろう

フランス文学者。一八八六―一九六九。東京出身。一九〇三年、第一高等学校予科入学。出版業若林鑒太郎の紹介で一九〇五年、同級生渡辺隆蔵とともに角筈に内村を訪ね聖書研究会会員となる。一高生はほかに天野貞祐がいた。一九〇八年、東京帝国大学法科大学に入学したが、第一高等学校時代の校長新渡戸稲造の媒介で京都帝国大学法科大学に転学。在学中、内村の妻しづの父で同大学弓術部師範岡田透に招かれ同家に行き、居合わせた内村と会う。しかし、そこで実は内村の要請で招かれたことがわかる。一九一三年、同大学卒業。のちフランスのソルボンヌ大学に学んだのち一九二四年、京都帝国大学文学部に就職。一九三七年教授。一九四九年奈良女子大学学長に就任。（『内村鑑三著作集』一一、月報、一九五四）

小野塚喜平次　おのづか きへいじ

政治学者。一八七〇―一九四四。越後国出身。一八八七年、第一高等中学校入学。一八九二年、同校を卒業し帝国大学法科大学政治学科に入学。一八九五年、同大学を卒業、大学院に進む。一八九七年、ドイツ、フランスに留学。この間、東京帝国大学法科大学助教授となる。一九〇一年、帰国し東京帝国大学法科大学教授に就任。一九〇三年六月、同大学の戸水寛人、富井政章教授らとともにロシアとの開戦に関する建議書を政府に提出。政府によるロシアとの満州、韓国の交換論に反対を表明。しかし戸水が開戦論者であったのに対し、小野塚は消極的だった。一九一七年、帝国学士院会員、一九一八年、東京帝国大学法科大学長に就任。一九二五年、学士院選出の貴族院議員となる。当時、妻孝（石黒忠悳の娘）は、東京帝国大学総長もつとめた浜尾新の妻とともに内村鑑三の聖書講義に出席。沓掛に内村が夏の間借りた別荘と小野塚家の別荘とは隣り合わせのため、訪問を重ねる。一九二三年の夏には同家で二〇年ぶりに尾崎行雄とも出会っている。その妻孝によると「内村の方では、最も信仰に入ってよい小野塚のような人が、なぜ無信仰に止まっているのだろうかと疑問に思い、また小野塚の方では、内村のごとき人物が何故キリスト教などを信ずるのか不思議でならないと語りあっていた」という（南原繁ほか著『小野塚喜平次』岩波書店、一九六三）。

海保竹松　かいほ　たけまつ

地方政治家。一八七六―一九五三。千葉県出身。二松学舎に学び三島中洲の教えを受ける。九十九里教会においてキリスト教に接した。一八九七年五月、千葉県山武郡東金町において同町青年義会により講演会が開催された。講師として田口卯吉とともに招かれた内村鑑三は「社会の改良策としての宗教の必要」と題して講演、これに多大の感銘を受ける。帰途、立ち寄った本屋で内村の『警世雑著』を購入、特に「流竄録」に感動。まもなく内村を訪問、天職につき質問すると内村は次のように答えた。

人にはそれぞれの使命があり、それは人によって一様でなく、また直に見出されるものではない。天職は天の授ける職であり自分が見つけるものではない。その日その時に与えられる仕事を忠実に果して行く間に、いつか示されるものである。（石原兵永『忘れ得ぬ人々――内村鑑三をめぐって』キリスト教図書出版社、一九八二）

一九〇二年、角筈で開催された第三回夏期講談会に参加。やがて山武教友会を結成し、一九〇七年には内村を招いて鳴浜夏期懇談会を開催している。一九〇八年には鳴浜村村長に就任し二期八年間在職。信用組合長も勤め、村民に相互扶助と独立精神を説く。関東大震災後の一九二六年、大型の備蓄倉庫を建て落成式に出席した内村を驚かせた。この建物は現存。（『福音と歴史』一、一九七八年二月一〇日）

柏木義円　かしわぎ　ぎえん

伝道者。一八六〇―一九三八。越後国に生まれる。家は真宗寺院。一八七五年、新潟師範学校入学。一八七七年、東京師範学校入学。翌年同校を卒業し群馬県土塩小学校に赴任。一八七九年、同県細野西小学校校長。一八八〇年、同志社英学校に入学するが翌年退学し群馬県細野東小学校校長に就く。一八八四年、安中教会で海老名弾正から受洗。この年、同教会で内村の「野の試みにあはざる者は嗚呼禍なる哉」の話を聞く。同年、同志社英学校に復学。一八八九年、同校を卒業し同志社予備校主任。一八九〇年、熊本英学校校長代理となる。一八九一年、同校の蔵原惟郭校長就任式において教員奥村禎次郎が演説中「我々の眼中には国家なく……」と述べた言葉により熊本知事から解雇された。この解雇令に反対して柏木も辞任。同志社予備校に復帰。前年に第一高等中学校に起こった内村鑑三の「教育勅語不敬事件」に関し、井上哲次郎の著した『教育ト宗教ノ衝突』（敬業社、一八九三）に対して、「教育勅語と基督教」を『同志社文学』に発表した。

一八九七年、安中教会牧師として赴任。翌年『上毛教界月報』を創刊。同誌には、たびたび内村鑑三の文章を『聖書之研究』から引用して紹介した。特に日露戦争における内村の非戦論には共鳴した。しかし、内村の再臨論時代の教会批判には疑問を呈している。一九三〇年の内村の没後、たびたび内村に関する回想を『上毛教界月報』に記している。柏木義円は内村の京都在住時代のほか、内村が世を去る前年秋にも内村を訪ねていたことがわかる。柏木は内村を狭義の無教会主義者とは分けていた。内村の没後、内村の世から受けた打撃に関し、なかでも「一高不敬事件」をその最たるものとみて次のように述べている。

一高の御真影拝礼問題こそは其結果は先生に取ては殆んど致命的と申す程の打撃にて迚ても無教会主義唱道や非戦論の比にては無かりし事と存候。(『上毛教界月報』一九三〇年五月二日)

加藤勝弥　かとう　かつや

政治家。一八五四―一九二一。越後出身。一八七九年、初回の県会議員選挙に当選。自由民権運動家として国会開設運動に従う。一八八三年、高田事件で国事犯として逮捕されるが五カ月後に釈放。一八八四年、宣教師デーヴィス（Davis, Robert H.）から母俊子、妻とともに村上教会で受洗。一八八三年には高田事件、一八八五年には大阪事件で投獄。一八八七年、有志と北越学館を設立し館長となり教頭に内村鑑三を招く。しかし内村は宣教師と衝突して年内に辞任。一八九〇年、国会議員に当選。のち約三年間渡米。一八八九年、母俊子、ツルー（True, Mary T.）とともに女子独立学校を設立。校長に内村を招くが教頭との間にトラブルが生じ内村は翌年辞任。しかし、一九〇〇年、同学校で開催された第一回夏期講談会には校主として出席。一九〇一年に開催された第二回夏期講談会は、同じ会場だが所有者が変わり名前も角筈女学校になっていたが、校長は同じ加藤であったために内村は借りることができた。勝弥はその後も県会議員、国会議員として活躍した。(本井康博編『回想の加藤勝弥』キリスト新聞社、一九八一)

加藤俊子　かとう　としこ

教育者。一八三九—一八九九。越後出身。一八八四年、村上教会で宣教師デーヴィス(Davis, Robert H.)から長男勝弥夫妻とともに受洗。同年、東京に移転。一八八八年、経済的理由により就学困難な女子のために働きながら学ぶ学校として女子独立学校を創設、校長に就く。しかし、一八九九年、病気により同校の校長就任を内村鑑三に依頼した。

金井清　かない　きよし

公務員。一八八四—一九六六。長野県出身。一九〇三年、第一高等学校入学、一九〇六年に起こった外交官栗野真一郎の子どもの第五高等学校からの転校事件では委員として活躍。一九〇七年、同校を卒業し東京帝国大学法科大学入学。在学中に内村聖書研究会に入り柏会に所属する。また、一九一一年、同校を卒業し鉄道院書記に任官。一九二三年、関東大震災に際し帝都復興院書記官を兼任。のち、南満州鉄道監査役となる。一九四五年諏訪市長に就く。金井に対し内村は、もし無教会に教会化の動きが生じたならば「金井、貴様が腕をはつてしつかり反対してくれ玉へ」と頼んだという(「人間内村」『内村鑑三著作集』二〇、月報、一九五五)。実妹の小平いち(数学者小平邦彦の母)も内村聖書研究会会員。

金沢常雄 かなざわ つねお

伝道者。一八九二―一九五八。群馬県出身。富岡中学校四年のとき、日本組合甘楽基督教会で受洗。一九一一年、第一高等学校に入学。同校基督教青年会に所属するとともに姉の夫前田多門の紹介で内村鑑三の聖書研究会に出席。柏会に所属し毎日曜日、一年上級の矢内原忠雄、三谷隆信とともに通う。一九一七年一〇月三一日、内村は、宗教改革四〇〇年記念講演会を村田勤、佐藤繁彦とともに東京基督教青年会館で行った。内村としては久しぶりに外部で行う講演であり、聴衆が少なければ日本は自分を必要としないことを占う講演でもあった。しかし満堂の会衆を見て内村は語った。

神は現代の日本に死にたる私をして、尚かつ斯くも多数の熱心なる聴衆に福音の証明をなさしめ給ふのである……

金沢は、このときの内村の力強い冒頭の挨拶を、内村の没後もなお忘れることができないと述べている(『信望愛』三七、一九三一年五月)。事実、内村はこの聴衆を見て、日本がまだ自分を必要としていると判断し、次の年から全国に再臨運動を唱道することになったとみた。

金沢は、一九一八年、東京帝国大学法学部を卒業し内務省に入り神奈川県庁に勤務。一九一九年、辞職し北海道北見の留岡幸助経営の家庭学校農場で一〇カ月働く。東京に戻り内村鑑三の聖書研究社の助手となる。一九二一年、日本組合桐生教会、一九二二年、札幌独立基督教会の牧師を務める。一九二七年に帰京、無教会伝道者として独立し、一九二八年に機関誌『信望愛』を刊行。一九二九年三月、久しぶりに内村を訪ねると金沢が前年創刊した『信望愛』の売れ行きを尋ね「雑誌の広告を載せてあげるから原稿を書いて送りなさい」と言われた。「私は曾て此の日ほどに先生と親しく語つた事は無い。そして御別れの時の御言葉も曾て聞いた事の無いものであつた」と述べている（『信望愛』二五、一九三〇年五月）。この一年後に内村は世を去った。

嘉納治五郎　かのう じごろう

教育者。一八六〇―一九三八。摂津出身。一八七〇年、父ともに東京に転居（母は前年死去）。一八七四年、東京外国語学校（のち東京英語学校。内村鑑三も同年同校に入学し共に英語学下等第四級に所属）に入学。一八七七年、東京大学に進む。一八八一年、同校を卒業、翌年、学習院教師となり講道館を創立。一八八五年、学習院教授。一八八九年ヨーロッパに派遣され一八九一年一月一六日帰国。

内村鑑三による第一高等中学校「不敬事件」は一八九一年一月九日に起こった。内村は直後から流感にかかり意識朦朧として臥床生活を送っていた。流感は、嘉納が帰国してまもない一月一九日から学校閉鎖するほど流行した。内村の療養する自宅へは教育勅語に対してとった行動を非難する者たちがあいついで押し掛けた。その騒動を病床で夢うつつに聞いていた内村が、のちのちまでおぼろげに記憶している出来事があった。後年、内村は、その出来事を聖書研究会の若い会員に次のように語ったという。

或る日、一団の暴徒がわたしの家の前に押寄せてきて、口々にわたしの名を罵り、まさに屋内に乱入する形勢となった。病床にあって、わたしは死を覚悟した。そのとき大声が聞こえてきた。

「諸君！　わが輩は内村君とは面識はないが、内村君が真の愛国者であることを知っている。今日偶然ここを通りかかったが、もしも諸君がどうしても内村君をやっつけると言うのなら、よろしい、わが輩が内村君に代って諸君のお相手をしよう！」

床中、この声を聞いたわたしは、神に感謝した。この人は有名な○道の大家である。この人の出現によって暴徒は退散し、わたしは危難をまぬかれたのであった。（横山喜之『第一高等中学校不敬事件の裏面』友愛書房、一九六三）

この話はなんとなく伝説めいて聞こえるかもしれない。しかし、三つの理由で実話とみてよいように思われる。

第一は、内村はその主宰する雑誌には他の広告をめったに掲載しない。ところが七年後の一八九八年に『東京独立雑誌』を発行したとき、それには嘉納の出していた雑誌『国士』の広告は掲げている。

第二は、前述したように東京外国語学校へは同年に入学し同じ組で学んでいるから、嘉納が内村と面識のない筈がない。「面識はない」との発言は、知己のための助力ではないことを受けた「暴徒」向けの発言とみたい。

第三は、この話を聞いて記した横山喜之は、のちの内村聖書研究会の会員であるうえ、内村の委嘱により山形県小国の開拓伝道に派遣された青年の一人あり、ただの聞き書きでない。のちに東京帝国大学医学部に入学するが中退。『十字架の人内村鑑三』(友愛書房、一九六三)と題した小冊子を刊行。

嘉納治五郎は、のちに文部省参事官となり第一高等中学校校長、東京高等師範学校校長となる。「柔術」を「柔道」とした人物であることは改めていうまでもない。

加納久朗　かのう　ひさあきら

実業家。一八八六―一九六三。千葉県出身。大森に居住して学習院に通学中、警醒社書店で本を購入していて店主の福永文之助を知る。福永から自宅で行われる内村鑑三の講演会の誘いを受ける。講演会後、内村は加納家で食事。一九一一年、東京帝国大学法科大学卒業。翌一九一二年、横浜正金銀行に就職。同年三月七日、内村は大森の加納家に招かれ

「基督教と其信仰」と題し講演、さらに同月一七日、両国橋まで迎えにきた久朗の案内で内村は久朗の父久宜が町長をつとめる千葉県一宮町に出かけ、昼は同町小学校で「家庭と宗教」、夜は浅野金五郎（子どものちの聖書学者順一）宅で「如何にしたら平和に死ねるか」と題して講演。同講演は久朗により筆記され『家庭と宗教　如何にしたら平和に死ねるか』と題する小冊子として刊行された。一九三〇年三月に死去した内村の葬儀に参列。一九三四年、横浜正金銀行ロンドン支店長として赴任。戦後の一九六二年、千葉県知事に当選。一九六三年、病気で入院中、書いた「あいさつ状」には内村の言葉に擬し「ワレワレハ千葉県ノタメ　千葉県ハ日本ノタメ　日本ハ世界ノタメ」と記されていた。（高崎哲郎『国際人　加納久朗の生涯』鹿島出版会、二〇一四）

鹿子木員信　かのこぎ　かずのぶ

哲学者。一八八四―一九四九。東京出身。東京府立第一中学校に入学。一九〇二年夏、角筈で開催された内村鑑三の第三回夏期講談会参加。全日出席し、会後に長文の「感想録」を『聖書之研究』二四号（一九〇二年八月五日）に寄せている。なかでも内村から「天来の福音」として聞いた話として「信仰に伴ふ愛国心の如何に信仰を強ふする事の大なるてふ事」との言葉を記している。内村は、これに対して「願ふ鹿子木君の熱烈の愛が君を駆てキリストの善き兵卒」たらしめることと付した。鹿子木は中学卒業後、海軍機関学校に入学。一九〇四年、卒業して日露戦争に従軍した。しかし、戦中、海に漂流中のロシア人司祭を救助したことを叱られ、海軍を退役。一九〇六年、京都帝国大学文科大学哲学科に選科生として入学。一九〇七年、アメリカとドイツに留学し神学と哲学を学ぶ。一九二六年から九州大学教授。太平洋戦争中は大日本言論報国会の専務理事となり、戦後、A級戦犯容疑者として逮捕され、のち公職追放となる。

徳冨蘆花の『みみずのたはこと』に収められた短編小説「梅一輪」に登場する海軍士官葛城勝郎のモデルとされる。葛城は海軍機関学校時代から外川先生（モデルは内村鑑三）の影響を受けた人物として描かれている。この作品は、葛城と同じく外川先生の教えを受けていた「お馨さん」との恋愛を描いたもの。「お馨さん」のモデルは内村の教えを受けていた石倉よし子とされ、一九一〇年五月四日に千葉県の実家で行われたよし子の葬式には、内村も蘆花もエステラ・フィンチも出席している。

河合栄治郎　かわい　えいじろう

経済学者、評論家。一八九一―一九四四。東京出身。東京府立第三中学校を卒業し一九〇八年、第一高等学校に入学、同学年に高木八尺、江原萬里がいた。校長新渡戸稲造の座談会に出席。二年後に内村聖書研究会に出席し柏会に参加。一九一一年、東京帝国大学法科大学に入学。しかしキリスト教の社会活動および社会問題に関心をもち内村聖書研究会から去る（ただし江原、高木らとの友情は保つ）。あるところで次のように述べている。

高等学校から大学にかけて、内村鑑三氏の説教を聴きに通ったものの、間もなく浅薄にも宗教が科学と矛盾するからと云って、科学を採って宗教を捨てた。捨てたと云うよりも、寧ろ始めから持たなかったと云う方が適当だろう、唯宗教なるものを知ろうと試みたに過ぎなかった。（「学生に与う」、『河合栄治郎全集』一四、社会思想社、一九六七）

一九一五年、農商務省に就職。一九一九年、同省を辞職。一九二〇年、東京帝国大学経済学部助教授となりヨーロッパに留学。帰国後の一九二六年、同大学教授。一九三四年、『ファシズム批判』を刊行、一九三八年に同書は発売禁止となる。翌年、東京帝国大学平賀譲総長の「平賀粛学」により休職となる。著書の出版法違反で起訴され、一九四一年、有罪（罰金刑）の判決。他方、『学生生活』（日本評論社、一九三五）、「学生叢書」（同、一九三六—四二）などは広く愛読された。（河合栄治郎研究会『教養の思想』社会思想社、二〇〇二）

河上肇　かわかみ　はじめ

経済学者。一八七九—一九四六。山口県出身。一八九八年、山口高等学校を卒業し東京帝国大学法科大学政治科に入学。演説会に興味を持ち、新聞の「今日の演説」を手がかりに内村鑑三、木下尚江、田中正造、安部磯雄、幸徳秋水らの演説会を聞き歩く。

私が最も心を惹かれたのは木下尚江氏と内村鑑三氏との演説であつた。それは私の思想の上に、大学教授の講義よりも遥に強い影響を及ぼした。デモクラシー、社会主義、基督教、さうしたものに関する私の関心は、全くそこから生まれたやうに思はれる。（中略）私は学生時代に何回か木下尚江氏を訪問したが、内村鑑三氏を尋ねたことは一度もなかつた。何だか寄りつきにくいやうに感じられてゐた。しかし私は継続的に『聖書の研究（ママ）』を購読していたし、バイブルを手にするやうになつたのは、全く内村先生の感化によるのである。（『自叙伝五』岩波書店、一九五二）

一九〇二年、東京帝国大学を卒業。一九〇五年、伊藤証信の無我苑に入る。読売新聞社に記者として入社（一九〇七年まで）。一九〇八年、京都帝国大学法科大学講師、翌年助教授となる。一九一三〜一五年、ヨーロッパに留学。帰国後、京都帝国大学教授。一九一九年、『社会問題研究』創刊。一九二八年、京都帝国大学辞任。一九三二年、共産党に入党。まもなく逮捕され治安維持法により刑期五年の判決。一九三七年に釈放。

川喜田愛郎　かわきた　よしお

医学者。一九〇九―九六。東京出身。一九二七年、第一高等学校を卒業し東京帝国大学医学部に入学。このころ内村聖書研究会に出席。内村の信仰の本質をアマスト大学時代の回心とみて、それを自己の生き方の基準とした。内村の没後は塚本虎二の聖書研究会に出席。大学では矢内原忠雄の指導を受けた。一九三二年、東京帝国大学医学部を卒業し伝染病研究所に勤務。一九四一年、東京帝国大学医学部助教授に就く。一九四九年、千葉大学医学部教授。一九五二年一二月から一九五四年三月までWHO技術専門職としてエジプトに赴任。一九六八〜六九年の間、千葉大学学長をつとめる。著書に『近代医学の史的基盤』上・下（岩波書店、一九七七）、『生命　医学　信仰』（新地書房、一九八九）などがある。（津上毅一編『涙ぬぐわれん』二〇〇二）

川西実三　かわにし じつぞう

官僚。一八八九—一九七八。兵庫県出身。神戸中学校をへて一九〇七年、第一高等学校に入学。校長新渡戸稲造の影響を受け、一九一〇年、東京帝国大学に入学後もその読書会に参加。同会のメンバーとともに新渡戸の紹介により内村鑑三の聖書研究会に入会、柏会に加入。神戸中学校の後輩矢内原忠雄の第一高等学校への進学と内村聖書研究会入会に影響を与える。内村から受けた強烈な影響は、矢内原忠雄と同じく娘ルツの葬儀から受けている。ルツの棺の埋葬にあたり内村が「万歳、万歳」と叫びながら何度も穴の中に土を投じた光景である。大学卒業後、内務省に入り、静岡県駿東郡郡長などに就く。一九二〇年、生後一年余の長男信三を失い葬儀は内村が司式。直後に、国際労働機構（ＩＬＯ）の事務官としてスイスに赴任。この間、国際連盟事務局次長として同地に滞在中の新渡戸稲造と

交流。帰国後、埼玉県、長崎県、京都府、東京府の知事を歴任。戦後は日本育英会会長、日本赤十字社社長。妻は三谷隆正の妹の田鶴子。著書に『感銘録』(社会保険新報社、一九七四)。

カーリン Kerlin, Isaac N.

アメリカの知的障碍児教育者、医師。一八三四―一八九三。ペンシルヴァニア州エルウィンの公立ペンシルヴァニア知的障碍児養護院院長。一八八五年暮れ、実業家モリス(Morris, Wister)の紹介で同院を訪れた内村鑑三は翌年から同院の看護人として勤務。内村の勤務期間は同年夏までの短期間であったが、その心身に配慮しアマスト大学入学後も夏休みは同院で過ごさせ、内村も道路造りに寄与(内村道路)。同院における内村の人間観、信仰観に大きな変換を与えるとともに内村を支えた。

院長が常に内村に教えたものは次の言葉であった。

「余の愛する者よ、此一事を記憶せよ、余の信ずる所に依れば神は一人も無益なる人間を造り賜はざるなり」(内村鑑三「流竄録」、全集三)

神田吉右衛門 かんだ きちえもん

水産業者。一八三四―一九〇二。安房国出身。一八五八年、神田家の養子となる。一八七六年、居村富崎村の大火災に際し率先して村民の救済に尽力した。一八七九年、村内にコレラが流行したときも衛生委員として尽力。一八八二年、委員として水産業の発達に努めるとともに難破船の救助に尽くした。

一八九〇年夏、内村は水産伝習所の教師として千葉県白浜に出張中、神田と出会う。自己の進路につき水産業などの実業の道に傾斜しはじめていたころ、神田と出会い、漁民の生活の改善は漁船漁具の改良でなく、生活のしかた自体の改革であると聞かされた。これにより改めて内村は、自己の一生の進路として後者の精神的な改革の道を確認した。

一八九三年から一八九九年まで、富崎村村長に就任、遭難事故の軽減、漁船の改良に尽力した。一九一三年、頭彰碑が富崎小学校内に建立された。

神田乃武　かんだ ないぶ

英語学者。一八五七―一九二三。江戸出身。能楽師松井永世の子であったが、一八六八年、蘭学者神田孝平の養子となる。開成所、緒方洪庵の適塾に学ぶ。一八七一年、駐米公使として赴任する森有礼に従いアメリカに渡り、アマスト大学の高校部をへて一八七五年に大学に入学。この間、シーリー（Seelye, Julius H.）教授が指導。一八七八年、クラーク学長（Clark, William Smith）から受洗。翌一八七九年、帰国して大学予備門、第一高等中学校教員となる。一八八〇年には東京基督教青年会の設立に参加。一八九三年、文部省に勤める。以後、東京外国語学校校長、東京商科大学学長などを歴任。一九一〇年、貴族院議員。一九二〇年一月二六日の内村の日記には次のように記されている。

午後中野に男爵神田乃武氏を訪問した、男はアマスト大学一八七九年の卒業にて余と同窓である、男の二子八尺君と盾雄(夫)君とは余の信仰上の若き友人である、男の先代孝平氏は維新時代の洋学者にして余の幼年時代に用ゐし教科書の或者は氏の著述に成つた者である、神の恩恵裕(ゆたか)に此名家の上に宿らん事を祈る。(全集三三)

一九二四年一月四日、その葬儀は内村の司式で行われ、内村はかなり長い弔文「神田乃武君を葬るの辞」を述べた(全集二八)。(*Memorials of Naibu Kanda*, Tokoshoin, 1927)

北村透谷 きたむら とうこく

文学者。一八六八—九四。本名門太郎。相模国出身。一八八三年、東京専門学校入学。のち中退。自由民権運動にしたがい三多摩民権運動家の石坂昌孝を知る。一八八八年、日本基督一致教会数寄屋橋教会で受洗。同年、石坂昌孝の娘ミナと結婚。一八八九年、叙事詩『楚囚之詩』を自費出版。通訳業によりフレンド派と接近、一時『聖書之友雑誌』の編集に従事。同じく日本平和会の創立に参加し機関誌『平和』の編集にも従う。一八九一年、『蓬萊曲』を自費出版。一八九三年、島崎藤村らと雑誌『文学界』を創刊。山路愛山といわゆる人生相渉論争を交わす。同年、編集を担当していた『聖書之友雑誌』六四号において「今日の基督教文学」を発表、徳富蘇峰、山路愛山らとともに内村鑑三を次のように論じている。

> 内村鑑三の名は近頃、基督教文学の中(うち)に響き来れり、彼が「信者のなぐさめ」と題する新著を一読するに、いかにも天真の愛すべきものあり。朝貌は朝に咲きて、夕に萎(しぼ)むものなり、吾等の生涯甚だ之に類するものあり、朝貌は何物にか寄り添はでは育成しがたきものなり。吾等の生涯甚だ之に似たるものあり。剛を装ひ、健を飾るとも、心性中に於て何となく弱きところあるは人生の真相なり。彼は自(みづか)らを知り、又た人生を知る、知識には限あり、而して彼は限りある知識を以て、限りなき人生の一端を斯の如く質朴に白状す、基督教文学の一現象として見るに足るべきなり。

内村が一八九三年に刊行した『基督信徒の慰』(警醒社書店)の論評である。一方、内村は後年になるが、一九二二年、島崎藤村によって『透谷全集』(春陽堂)が公刊されると、その報知に「感動」し、次のように同年四月二五日の日記に記している。

> 透谷は近代日本に於ける真詩人の一人である、彼にバイロンの熱情と光輝とがあつた、而して英詩人の如くに己が内に耀く光に眩惑されて終に其生命を縮むるに至つた、惜むべきの限りである、彼に若し和平(やはらぎ)の福音ありたらば!と時々思はせらる、殊に此著に就て感じ入るのは藤村氏の亡き友に対する友誼である、是れ文士として為し得る最大の奉仕である、透谷は善き友を世に遺した、其点に於て彼はたしかに幸運児である、余は本

誌〔『聖書之研究』〕の読者に此書を推薦するに躊躇しない、信仰の書ではないがたしかに誠実の書である、而して誠実は信仰を作る為の第一の要素である。(全集三四)

次に述べるように、このころ北村ミナは内村の聖書研究会員になっていたし、彼女の訪問も受けていた。

北村ミナ　きたむら　みな

教師。一八六五—一九四二。武蔵国出身。父は自由民権運動家の石坂昌孝。横浜の共立女学校に学ぶ。一八八六年、日本基督教会横浜海岸教会で受洗。共立女学校を卒業後の一八八八年、北村透谷と結婚。前年に透谷の受洗した日本基督一致教会の数寄屋橋教会に転会。一八九四年の透谷の自殺後、一八九九年にアメリカに渡り英語を学習。一九〇七年、帰国して豊島師範学校などで英語教員を勤める。一九二〇年二月一日には内村鑑三を訪ねているが会えず、改めて三月一五日に内村を訪問している。一九二二年の東京聖書研究会会員名簿には女性会員のなかでは年長のマルタ組のなかに名前がみられる。一九二八年三月一五日にも内村を訪問している。

木下尚江　きのした　なおえ

社会主義思想家。一八六九—一九三七。信濃出身。松本中学校を卒業し上京、英吉利法

律学校、東京専門学校に学ぶ。一八八八年、東京専門学校を卒業し帰郷、『信陽日報』の記者となる。一八九三年、代言人試験に合格し木下法律事務所を開くとともに『信府日報』の記者となる。同年松本美以教会で受洗。一八九六年、『信濃日報』の主筆に就き、翌年普通選挙運動に従事中、「恐喝取材」の容疑で逮捕、東京に護送。出獄後、『直言』、『新紀元』などに執筆するとともに一八九九年『毎日新聞』記者となる。一九〇一年、足利の友愛義団に招かれて内村鑑三らとともに社会改良演説会で講演、あわせて内村と足尾銅山の鉱毒激甚地を視察、内村は帰京後「鉱毒地巡遊記」を『万朝報』に連載した。日露戦争が始まった一九〇四年、内村は非戦論を唱え、木下は『毎日新聞』に非戦小説「火の柱」を連載した。しかし作品『荒野』(昭文堂、一九〇九)では日本のキリスト教を批判し信仰から離脱、実践的な社会主義運動からも手を引き岡田式正座法の指導者になる。鉱毒反対運動の田中正造の死期に立ち会っている。

木下広次 きのした ひろじ

教育者。一八五一—一九一〇。肥後国出身。大学南校、司法省明法寮に学んだのち、一八七五年、フランスに留学しパリ大学に学ぶ。一八七九年帰国し文部省御用掛。一八八六年、帝国大学法科大学教授。一八八九年より第一高等中学校校長を兼任。一八九一年、同校の教育勅語奉読式で教員内村鑑三による「不敬事件」が起こったが、当日は病気欠席中であった。回復後、内村に対し「再拝」を説くなど事態の収拾につとめた。木下は、頭を下げることは必ずしも宗教的な礼拝を意味するものではなく、尊敬をあらわす国の習慣とみて再考を促した。「再拝」は病臥中の内村に代わり友人の教員木村駿吉により行われた。その後木下は、一八九七年に東京帝国大学創立にあたり初代総長に就く。(『内村鑑三全集』一に付した「月報」四に木下の「内村氏への尊書写」を収録)

木村熊二　きむら　くまじ

伝道者、教育者。一八四五—一九二七。但馬出身。幕末には長州遠征、戊辰の役に従軍。一八七〇年、森有礼一行に従ってアメリカに渡る。ラトガース神学校などで学び一八八二年に帰国。一八八五年、有志とともに明治女学校を創立し校長に就く。妻木村鐙子も同校教員。一八八八年、高輪台町教会牧師となり、この間、島崎藤村に授洗。あわせて頌栄女学校校長となる。一八九三年、小諸に移り小諸義塾を開き島崎藤村も教師となる。この間、内村鑑三が訪問、初期の『聖書之研究』に自伝「めぐみの旅路」を寄稿している。一九二七年、日本基督教会牛込教会における葬儀に内村は参列し弔辞を述べ、「その人物と学問とを以て官海に入らば大臣となり、大学教授たらば総長となるはよういであつたらう」と評したとされる(木村毅「〝雨の夜〟の英訳」『新旧時代』三—六。一九二七年六月一日)。東京女子大学比較文化研究所編『木村熊二日記』(一九八一)にも内村に関する記事が認めれる。

木村孝三郎　きむら　こうざぶろう

農業。一八六六―一九四〇。越後出身。青年時代、新潟で北越学館に赴任してきた内村鑑三の話に接する。一九〇四年には内村の聖書研究会に千円を献金。自宅のある大鹿において一九〇五年、大鹿教友会を結成、同年内村が大鹿に来訪。旧約聖書詩篇四二篇の「ああ神よ、しかの渓水(たにがは)をしたひ喘(あへ)ぐがごとく、わが霊魂(たましひ)もなんぢをしたひあへぐなり」の句にちなみ自宅を鹿谷堂と名付ける。グンデルト(Gundert, Wilhelm)の同地方伝道を支援。大鹿教友会会員には関口友吉、本望十三蔵、本田作平らがいた。(山岸セツリ「大鹿教友会の創立」『聖書の言』五三四、一九八〇年八月一日)

木村駿吉　きむら　しゅんきち

物理学者。一八六六―一九三八。江戸出身。父は幕府の海軍奉行木村芥舟。一八八八年、東京大学理学部物理学科を卒業し第一高等中学校嘱託教員となり物理学を担当。一八九〇年同校教諭(まもなく教授)。すでに植村正久から受洗して一番町一致教会の会員で長老だった。一八八九年一〇月には同教会で内村が説教を行っている。したがって内村の第一高等中学校への就職は木村の推薦とみなされている。

一八九一年に起こった内村鑑三による「不敬事件」当時、同校には内村のほかにキリスト信徒として中島力造と木村の二人がいたが、ともに奉読式当日は欠席した。しかし事件後、流感を悪化させ人事不省の状態のつづく内村に代わり事態の収拾に奔走、結局、内村本人に代わり木村が「教育勅語」に対し「代拝」を行った。しかし内村の立場を擁護もしたことなどから非職を命じられる。

同年秋から木村は立教学校教頭に就き物理学関係の教科書も編述。一八九三年にはアメリカに留学、帰国後、一八九六年に仙台の高等学校教諭に就く。さらに海軍に勤め無線電信機の開発に寄与した。

木村清松　きむら　せいまつ

伝道者。一八七四—一九五八。新潟県出身。一八九〇年、北越学館に入学。翌年、日本組合新潟教会において堀貞一牧師より受洗。一八九二年、東北学院に転校。一八九四年、アメリカに渡りムーディ神学校などに学び一九〇一年、按手礼を受ける。翌一九〇二年に帰国。まもなく内村を訪問。そのときのことを木村は次のように伝えている。

この日本の聖書学者に知己を得たいと思い、幸い、自分は千駄ヶ谷、先生は柏木で、さ程遠くもないので一日先生をお訪ねした。談たまたま米国キリスト教界の思想主流の問題になった時自分は「色々ありましょうが再臨の問題などが最も大きな問題でしょうね」と云うと、先生は「フン！」と云って。そっぽを向き「それは如何にも米国人らしい考だネ。主が再び地上に来ると云うのかね」と吐き出すように云われた。

しかし一九一八年一月、内村は中田重治、木村とともに再臨運動を開始した。しばらくして木村が内村を訪問して自分の帰国時における右の話をすると、内村は机の上に手をつき過去の不明を詫びたという。しかし木村は、内村が「各派の先輩の名を挙げて片端から攻撃」するのに閉口、まもなくして運動から離脱したという（木村清松「内村先生と私」『内村鑑三著作集』月報一二、一九五四）。

木村は、その後満州などで伝道、一九二四年から大阪の天満教会、軽井沢教会の牧師などを務め、戦後は日本基督教団の巡回牧師をした。

金教臣　キム・ギョシン

伝道者。一九〇一―四五。韓国の咸鏡南道出身。一九一九年、咸興公立農業学校を卒業、来日し正則英語学校に学ぶ。一九二〇年六月、東京の牛込区矢来町聖潔教会で受洗。このころから『聖書之研究』および内村鑑三の著書を愛読。一九二〇年一一月、内村を初めて訪問、あわせて大日本私立衛生会館における講演を聴講。翌年、聖潔教会の内紛により同教会を去り内村鑑三の聖書研究会に入会。当時行われていた羅馬（ロマ）書の講義に強い影響を受ける。同講義は一九二二年一〇月二二日に終了、その日の出来事を二日後の一〇月二四日、

内村は日記に次のように記している

大手町に於て羅馬書の講演を終つて感謝を表して来た者が今日までに四人あつた。（七百人中の四人である）。其内朝鮮人某君のそれが最も強く余の心に響いた。曰く「内村先生、六十余回に亙る羅馬書講義を何等の倦怠も覚えずに歓喜より歓喜の中に学ぶ事が出来ました事を喜びます。小生は昨年一月を機と致しまして爾来一回の休みも無く参席を許されましたが、愈々本日の「大観」を以て天下の大書を講了なさるゝに当りまして、その計らざりし僥運の嬉さの余りに覚えず感涙の眼底を洗ふを認めまして窃に恥入りました。（中略）よくも全国人の迫害と、堪え難き国賊の誹謗との中にも、極東の一角に踏留つて下さいまして十字架の聖旗を空高く守つて下さいました事を感謝します云々」と。此言を朝鮮人より受けて余も「覚えず感涙の眼底を洗ふを認」むる。将来余を最も能く解して呉れる者は或は朝鮮人の中より出るのである乎も知れない。（全集三四）

金教臣は、のちに右の謝辞を述べた朝鮮人とは自分であると認めている（「内村鑑三先生と朝鮮」、別冊『環』一八「内村鑑三」、藤原書店、二〇一一）。

一九二七年、東京高等師範学校を卒業し帰国。永生女子高等普通学校教員となる。宋斗用、咸錫憲とともに『聖書朝鮮』を創刊。一九二八年、ソウル養正高等普通学校に転職。一九四〇年、咸錫憲と共著『内村鑑三先生と朝鮮』刊。一九四二年、『聖書朝鮮』一五八号の記事「弔蛙」で検挙される。一年後に出獄（盧平久・森山浩二『金教臣――日本統治下の朝鮮人キリスト者の生涯』キリスト教図書出版社、一九七八）。

金貞植　キム・ジョンシク

ＹＭＣＡ職員。一八六二―一九三七。韓国の黄海道出身。大韓帝国の警務官（警察庁長官）でありながら、一九〇二年、立憲制近代化を主張したため政府転覆陰謀罪で逮捕され投獄。処刑の恐怖のなかで聖書に接し獄中でキリスト教に入信。一九〇四年、釈放後に受洗。ソウルＹＭＣＡ総務に就く。在日留学生援助のために一九〇六年来日。在日基督教青年会を組織。内村鑑三の聖書研究会では一九一六年五月七日に話をしたことが矢内原忠雄、坂田祐によって記録されている。矢内原の記録により紹介する。

日本の牧師さんにもたくさん友達が出来ましたが内村先生が一番キリストの心がわかつたと思ひました。（中略）今から五十年後に内村先生の書かれたものを読まれたなら朝鮮の金貞植が内村先生は預言者であると言った言葉の妄ならざるを知られるでありませう。（『矢内原忠雄全集』二七、一九六五）

その後も金貞植はたびたび内村を訪問し朝鮮の状況を報告、三・一独立運動などの状況ををいち早く伝えている。内村は金貞植を通じて朝鮮の国情にもっともよく通じた日本人の一人であり、金の方も内村はもっとも強く信頼した日本人であったとみてよい。

清沢洌　きよさわ　きよし

ジャーナリスト。一八九〇―一九四五。長野県出身。高等小学校卒業後、一九〇三年から二年間、穂高村で井口喜源治が開設していた私塾研成義塾に学ぶ。渡米前の一九〇六年一一月、東京で内村鑑三に会ったときの会話を井口喜源治に報じている。それによると、清沢が決して水の洗礼は受けないつもりと言うと、内村から「そう頑張らなくても」とたしなめられた。また、その日内村と会ったことは「神様の摂理」であると言うと内村から「そう神様々々と云ふな」と諭されている（『井口喜源治と研成義塾』南安曇教育会、一九八一）。アメリカに渡りホイットウォース大学に学ぶ。卒業後、日本語新聞『北米時事』などの記者となる。一九一八年帰国。一九二〇年、『中外商業新報』の外務部長、特派員。一九二七年、朝日新聞社の企画部次長に就くが、大杉栄事件を扱った『自由日本を漁る』（博文堂、一九二九）により右翼からの攻撃を受け退社。以後、ジャーナリストとして活躍。そのリベラリズムは戦中の日記『暗黒日記』（一九五四年刊）で知られる。

釘宮徳太郎　くぎみや　とくたろう

実業家。一八七九―一九三六。大分県出身。一八九七年、明治専門学校に入学、一九〇一年、同校卒業。『聖書之研究』を一九一五年二月号から購読する。大分で肥料販売業に従う。内村に「救の理論は分ったが信じられんが如何にしたらよいでしょうかとお尋ね申し上げた所が、信じたいと思う心の起ったのが信仰の初歩だ、此上は唯祈りなさい、祈ればきっと与えられる」との返事に接する。一九一八年、三崎町教会ではじめて内村鑑三の講演を聴く。一九二一年、個人雑誌『十の光』（のち『十字架の光』、『糧の友』、『復活』と改題）を刊行。一九一六年四月、福岡で開催された九州聖書之研究読者会に出席。一九二八年一月、大分県聖書之研究読者会を開催。一九三〇年ころには『復活』誌の内容により発行禁止処分も受ける。理由は非戦論にあり、その思想は甥の釘宮義人にも影響。義人は、一九四三年、兵役拒否で逮捕され、懲役一年の処分にあう。また妻千代子も内村と交流があったとみられ、一九三四年の千代子の死去後に徳太郎により作成された『またあふ日まで』（大分聖書研究会編）には、畔上賢造、黒崎幸吉、塚本虎二、金沢常雄、矢内原忠雄、山田幸三郎、鶴田雅二、伊藤祐之、三谷隆正、石原兵永、斎藤宗次郎ら多数の内村聖書研究会の人々の文章が収められている。（稲葉満編『内村鑑三の継承者たち』〈教文館、一九九五〉収録の渡辺信雄「釘宮徳太郎」。『毎日新聞』一九八八年一〇月に掲載された「昭和にんげん史」のなかの「禁酒非戦」）

葛巻行孝　くずまき　ゆきたか

教員、詩人。筆名星淵。一八七五―一九五四。青森県出身。一八九五年、青森師範学校

卒業。東京高等師範学校に入学。一九〇二年に開催された第三回夏期講談会に参加。卒業後、秋田、兵庫、和歌山、奈良、神奈川、千葉の各地で中学校の英語教員を勤める。『聖書之研究』をほぼ全巻にわたり購読し寄稿もしている。詩集『信仰詩篇　伸びゆく生命』(独立書房、一九三二)には内村鑑三の葛巻宛書簡を写真版で掲載。『長篇詩賦　噫　内村鑑三先生』(独立書房、一九三三)は詩による内村鑑三伝である。

国木田独歩　くにきだ どっぽ

文学者。一八七一―一九〇八。下総国出身。山口中学校を中退し上京、一八八八年、東京専門学校に入学。まもなく一番町教会(植村正久牧師)に通い始め一八九一年受洗。一八九四年秋から徳富蘇峰の国民新聞社に勤め『国民新聞』の従軍記者となる。それにより内村鑑三が『国民之友』に連載した「流竄録」には目を通していた。のちに独歩は「春の鳥」(一九〇四)と題した小品を発表、そのなかに登場する知的障碍をもつ少年「六さん」を描くが、知的障碍児に関する知識は内村の「流竄録」によったとみてよい。一八九五年六月には内村と文通を交わすようになる。まもなく北海道に移り山林における独立独行の生活を夢想しはじめた独歩は、同年九月には内村の紹介状を持参して札幌に新渡戸稲造を訪ねている。

一八九六年四月、前年結婚したばかりの信子(佐々城)の失踪事件があり、離婚を決意した独歩は渡米を思い立ち、内村に相談する。このあたりの話は内村自身の経験と酷似しているためか内村は「小生も早年の頃、貴君と同一の厄難に遭遇」との返事を書き送っている。しかし京都に内村を訪ねてきた独歩に対して、在米時代の経済的困難を想起して、まず資金の準備を提案した。そのとき内村の貧しい生活ぶりに接して、独歩は内村に対する国民新聞社の原稿料の支払いを確約している。ただし独歩は、このあと内村に対する人物観を逆転させた。

クラーク Clark, William S.

アメリカの教育者。一八二六―八六。一八六七年、マサチューセッツ州立農科大学学長。一八七六年、札幌農学校に教頭として来日。「イエスを信ずる者の契約」を作成して生徒に署名させキリスト教による徳育を奨励。帰国にあたりBoys, be ambitious! の言葉を残したことで有名。内村鑑三たち第二期生の多くも同契約書に署名しクラークの用意した聖書を付与される。内村たちによる独立した教会の建設には資金援助を行った。

内村ら第二期生はクラークの帰国後の入学であったが、その存在は大きな影を落としていたため、内村は一八八五年に渡米後、アマストに到着早々の九月八日、さっそくクラークをその自宅に訪問している。翌年三月、クラークが世を去ると「クラークの伝道事業」と題する英文を著し、札幌農学校における活動を日本での偉大な事業として紹介した。その中でクラーク自身も札幌で行った伝道事業をもっとも大きな仕事とみていたと述べている。

しかし、一九二五年、北海道大学創立五〇年記念事業として生じたクラーク像建設計画には反対した。クラーク尊敬の念には変わりなかったが偶像崇拝または偶像視を嫌ったためとみてよい。

倉橋惣三　くらはし　そうぞう

教育学者。幼児教育家。一八八二―一九五五。静岡県出身。一九〇〇年、東京府立第一中学校を卒業して第一高等学校に入学。同年角筈で開催された内村鑑三の第一回夏期講談会に参加。つづいて第二回、第三回の講談会にも参加、全三回の感想をこのように語っている。

地の如何に低きかを示したのは第一回なりき、天の高きの測るべからざるを嘆ぜしめたるは第二回なりき、而して第三回は余の為に此二つの調和を教えざるべからず、果然余は之を得たり。（『聖書之研究』二五）

すなわち、夏期講談会に参加して、地上の国と神の国、その両者の間の存在としての生き方を教えられたという。夏期講談会後、内村が角筈の自宅で開始した聖書研究会の会員になる。角筈十二人組の一人。一九〇三年二月には、『聖書之研究』読者から集めた足尾銅山鉱毒被害地の人々へのクリスマスプレゼントを、内村に託された倉橋は浅野猶三郎とともに届ける役を果たす。

第一高等学校在学中から幼児教育に関心を抱く。これにはペスタロッチの影響もあるが「内村鑑三先生のおしえによって、成功とか功名とかのほかに人生があることを、かすかながら考えていた」（『子供賛歌』、フレーベル館、一九五四）という。東京帝国大学卒業後、東京女子師範学校に就職、付属幼稚園の主事にもなる。同校教授として、子ども本来の生活を中心とした教育を主張。（『倉橋惣三全集』全五巻、フレーベル館、一九九一―九六）

黒岩涙香　くろいわ　るいこう

ジャーナリスト。一八六二―一九二〇。本名周六。土佐出身。『絵入自由新聞』、『都新聞』の主筆として探偵小説などを連載。一八九二年に『万朝報』を創刊。同紙の世間に与えていた「赤新聞」の印象の一新をはかり、涙香は入社を依頼するため内村鑑三を訪ねた。涙香ははじめて内村と会ったときの様子を、のちにこのように伝えている。

昨年の初、余が氏に入社を乞ふや、氏は曰く日本の社会は既に堕落の極に達す。救済の期を過ぎたる者なり、我れ全く之を見捨てたりと、余曰く姑く来りて朝報社に立ち新聞記者たるの地位より観察せよ、社会猶一縷、改革の望を繋ぐ可き者あり、君必ずや絶望するの尚早きを悟らんと、氏黙考之を久うし、起て徐ろに太平記載する所の前人の歌

を誦す
　思ひきや我が敷島の道ならで、浮世の事を問はる可しとは
冷泉為明の歌を引いて懇願に応じ内村は入社を受諾した。黒岩は、「熱心なる改革主張者」、「鋭意なる一記者」を招くことが出来て歓迎した（『万朝報』一八九八年五月二八日）。
　この結果『万朝報』には、内村のほか、幸徳秋水、堺枯川（利彦）、内藤湖南、田岡嶺雲、河上清らも集まり、紙面のイメージ転換に成功した。しかし日露戦争の開戦非開戦をめぐり、同紙は最初のうち非戦論を主張していたのだが、まもなくして世間受けをねらって開戦論に転換、非戦論に立つ内村、幸徳、堺らが退社。その後、同紙の退潮を招いた。

黒木耕一　くろき こういち
　教員。一八七五―一九七〇。宮崎県出身。早稲田大学卒業。一九〇〇年に開催された内村鑑三の夏期講談会に参加し、記録を担当して『聖書之研究』の初号（同年九月）に「夏の十日」を執筆。あわせて書記として「夏期講談会日記」も同号に掲載している。さらに翌一九〇一年にも「第二回講談会日誌大要」、一九〇二年は「第三回角筈夏期講談会日誌」を掲載。一九〇二年末には内村鑑三とともに足尾銅山鉱毒被害地を訪れ、「渡良瀬沿岸のクリスマス」と題した報告を『聖書之研究』三一号（一九〇四年一月）に載せている。その後、新潟、京都、茨城、栃木の各県で英語科教員を勤め、一九二七年、栃木県烏山中学

校に内村を招いて講演会。翌年九月、内村から受洗。

黒木三次　くろき さんじ

実業家。一八九四―一九四四。東京出身。父は日露戦争の第一軍司令官黒木為楨（ためもと）。学習院時代の友人志賀直哉を介し第一高等学校時代に内村鑑三の聖書研究会に出席。一九〇九年、第一高等学校では校長新渡戸稲造の影響下に活動していた読書会に参加、同会の会員を内村の聖書研究会に紹介。その会員たちは新渡戸の紹介状を持って内村を訪ね、やがて柏会と命名された。一九一二年、東京帝国大学法科大学を卒業。一九一六年、黒木が松方正義の孫娘と結婚するにあたり結婚式を日比谷神宮で挙げたが、これに対して内村は激怒、柏会内にも意見の分裂を招くなどの大騒動をひき起こした。

しかし、二年後の一九一八年一二月二日、アメリカに渡る黒木夫妻の送別会が中野の神田乃武宅で開催されると、内村は出席し門出を祝した。黒木は帰国後、関東大震災の帝都復興院参与に就く。また、福徳生命保険会社取締役や貴族院議員を歴任。

黒崎幸吉　くろさき こうきち

伝道者。一八八六―一九七〇。山形県出身。一九〇四年、第一高等学校入学。翌年新渡戸稲造が同校校長に就任。一九〇七年、東京帝国大学法科大学に入学。翌年、内村鑑三の

聖書研究会に入会し柏会に属する。一九一一年、同大学を卒業し住友総本社に入社。翌年住友寛一の補導係となり一九一五年には寛一に付きアメリカに渡る（一年間）。留守中の一九一五年九月、内村は鶴岡に行き黒崎家を訪問、幸吉の妹祝と会う。祝は二年後に上京、内村家のお手伝いをしていたが、のち黒崎と同じ柏会会員江原萬里と結婚する。幸吉は一九一六年、住友別子鉱業所課長に就く。一九二一年、妻寿美子の死に遭遇、会社を辞し伝道者を志し内村鑑三の助手となる。『ルーテル加拉太書註解』（警醒社書店、一九二一）を内村の序文を付し刊行。その内村の序文の一部を引用する。

パウロの加拉太書を最も深く味はつた者はマルチン・ルーテルである、パウロを知らんと欲すればルーテルに由らざるべからず、我友黒崎幸吉君に此訳書ありし理由は玆に存するのである、君も余もパウロ信者であつて、又或る意味に於てのルーテル教信者である、我等はルーテルを世に紹介して自分自身を語りつゝあるのである。

一九二二年、ヨーロッパに留学し一九二五年に帰国。故郷の鶴岡で伝道、一九二六年『永遠の生命』を創刊。一九三一年、兵庫県に転居し黒崎聖書研究会を始める。一九三六年、『永遠の生命』の一二二号が二・二六事件に関連した記事により発売禁止とされる。一九四〇年、『永遠の生命』発行禁止。一九四六年、『永遠の生命』復刊。一九五八年、登戸学寮開寮。一九六五年、黒崎聖書研究会解散。（『黒崎幸吉著作集』全五巻、一九八四、新教出版社。高木謙次編『回想　黒崎幸吉・光子』新教出版社、一九九一）

グンデルト　Gundert, Wilhelm

哲学者。一八八〇―一九七一。ドイツに生まれる。小説家のヘルマン・ヘッセは従兄弟。父はグンデルト書店を経営していた。チュービンゲン大学、ハレー大学に学ぶ。ドイツ留学中の宍戸元平を介して内村鑑三の存在を知る。まもなく内村鑑三の著書*How I Became a Christian*を読み、エーラー（Oehler, Luise）と協力して訳出し、一九〇四年、*Wie ich ein Christ wurde*と題して父の書店から刊行。日露戦争では非戦論を唱えた内村の著書であったが、日本の戦勝によりドイツでは反響をよんだ。グンデルトはキリスト教教師の資格を得るとともに海外伝道を志し、一九〇六年に来日、内村の隣家に居住し日本語の学習に励み、第一高等学校のドイツ語講師に就く。同年夏には新潟県柏崎で開催された『聖書之研究』読者の夏期懇話会に参加。まもなく婚約者ヘレーネ（Bossert, Helene）も来日し同年末結婚、ともに内村の聖書研究会に出席した。一九〇八年早々、内村の著書のドイツ語訳*Japanische Charakterköpfe*（代表的日本人）もヘルマン・ヘッセの父ヨハネス・ヘッセ（Hesse, Johannes）の訳で父の書店から刊行された。同年暮れには、その売上げの送金があった内村に連れられて清澄など日蓮の旧跡を訪ねた。一九一〇年、伝道に専念するために第一高等学校の教職を辞し新潟県村松町に居を移す。一九一三年には内村も村松に応援に行く。翌年、内村を訪ね日本とドイツとの開戦を悲しむ。『聖書之研究』一七〇号

（一九一四年九月一〇日）に「戦争と私と」を掲載、まさに「期は満てり神の国は近けり爾曹悔改めて福音を信ぜよ」との声に耳を傾ける時という。しかし、村松での伝道は困難になって去り、熊本の第五高等学校の講師として赴任。その後、一時ドイツに帰国、水戸高等学校教師などを勤める。のち、日本学者として、一九三六年にハンブルク大学の日本学教授、つづいて同大学学長に就く。『私が見た日本国民性の変移（内村鑑三先生の片鱗）』（一九三四）と題した小冊子もある。

小出満二　こいで まんじ

農学者。一八七九―一九五五。兵庫県出身。内村鑑三の著書『警世雑著』や『東京独立雑誌』の影響を受け、第一高等学校の学生時代に内村鑑三の夏期講談会に三回とも出席。会合を重ねるごとに「進歩」し、「思ふまゝに語り思うまゝに為して毫も憚るを要せざりき」ことを「感想録」で感謝している。内村はこの感想に付し「余輩は益々神を説くに躊躇せざるべし、そは世には君の如く神を強ひざるに喜んで彼を受けんと欲する人多かるべければなり」と述べている（『聖書之研究』一二、一九〇一年八月二五日）。その当時、内村の自宅で開催されていた聖書研究会にも出席。角筈十二人組の一人。新渡戸稲造の影響を受け農学を志す。東京帝国大学農科大学卒業後、鹿児島高等農林学校、九州帝国大学教授を歴任。オーストラリアのシドニー大学に交換教授として出張中、内村の英文著書が歓迎されている状況を内村に報告している。葬儀は親友の大賀一郎が司式をつとめた。

幸徳秋水　こうとく しゅうすい

社会主義者。一八七一―一九一一。高知県出身。板垣退助の影響を受け一六歳のとき上京するが保安条例により東京退去となる。改めて上京後、衆議院議員中江兆民の学僕となる。一八九三年、自由新聞社に入社。一八九七年、社会問題研究会に参加。翌年朝報社に入社、同年社会主義研究会に参加。一九〇一年『廿世紀之怪物 帝国主義』を刊行。同年理想団の結成に黒岩涙香、内村鑑三、堺利彦らとともに発起人として参加。また安部磯雄らの社会民主党結成に参加。同年末、田中正造による足尾鉱毒問題の天皇に対する直訴状を執筆した。一九〇三年、日露戦争には非戦論を唱え、堺利彦とともに朝報社を退社（内村鑑三も同時に退社）。のち平民社を起し『平民新聞』刊行。一九〇五年渡米し翌年オークランドで日本人による社会革命党を結成。一九一〇年「大逆事件」により逮捕され翌年死刑執行。内村は、獄中の著書『基督抹殺論』に関しては批判したが、同事件に関連し「アメリカは頭に帽子を載せてゐないからいゝ」と語ったという（『正宗白鳥全集』九、新潮社、一九六五）。同様なことは第一高等学校で行われた徳冨蘆花の講演のなかでも語られている。

小崎弘道　こざき　ひろみち

伝道者。一八五六―一九三八。肥後出身。一八七一年、熊本洋学校に学び教師ジェーンズ（Janes, Leroy L.）から一八七六年に受洗。同年、同志社英学校に入る。一八七九年、同学校を卒業し上京、新肴町教会を設立。翌年、東京青年会を創立し機関誌『六合雑誌』の編集長になる。一八八二年、東京第一基督教会（のち霊南坂教会）牧師となる。一八九〇年、同志社社長に就く。日本組合基督教会、日本基督教連盟の社長を勤めるとともに著書『政教新論』（警醒社、一八八六）では儒教と対比してキリスト教倫理の必要性を説く。

一九〇四年一月三一日、東京基督教青年会で内村鑑三と共に講演。「内村君は最初信仰を起せし当時ユニテリヤンの書を読て大に之と戦ひ其信仰を堅めたりしとの演説なりしが、余の如き随分之か為め苦み其信仰を堅めたる故、他の人の如く其信仰に変動を来すことなかりき」と記した（杉井六郎「小崎弘道の「備忘録」にあらわれたる内村鑑三、一」『内村鑑三全集』五、月報、一九八一）。

日露戦争時の「備忘録」では、内村の非戦論に対して小崎は「非戦論の結果の一の恐るべき事は非国家主義――国家反対主義になるのである」と批判している（同上一五、月報、一九八二）。

この後、翌一九〇五年五月から小崎は、内村、植村正久とともに聖書改訳事業に携わるが途中で解散する（同上）。

一九一八年に入ると内村は中田重治、木村清松とともにキリスト再臨運動を開始。小崎はキリストの聖霊の降臨は疑いないとしつつ肉体をもっての降臨には疑問を呈した（同上）。これに関連して内村に東京基督教青年会館を毎日曜日利用させていることに反対、ついに使用の拒絶に到った（同上）。

両者の関係は離反したが、一九二三年にはアメリカの排日移民法に対しては小崎、内村ともに反対の会合を共にした（同上）。

これもあって一九二九年一二月、霊南坂教会で行われた小崎の按手礼五〇年記念会には内村も出席した。

小西芳之助　こにし よしのすけ

伝道者。一八九八―一九八〇。奈良県出身。旧姓今西。奈良県立畝傍中学校を卒業し一九一七年、第一高等学校に入学。小石川福音教会のローラ・モーク（Mauk, Laura J.）のバイブルクラスに出席。一九一八年六月二日、小石川福音教会万木源次郎牧師から受洗。その秋から午前はモークのバイブルクラス、午後は内村鑑三の聖書研究会に出席。一九二〇年、第一高等学校を卒業し東京帝国大学法学部に入学。一九二一年一月から内村のロマ書講演が開始され、特に五月一五日の三章二一節の講義は一生忘れがたいほど心を深く打たれたという。

旧い訳の聖句のはじめの「今律法の外に神の人を義とし給うことは顕れて」の律法の外にいを律法道徳と全然無関係にと話されたとき、無関係にという御言葉が心の底にしみつきました。

と語っている（『小西芳之助先生余芳』元高円寺東教会共励会、一九八一）。

一九二三年、大学を卒業。一九二五年、共済信託（のち安田信託）に就職し大阪に移る。一九三五年、伯母の小西マサの養子となり今西から小西姓に改姓。一九四七年、本郷緑星教会牧師に就く。一九四九年、高円寺独立伝道所発足。一九四九年、日本基督教団高円寺東教会設立。奈良の生地の隣村出身の僧恵心の信仰にも惹かれ「恵心流キリスト教」を唱えた（前掲『小西芳之助先生余芳』）。

駒井権之助　こまい　ごんのすけ

英文学者、ジャーナリスト。一八七四―一九四五。号は崋南。岡山県出身。一八八九年、大阪教会で宮川経輝から受洗。一八九〇年、大阪英学校に入学。一八九二年、同校に教師として出講していた内村鑑三に習う。卒業後も内村と交流があり、『東京独立雑誌』には「崋山白駒」の名で寄稿。一九〇〇年に開催された夏期講談会に出席。同年秋創刊された『聖書之研究』には創刊号からライル「マルコ伝福音書」を翻訳して連載。一九一三年イギリスに渡り *The Times* の記者になる。内村と交わした英文書簡は桑田春風『面白き英語の手紙』（冨山房、一九一六）などに収録されている。（小松緑『偉人奇人』学而書院、一九三四。西口忠「駒井権之助」『桃山学院年史紀要』一四、一九九四年一一月）

小山英助　こやま えいすけ

農業。一八七七―一九六八。長野県出身。『東京独立雑誌』を愛読。内村鑑三は、一九〇〇年八月一八日に上田で開催された上田独立苦楽部の結成に出席後、二〇日には小諸に廻り、懐古園内湖月楼で「吾人の採用する道徳の種類」と題して講演。小山は、これを聞く。内村は同年一〇月、再び小諸で講演。一九〇一年に開催された第二回夏期講談会に参加。内村は、一九〇二年三月にも小諸における理想団支部発会式。さらに同年五月にも小諸で開催された理想団春季大会にも出席、その都度、親戚の小山太郎とともに迎えている。理想団および『聖書之研究』読者の同地方における中心人物となる。町会議員などもつとめ小諸の地域社会のためにも尽力した。

一九〇六年一〇月一七日、内村は、小諸の懐古園で開催された北信基督信徒第五回懇親会に出席、書を求められ次の歌を書いて小山に贈っている。

仲秋月を見て千曲川沿岸の友を思ふ
思ひやる姨捨山の秋の月
千曲の岸のみのり如何にと

なお内村は一九二一年ころから沓掛で夏を過ごすようになるが、その滞在した星野温泉の貸別荘は小山の斡旋によるという（小山敬吾『千曲川』創史社、一九八〇）。

また、小山英助の本家筋にあたる小山太郎（一八七一―一九六九）には長男藤吉によって作成された『小山太郎年譜』（一九七二）があり、「小山太郎日記」による「内村鑑三先生ノ小諸町ニ於ケル事蹟」もあるが、小山英助と重複する事項が多いため省略した。

斎藤宗次郎　さいとう　そうじろう

教員、伝道者。一八七七―一九六八。岩手県出身。禅寺に生まれるが母の死去により斎藤家の養子となる。一八九四年、岩手師範学校入学。在学中に内村鑑三の著書『地理学考』を読む。一八九八年、同校を卒業し花巻小学校に勤務。同僚に宮沢賢治の師で『聖書之研究』の読者照井真臣乳（まみち）がいて共に内村の著書の読書につとめる。一九〇二年、生徒の作文の責任を問われ休職、兵役検査も再受検となり内村に相談（『花巻非戦論事件における内村鑑三先生の教訓』）、以後新聞取次業を始め、その途次農学校に宮沢賢治を訪問。内村の第三回夏期講談会に参加。一九二六年、上京し内村聖書研究会の会場整理、『聖書之研究』の発送業務にあたる。他方、内村の言行の記録につとめ、内村の没後『ある日の内村鑑三先生』（教文館、一九六四）として刊行。斎藤の没後に、『恩師言』（教文館、一九八六）、『復刻　聴講五年　晩年の内村鑑三に接して』（教文館、二〇一二）も刊行された。

斎藤勇　さいとう たけし

英文学者。一八八七―一九八二。福島県出身。福島中学校在学中に内村鑑三の話を聞き、その「はげしさ、強さ、そして確信にみちた態度に心打たれた」。さっそく校長に同校でも内村の講演を懇願、札幌農学校出身の鐸木近吉校長は応諾して講演を実現させた。その後第二高等学校をへて一九〇八年、東京帝国大学文科大学に入学し英文学を専攻。植村正久の富士見町教会に出席する。一九一一年、同大学を卒業、一九一三年、東京女子高等師範学校教員となる。翌一九一四年、横須賀で開催された基督教青年会第二四回夏期学校でも内村の講演を聴く。一九二三年、東京帝国大学助教授に就きイギリスなどに在外研究員として赴任。帰国後、一九三五年、東京帝国大学教授。一九四八～五四年まで東京女子大学学長に就任。（「内村鑑三氏英語講演などの思出」『内村鑑三著作集』八、月報、一九五三）

斎藤茂吉　さいとう もきち

歌人、医師。一八八二―一九五三。旧姓守谷。山形県出身。一八九六年、第一高等学校入学。寄宿寮の同室者に内村鑑三の「崇拝者」がいた。一九〇五年、医院斎藤家の養子となる。一九一〇年、東京帝国大学医科大学卒業。一九一三年、第一歌集『赤光』刊。一九一七年、長崎医学専門学校教授。一九二一年、ドイツ、オーストリアに留学。一九二四年帰国し養家の青山脳病院の医師となる。翌年、内村家の祐之が同じドイツの教授のもとに留学するという話を聞き、内村家を訪問。この日（一九二五年三月一一日）のことを斎藤は次のように記している。

先生の令息祐之君が独逸ミユンヘンのシユールマイエル教授に従学せむがために出掛けられるといふので、同教授にはつい先頃まで私も指導を仰いで帰つたのであるから、教授への挨拶を兼ね五月人形の鎧を届けてもらふために、内村祐之君の角筈のお宅を訪問したために、鑑三先生にもお目にかかることが出来たので、生涯に一度親しく謦咳に接したといふことになる。その時祐之君の未だ初々しい新夫人にも会つたが、鑑三先生はいかにも嬉しさうで、約一時間ばかりよもやまのことを私に話してくれられたのであつた。その中に、『わたしも実は自然科学者なのですから自然科学は今でも興味を持つてをります』といふお言葉などもあつて、私は先生に親しみを感じてお宅を辞したのであつた。（「内村先生」、『砂石』新声閣、一九四一）

佐伯好郎　さえき　よしろう

東洋史学者。一八七一―一九六五。広島県出身。一八九〇年、東京専門学校卒業。同年、築地の聖パウロ教会（聖公会）で受洗。一八九三年に渡米。一八九五年にはカナダで学ぶ。翌年帰国。一八九七年、東京高等師範学校英語科講師に就く。一八九九年九月、内村鑑三から女子独立学校の教頭を依頼されて就任。しかし早くも同年一一月、校長内村と対立、辞職してふたたび東京高等師範学校講師となる。内村も女子独立学校校長を辞職し、その辞職理由につき佐伯により種々の理由（スキャンダルなど）が発表されたが、内村はまったく応答も弁明もしていない。

佐伯はその後、法政大学、第五高等学校、台湾総督府中学校、東京高等工業学校、明治大学などで教えるとともに、中国に入ったネストリウス派のキリスト教景教の研究を進め、研究書を刊行。大平洋戦争が起こると一九四二年、教団合同をはかる文部省の意向に対し合同に反対する聖公会の司祭佐々木鎮次、八代賦助、佐々木二郎、須貝止、前川真二郎らを治安警察法違反として告発している。（『佐伯好郎遺稿並伝』同伝刊行会、一九七〇）

佐伯理一郎　さえき　りいちろう

医師。一八六二―一九五三。肥後出身。阿蘇神社付き宮侍の家に生まれる。熊本洋学校に学ぶ。一八七八年、熊本医学校入学。一八八二年同校を卒業。同年、小崎弘道から受洗。上京後も勉学を続け、一八八四年、医師杉田玄端宅などで内村鑑三と会う。同年、海軍軍医となり横須賀および東京の海軍病院に勤務。一八八六年、渡米してフィラデルフィア大学で医学を学ぶ。アメリカでは、内村鑑三、新渡戸稲造、広井勇、三島弥太郎らと交遊。一八八七年七月にはアマストで内村、三島らと記念写真を撮っている。同年卒業してドイツに渡り医学の研鑽を重ねる。イギリスをへて一八九一年に帰国。同志社病院長ベリー(Berry, John C.)に招かれ京都に行き、一八九一年、佐伯病院を開業、産婦人科関連の医業につくした。内村鑑三とは「不敬事件」後の京都在住時代はもとより、その東京定住後も京都訪問時には親交を重ね、一九一六年秋には佐伯宅で『聖書之研究』の読者会を開いている。(松崎八重『阿蘇が嶺のけむり　明治の開業医　佐伯理一郎小伝』佐伯よし子、一九七一)

堺利彦　さかい　としひこ

社会主義者。一八七一—一九三三。豊前国出身。号は枯川。一八八八年、第一高等中学校入学。翌年学費滞納により同校を除名。一八九七年、毛利家修史編纂所で山路愛山らと『防長回天史』の編集事業に従う。このころ『東京独立雑誌』で内村の文を読み「我はこの人の文を読むを好む」と日記に記した(『堺利彦伝』改造社、一九二五)。さらに堺は、内村の存在により朝報社に憧れを抱く。こうして内村からは二年遅れて朝報社入社。社内に作られた月曜懇話会の様子を次のように記している。

「朝報社月曜懇話会」朝報社に談話会が出来た、元は内村、山県、斯波の三人の会であったが、それに幸徳が加わり、黒岩が引張り出され、予もその数に入って、ようやく面白そうな会となった、毎月二回ずつやるのである。今のもようでは、この会が朝報社革

新運動の動力となっている。ツマリは内村の勢力である。（『堺利彦全集』一、法律文化社、一九七一）

一九〇一年、黒岩涙香、内村鑑三、幸徳秋水らとともに発起人として理想団の結成にあずかる。しかし一九〇三年には非戦論を唱え、幸徳秋水とともに同社を退社（内村鑑三も同時に退社）。その後、幸徳秋水と平民社を起し『平民新聞』を発行。「大逆事件」で死刑に処された幸徳秋水の遺体を引き取る。

坂田祐　さかた　たすく

教育者。一八七八―一九六九。秋田県出身。少年時代から銅山で働く。一八九八年八月、陸軍教導団に入学。一八九九年、教導団を卒業し近衛連隊に勤務。一九〇〇年、陸軍騎兵学校に入学。一九〇一年、陸軍騎兵学校を卒業、近衛騎兵隊に配属。国会の開院式に臨む明治天皇の馬車を警護中、田中正造による足尾鉱毒問題の直訴に遭遇する。翌年、陸軍士官学校の馬術教官となり、近くの四谷バプテスト教会に出席し会員になる。予備役に編入。一九〇四年、バプテスト教会の東京学院高等科に入学するも日露戦争開戦となり召集、戦地に派遣される。黒溝台の激戦を共にした部下の宍戸から内村鑑三の『求安録』と『後世への最大遺物』を与えられて大きな影響を受ける。一九〇六年、帰国。向学心がつのり一九〇九年、高等学校進学資格取得のため、東京学院中等科に学び卒業。同年、第一高等学校に入学。一九一一年一〇月、内村鑑三の聖書研究会に入会し南原繁らと白雨会を結成。一九一二年七月、東京帝国大学文科大学哲学科に入学。指導教授は石橋智信。一九一五年、東京学院の教員になる。一九一九年、中学関東学院の創設により院長に就任。一九三七年、関東学院院長に就任。一九四九年、関東学院大学が開設され学長に就任(〜一九五四)。著書に『恩寵の生涯』(待晨堂、一九六六)。(坂田祐先生記念実行委員会『坂田祐と関東学院』関東学院、一九七三)

座古愛子　ざこ　あいこ

文筆家。一八七八—一九四五。兵庫県出身。少女時代からリュウマチをわずらう。その病気のうえ貧困に苦しむが、一九〇〇年、兵庫教会牧師により湊川の家屋で受洗。一九〇六年、自伝小説『伏屋の曙』(二年後に続編)が反響をよぶ。一九一三年、神戸女学院の購買部に住み込み店員として働く。一九一八年、内村鑑三は神戸女学院の卒業式において講演のために来校。座古は『東京独立雑誌』時代から内村の書物の愛読者であった。前もって面会を依頼していたため、内村は講演が済むと購買部へ直行、両者の初めての対面だった。

座古は内村と出会った初印象を次のように記している。

聞いてゐたご年齢よりは、十五年位は確に若く、頭髪の有余つた黒々房々として、老境に入つてゐる人とは受取れません。色黒く丈高く、威風堂々、三国史に見た関羽に洋服着せた様なとは偽りの無い、私の見た告白であります。（益本重雄他編『内村鑑三伝信仰思想篇』同伝刊行会、一九三六）

色紙二枚に揮毫を依頼された内村は、そのときは預かって帰京。ようやく半年後に座古のもとに送付されてきた色紙にはそれぞれ「仰瞻（ぎょうせん）」と「待望」の文字が書かれてあった。内村は、翌年、座古が養父のことを描いた作品『父』にも序文を寄せ、冒頭で次のように記している。

「健全なる身体に健全なる霊魂宿る」とは真理である、同時にまた「病弱なる身体に健全なる霊魂宿り得べし」と云ふも真理である。（座古愛子『父』警醒社書店、一九一九）

笹尾鉄三郎　ささお てつさぶろう

伝道者。一八六八―一九一四。伊勢出身。中学校卒業後上京、慶応義塾に学ぶ。一八六八年、外国貿易を志しアメリカに渡りサンノゼのパシフィック商業大学に入学。一八九〇年、サンフランシスコに来て河辺貞吉のもとで伝道師として働く。一八九四年、河辺とともに帰国、御牧碩太郎、松野菊太郎らも加え「小さき群れ」を作り東京で伝道。最初のホーリネス運動とされる。一八九六年、松江の聖公会宣教師バックストン（Buxton, Barclay F.）のもとに行き共に働く。一八九八年、上京し信濃町に住み独立伝道。一八九九年、淡路島に行き河辺の自由メソジスト教会ではたらく。一九〇一年、中田重治に招かれ上京して東京聖書学院教授に就く。一九一〇年、バックストンとともに渡米し同地およびイギリスにも渡り伝道。翌年八月帰国。同年、内村鑑三の娘ルツが原因不明の病気にかかり秋には悪化、医師から死を宣告された。内村は笹尾を招き「生きるも死ぬるもあなたにまかせるから祈ってくれ」と依頼した。(『笹尾鉄三郎全集』五、福音宣教会、一九七七)

佐藤繁彦　さとう　しげひこ

研究者。一八八七―一九三五。福島県出身。第一高等学校在学中、本郷教会で海老名弾正から受洗。東京帝国大学、京都帝国大学、東京神学社に学ぶ。一九一七年一〇月二四日、内村を訪問。この直後の一〇月三一日、宗教改革四百年祭記念大講演会を内村とともに東京基督教青年会館で行う。内村は翌年、佐藤の刊行した『若きルーテル』(警醒社書店)に「祝福の辞」を寄せ「余はルーテルに就て大に君より学ばんと欲する者の一人である」と述べた。一九一八年、牧師として朝鮮の新義州の日本人教会、一九二〇年、日本基督教会熊本教会に赴任。一九二二年、ドイツに留学。一九二四年、帰国し日本福音ルーテル教会に移り日本ルーテル神学専門学校教授に就任。

沢田廉三　さわだ　れんぞう

外交官。一八八八―一九七〇。鳥取県出身。内村聖書研究会に入会し柏会の一員となる。一九一〇年、第一高等学校を卒業し東京帝国大学法学部入学。一九一四年、同大学を卒業し外務省に入りフランス大使館書記官となる。その後、パリ講和会議、ロンドン軍縮会議には随員をつとめる。ニューヨーク総領事をへて一九三八年に外務次官。翌年フランス大使。一九四〇年退官。一九四三年ビルマ大使。一九五三年国連大使。一九二二年に結婚した妻美喜は一九四八年、混血児のためエリザベス・サンダース・ホームを開設した。

沢野通太郎　さわの　みちたろう

実業家。一八八三―一九四〇。静岡県出身。一八八七年、母の病死により母方の沢野家で養育される。一八九五年、静岡県立静岡中学校入学。一九〇〇年東京高等商業学校に入学。同室の郷里の先輩菊池七郎（のち関西学院大学教授）の影響を受けメソヂスト教会本郷会堂で受洗。さらに菊池らとともに内村鑑三の角筈聖書研究会にも出席、いわゆる「角筈十二人組」の一員となる。第二回角筈聖書研究会の感想として「キリストの為め国の為め」に働くには適さない自分にもかかわらず「捨て給はざる神の恩恵」に感謝している（『無教会』八、一九〇一年一〇月六日）。また『聖書之研究』三〇号（一九〇二年一二月）には感想「伝道之書十二章一、二節」を寄せている。一九〇五年、鈴木昌子と結婚、清水の実業家鈴木与平の養子となる。しだいに妻の影響で仏教に傾斜し椎尾弁匡、友松円諦の思想に共鳴。一九一七年六代目鈴木与平を襲名、以後鈴与倉庫社長、静岡県会議長、貴族院議員となる。同郷の友人で牧師の秋月致は「高潔なる人格、温良なる風格、又紳士的行動は、ただ生来のものだけでなく熱心なる学生生活時代の信仰にその基礎を与へられ、その光を磨かれた事少からざるを信じて疑はない」と述べる。(『鈴木与平氏伝』一九四二)

志賀重昂 しが しげたか

地理学者。一八六三―一九二七。三河国出身。一八八〇年、札幌農学校第四期生として入学。第二期生内村鑑三らの卒業式に列席し、卒業生代表内村の後輩を励ます答辞を聞き感涙を催している。卒業後、中学校教師をへて南洋を旅行、地理学者として知られる。一八八八年、三宅雪嶺らと雑誌『日本人』を創刊して主筆となる。一八九二年、雑誌『亜細亜』において先輩内村鑑三の在校時代および開拓使役人時代を評した。特に魚類の保護繁殖のために努めた。その一コマを次のように紹介している。

内村氏、乃ち深夜単身、創成川上に至る、川は屯田兵村の傍を流るゝもの、一兵士果たして網を投ず。氏、兵士を誰何し、昂然として曰く、本庁今や漁業規則を発布す、犯す者は其の漁具を没入するの規あり、予、本庁の命を奉じて至る、宜しく君が漁具を悉く没入すべしと、兵士争ふ能はず、氏乃ち其の網、籠及び一切の漁具を収め還る、屯田兵是れより復た禁を犯す者なし。

さらに同じ文章を「羊頭を掲げて狗肉を売る者世上何ぞ多き、氏は狗頭を掲げて羊肉を売る者」で結んでいる。

一八九四年には『日本風景論』を著し、日本の風景観を一新させるとともに山岳登山の新気運をもたらす。内村は同書を批評、その自然における美の発見を評価しつつも日本の美が「園芸的」であるとみた。内村が非戦論を唱えた日露戦争に志賀は従軍し、のち『旅順攻囲軍』(東京堂)などの著書を出す。その後も世界各地を旅行しエネルギーとしての石油の重大な役割に着眼「油断大敵」の言葉を残している。

一九二七年、志賀の訃報に接した内村は、大阪の『聖書之研究』の読者から、早稲田の地理の講義において志賀が、右に掲げた言葉と同じく内村につき「世間では殆んど羊頭をかゝげて狗肉を売るが、内村君は狗頭をかゝげて羊肉を売る人である」と言ったとの話を知らされ涙をこぼしている(五月二七日の日記、全集三五)。

志賀真太郎　しが しんたろう

村長。一八七二―一九三七。丹波国出身。父元禎は村医者。一八九六年三月、志賀郷村役場の書記となる。一八九八年五月退職。翌年上京して内村鑑三を訪問。『万朝報』、『東京独立雑誌』を通じ内村の愛読者だったとみられる。一九〇〇年三月から再び役場に復帰。

同年夏開催された第一回夏期講談会に参加。内村は志賀の姿を「昔時酒天童子が巣を作りしと云ふ大江山の近辺より態々此会に列せんが為め山川三百余里を遠しとせずして来られし者、彼れ身に一つの西洋的修飾を附けず、只見る氏の双眼に一種云ふべからざるの歓喜と満足とを浮」べた「農聖」として描いた（『聖書之研究』一）。翌年小雑誌『無教会』が創刊されると早速に手紙と誌代を送り、同誌に内村から「丹波だより」として紹介された。第二回および第三回夏期講談会には参加できなかったが、後者の会合には同郷の青年真宮作次郎と林万之助の二人を送っている。真宮によると志賀は「大の内村鑑三信者」であった。その影響も受けて当時志賀郷村では聖書研究会も開かれていた。

その後、一九〇四年から村の助役、一九〇九年から一九一三年までは村長をつとめている。村長在任中の注目される業績は、学校の新築と図書館の設置である。学校の新築は一九〇七年の義務教育六年、高等科二年の制度変更に伴うもので、教育は百年の大計とみた村長志賀により、広大な敷地に大規模な校舎を竣工させた。府下を巡視にきた京都府知事からは「農村に相応せぬ贅沢なもの」として詰責されたという。また図書館も人口わずか三千人の村である。当時としては全国的にみても非常に珍しい設備だったにちがいない。

志賀は村長退職後、みずからの生活も無私無欲のため経済的には困窮をきわめ、ついに一九二五年ころには村を去らなければならなくなる。その後を追うと愛知県知多半島にある住職不在の寺に代務者として住み込み、時折、村の青年たちに話をするほか、海辺に出かけては小石を拾い本堂に並べていたという。

志賀直哉　しが なおや

文学者。一八八三―一九七一。宮城県出身。一九〇〇年、学習院五年のとき書生の末永馨に勧められ霊南坂教会に出席する。翌年七月二五日、内村鑑三の第二回夏期講談会に出席した末永から勧められ翌日より出席、「本統の教へをきいたといふ感銘」を受けた。祈りも教会で聞いたものとは全然別で「胸のすく想ひがした」。これ以後、毎日曜日ごとに内村の開く聖書研究会に出席する。また一九〇一年内村らが開催した足尾銅山の鉱毒問題演説会にも出席している。同年末には学生による鉱毒地視察団への参加が呼びかけられ志賀も参加を希望したところ父から烈しく反対された。足尾銅山は志賀の祖父直道が旧藩の財政再建のために興した事業で、それを古河市兵衛に引き継がせたものだったのである。

志賀が内村に相談した問題のなかに同家で働いていた女性との関係がある。一九〇七年九月、志賀は、この問題を内村に相談したところ「罪」とされた。志賀としては結婚も考えるほど一途な関係であった。内村はこう諭した。

ピュワ・リーゾンとしてはそんな事も云へるかも知れないが、プラクティカル・リーゾンとしてはそれでは困る。仮りに僕がそんな事を認めたとすればどうなると思ふか。これを聞いた志賀は、結婚の承認に第三者がいるとすれば無人島の二人は一生結婚できないと反論した。それには内村は「困つたなあ」と笑いながら嘆息したという。志賀は、そんな内村に親しみを抱いている（「内村鑑三先生の憶ひ出」『志賀直哉全集』七、岩波書店）。
やがて志賀は、内村の聖書研究会の先輩小山内薫の影響などもあって、文学や演劇への関心が高まり、一九〇八年に内村のもとを去る。この間の七年につき、志賀の手帳には時々内村のもとへの出席記録が残されている。その後も二人の間には交渉がみられ、ルツの他界の折りには志賀がお悔やみに訪れている。志賀はその人生に影響を与えた人として、師として内村を、友としての武者小路実篤、身内としての祖父直道と並んで数え挙げている（天野貞祐との対談、『志賀直哉対話集』大和書房、一九六九）。

宍戸元平　ししど がんぺい

伝道者。完戸とも記す。一八七三―一九三九。山形県出身。一八九四年、アメリカに渡り農家で生活。一八九七年、ドイツに移り一九〇〇年から一九〇三年までヨハネウム神学院に在学。この間、グンデルトを知る。一九〇三年、帰国。長野県穂高の井口喜源治の研成義塾を手伝う。翌年『聖書之研究』（九号、一九〇四年一二月）に「東西両洋の秋」を寄稿。一九〇五年、日本基督教団新潟教会伝道師になる。まもなく宮城県涌谷に行き、一九〇八年には千葉県鳴浜に移る。このころから一九一二年ころにかけて『聖書之研究』には聖書の風土をはじめとする寄稿が約三〇篇ある。その後、妻の実家のある新潟県五泉に転居。同県村松町には、すでにドイツで知り合ったグンデルトが伝道中であり互いに助けあう。内村は一九一三年五月、グンデルトの伝道を助けるために同地を訪問、宍戸とも会った。

一九二二年、妻の死により山形県の故郷に帰り果樹栽培に従事するとともに聖書集会を開催。編著として『ナザレのイエス』、『野の百合花』(いずれも一九一四年、警醒社書店刊行の小冊子)がある。(冨樫徹『宍戸元平評伝』一九八〇)

品川力　しながわ つとむ

書籍商。一九〇四―二〇〇六。新潟県出身。父豊治は柏崎で牧場を経営し一九〇一年、角筈で開催された第二回夏期講談会に出席。一九〇六年、内村鑑三が出席し柏崎で開催された『聖書之研究』読者のための夏期懇話会にも父豊治が出席し、幼児の力も記念写真に登場。一九一八年、一家は上京して品川書店を開業。力は父に連れられて内村家を訪問。関東大震災後、力は本郷にペリカン書房を開業。内村鑑三の没後は内村関係の文献収集に努め、『内村鑑三研究文献目録』(一九六八、増補版一九七七)を刊行した。新『内村鑑三全集』(岩波書店、一九八〇―八四)の編集にも協力。ほかに著書として『古書巡礼』(一九八二)など。

斯波貞吉　しば ていきち

ジャーナリスト。一八六九―一九三九。越前国出身。イギリスに留学し一八九一年オックスフォード大学卒業。帰国して東京帝国大学英文科に学ぶ。同大学選科修了後、盛岡中学校、高輪中学校、仏教大学で教員をつとめる。一八九九年、朝報社に入社し内村とともに英文欄記者となる。同社時代の内村については次のように知人の天理教布教師に語ったとされる。

金の事に就いては随分八ケ釜敷い方であるが不当な金を貪る様な人ではない。父が大酒家であるのと、二人の弟が時々父にネダる。此方の仕送をしなければならないのと、書籍を沢山買ふことが貧乏する大なる元因だ。少し金があれば直ぐに本を買ふ、三十円と纏まった金を持った事のない人は内村君で、朝報から貰らった金時計が大の財産だとか、而し今では聖書研究や其他の著述が売れるので大分楽でせう。（『遺言』五八、一九八二年四月二五日）

この斯波の話は、内村が朝報社を辞してから少なくとも一〇年ほどは後であろう。同社の英文欄執筆者であった内村と斯波と山県五十雄の三人は、同社を辞してからも何回も会って食事を共にしている。そのため斯波が一九二五年、衆議院選挙に立候補すると、内村は初めて選挙の応援演説を行った。最初の選挙権を行使して斯波に投票もした。応援演説は約束だからしたが、くわえ煙草で聞いている聴衆に接し、つくづくと、そのような演説はするものではないと悔やんでいる。

島木健作 しまき けんさく

文学者。一九〇三—四五。本名朝倉菊雄。北海道出身。二歳で父を失う。一九一七年、北海道拓殖銀行の給仕となる。一九一九年、上京。東京基督教青年会の職業紹介部の斡旋により医師、弁護士の家の玄関番となる。一九二〇年、病気にかかり帰郷。翌年北海中学校に編入。一九二三年、同校を卒業しふたたび上京するが、関東大震災に遭い負傷し帰郷。北海道帝国大学付属図書館に勤務。翌年、東北帝国大学法文学部選科に入学。一九二六年、同大学を中退し香川県に行き農民運動に参加。一九二七年に日本共産党に入党、翌年、三・一五の共産党員一斉検挙に遭遇し懲役五年の判決。一九二九年、転向を表明、一九三二年、仮釈放。一九三四年、島木健作名で小説「癩」を発表し作家生活に入る。

一九四四年に刊行された小説『礎』では内村鑑三の再臨運動講演会に出席した記述があり、それによると札幌時代から同地で青年時代を送った内村には早くから関心を寄せ、『後世への最大遺物』、『求安録』、『代表的日本人』、『余はいかにしてキリスト信徒となりしか』なども読み終えていたことがわかる。友人と聴いた再臨運動講演会では、ピリピ書により「パウロとピリピ人との美しい愛の一致、愛の助け合ひ」が語られた。また「内村の面貌に文明に反抗する野性の人のおもかげを見た」とも述べる。しかし、転向後の戦時中の日記を収めた『扇谷日記』（没後の一九四七年に文化評論社から刊行）では、内村の「明快さがむしろ不満」として当時の文壇人に軽蔑されていた倉田百三の方を「尊敬」している。

シュヴァイツァー　Schweitzer, Albert

医師、神学者。一八七五―一九六五。ドイツ人。神学と医学を学んだ後、一九一三年、フランス領赤道アフリカ（現在のガボン共和国）のランバレネに行き医療活動に従事。内村鑑三は、一九二五年、その著書『基督教と世界の宗教』を読み「再臨論者」として共鳴、その医療事業を援助するため講演会を設け、幾度か寄附金を募集して届ける。これに対し、シュヴァイツァーからの礼状を受け取る。

その影響を受けた内村聖書研究会会員で医師の野村実は、一九五四年、現地に出向き七カ月間、医療活動に協力。シュヴァイツァーからは、内村聖書研究会の寄付金により設けられた病院内の二室を案内された。

シーリー　Seelye, Julius H.

教育者。一八二四―九五。アメリカ人。アマスト大学卒業後、ニューヨークのオーバン神学校をへてドイツに留学し神学を学ぶ。帰国後ニューヨーク州にあるオランダ改革派教会で牧師を務め一八五八年からアマスト大学教授。一八七二年、インドで護教論を講義。その途中で日本に立ち寄る。内村鑑三のアマスト大学在学中は学長として心身共に配慮を与え、特に「徒(いたず)らに自己の内心のみを見ることを廃(や)めよ、貴君(きみ)の義は貴君の中にあるに非ず、十字架上のキリストに在るのである」との言葉により内村の精神に大変革をもたらした（「聖書研究者の立場より見たる基督の再来」『内村鑑三全集』二四）。なおインドで行った講演 'The Way, The Truth, and The Life' は小崎弘道訳『宗教要論』（十字屋、一八八一）として公刊され、あわせて内村鑑三主筆の『聖書之研究』一七一〜一七四号（一九一四年一〇月〜一九一五年一月）に畔上賢造訳により連載、のち『真理と生命』と題し一九一五年に聖書研究社から刊行された。その奥付には「訳者代表内村鑑三」となっている。

末永敏事　すえなが　びんじ

医師。一八八七—?。長崎県北有馬村に生まれ、長崎中学校卒業後、上京して青山学院中等科に学ぶ。一九〇三、四年ころキリスト教に入信し内村鑑三の指導を受ける。当時は、内村が角筈において聖書研究会を開始してまもない時期で、まだ会員も二十数人を数えるに過ぎない程度の時期である。しかも内村が日露戦争に対し非戦論を唱えていた時期にもあたる。その後、いったん故郷の長崎に帰り長崎医学専門学校を一九一二年に卒業した（『長崎新聞』に二〇一六年に連載された森永玲「反戦主義者なる事通告申上げます」による）。

医師となった末永は、一時台湾に赴任した後、渡米してシカゴ大学で医学を学び、結核の専門医として研究を深めている。この間も内村との文通は続けられている。

一九二五年に帰国した末永は、内村の司式により、同じ内村聖書研究会会員中島静江と結婚する。末永は一時、故郷で開院するが、まもなく茅ヶ崎で開院。内村の晩年、時折見舞っている。

一九三七年八月から白十字保養農園に勤務したとみられる。当時、中国では日本軍による盧溝橋事件が起こった。内務省警保局保安課の作成した『特高月報』「昭和一四年一月分」によると、茨城県軽野村在住の白十字会保養農園医師末永敏事は、一九三七年一〇月六日、軍務への協力拒否により逮捕された。同院に入所中の兵士および除隊兵に関する必要な書類作成の拒否である。『特高月報』によると、保養農園に着任した末永は、同院の事務員らに対し「日支事変は支那から仕掛けられて居るのでなく日本から仕掛けた侵略戦争である」と語っていたという。盧溝橋事件に対し、いちはやく「日本から仕掛けた侵略戦争である」と言い切った人間は当時どれだけいたであろう。さらに「現在日本の実権は軍部が握っている」、「今次事変の当局発表新聞記事、戦争ニュースは虚偽の報道である」、「今度の戦争は東洋平和の為であると言ふて居るが事実は侵略戦争である」などとの「造言飛語」（特高資料）をなしたという。まさに旧約聖書で知られる預言者的発言である。特高側の資料では内村の影響を受けたことも記されている。裁判は一九三九年に結審し末永は禁錮三月を言い渡された。
残念ながら、その後の末永の消息はほとんど不明に近い。妻静江とは離婚したとみられ、おそらく医師の免許も失って生活は困窮を極めたと思われる。一九四一年の米英両国との開戦に対しても反戦の姿勢は変わらなかったと推定され、敗戦を前に獄死したとの見方も否めない。

杉田玄端 すぎた げんたん
蘭法医。一八一八―八九。江戸出身。杉田玄白の子立卿に医学を学び、やがて杉田白元の養子となる。蕃書調所の教官となっていたが明治維新後徳川家とともに静岡に移る。一八七五年、ふたたび東京に出て神田に共立病院を創立する。一八八四年ころ、東京第一基督教会の講義所尊生舎において内村鑑三は日曜学校を担当した。尊生舎は医師玄端の出張所であったが日曜日は患者が来ない日だった（大島正満『内村鑑三と伊藤一隆』、北水協会、一九六三）。内村はウイリス・ホイットニー（Whitney, Willis N.）により杉田を紹介されたという。玄端の孫杉田鶴子は、のちに内村聖書研究会の会員になるが、その鶴子によると内村は東京英語学校在学中、肋膜を発病していて玄端はそのときの主治医であったとされる（益本重雄・藤沢音吉『内村鑑三伝』同伝刊行会、一九三五）。

杉田鶴子　すぎた　つるこ

医師。一八八二―一九五七。神戸出身。前掲した杉田玄端の孫。父雄(いさお)は神戸の開業医。大阪の私立関西医学院、東京の私立日本医学校に学び、一九〇八年、医術開業試験に合格。同年から東京帝国大学小児科研究員になる。一九一一年、研究員とあわせ本郷で小児科医院を開業。一九一九年、内村聖書研究会に入会。翌年から窪田空穂に師事し短歌誌『朝の光』を創刊。一九二六年三月三一日、直接内村から洗礼を受ける。次はそのときのことを想起して詠んだ歌である。

信ずやとおごそかに宣しわが頭圧へましし大きみ手今も感ずる

一九四〇年、歌集『菩提樹』を刊行。一九四五年の東京大空襲に遭遇し焼け出されて、以後、神奈川県二宮町の相模保育所（のち国立東京第一病院の二宮分院）に勤務。晩年、病院に入院中に「内村先生が高い塔の上でにこにこしながら、お出でお出で、と言われる、しかし苦しくてとてものぼってゆけない」とのうわ言を発したとされる。今井館聖書講堂で行われた葬儀においては矢内原忠雄が弔辞を読んだ。（石原兵永編『杉田つる博士小伝』新教出版社、一九五八）

スコット　Scott, Marion M.

教師。一八四三―一九三一。アメリカ人。カリフォルニア州で教員ののち日本政府に招かれて一八七一年に来日。大学南校、東京師範学校で教える。契約満了後の一八七四年、東京英語学校に転じた。同年入学した内村鑑三によると、単語と文法を重視する教育に反し、スコットはフレーズやクローズを重視する方法を用いて大きな興味を覚えさせたという。同じ経験は新渡戸稲造や宮部金吾も共有している。のち東京英語学校から改称された大学予備門でも教えたが、一八八一年に帰国。（内村鑑三「スコットメソッドの復活と浦口君のグループメソッド」、浦口文治『グループメソッド』改訂三版に収録、一九二七）

鈴木弼美　すずき　すけよし

教育者。一八九九―一九九〇。山梨県出身。第八高等学校をへて東京帝国大学理学部物理学科に入学。一九二四年はじめ、ヴォーリズ（Vories, William M.）の勧めで内村鑑三の講演を聴き、以後内村の聖書研究会に出席。同年八月、内村は、日本で一度も宣教師が入っていない山形県小国への伝道を呼びかけた。これに応じて東京帝国大学物理学教室の助手を勤めていた鈴木は、一九二八年から政池仁とともに同地伝道に参加。内村没後の一九三三年、鈴木は助手の仕事を辞し、小国に学校を開く準備を開始、二年後の一九三四年九月、基督教独立学校を創設する。

学園は軍隊への鈴木の応召により中断されたうえ、一九四四年には、小国の土地の協力者渡辺弥一郎とともに治安維持法違反容疑で特高により逮捕された。山形警察署に八カ月間にわたる留置により学園は休業におちいる。

　敗戦後の一九四八年四月、基督教独立学園高校として正式認可を受け再出発する。同学園のモットーは内村の「読むべきものは聖書、学ぶべきものは天然、なすべきことは労働」であった。一九八〇年には自衛隊を憲法違反とし、防衛費相当分の納税を拒否した。その結果、未納分のため差し押さえられた分に関し山形県地方裁判所米沢支部に国に対する訴訟を起こした。一九八八年には同校を模した愛真高校が島根県江津市に創立された。

（鈴木弼美『真理と信仰』キリスト教図書出版社、一九七九）

鈴木春　すずき　すすむ

　実業家。一八八〇—一九七九。愛知県出身。一八九六年、愛知県立愛知中学校入学。一八九七年、同校を退学して上京、翌年、明治学院普通部に入学。一八九八年六月、創刊された『東京独立雑誌』を購読。一九〇〇年に開催された第一回夏期講談会に出席。『聖書之研究』を購読するとともに内村鑑三の聖書研究会にも出席。『キリスト新聞』（一九七二年七月二二日）に「大きい内村鑑三の影響」と題し次のように述べている。

　内村鑑三先生の講演は、私たち青年の心に強く訴えるものがあり、事理の黒白が明らかで、その説明には歴史上の事例が多く引用され、結論される福音の真理は、きわめてあざやかな印象をもって残っている。その後、私が学院普通部を卒業して明治三十四年

（一九〇一年）に渡米するまで、角筈の内村鑑三先生のお宅における集会にもたびたび出席したものである。

今日、私の信仰の中に何かとるにたるべきものがあるとするならば、それは内村鑑三先生からいただいた感化であると確信している。

一九〇一年から一九〇六年までアメリカに留学。帰国後、銀行、電力などの実業界で活躍、一九六九年には明治学院理事長をつとめた。（内藤多喜雄編『鈴木春　遺稿と追想』鈴木栄、一九八〇）

鈴木俊郎　すずき　としろう

実業家。一九〇一―八二。神奈川県出身。一九一九年慶応大学経済学部入学。在学中内村鑑三聖書研究会に入会。内村の没後、『内村鑑三全集』の英文欄の編集を担当。一九三五年、内村鑑三著『余は如何にして基督信徒となりし乎』の翻訳（岩波書店、一九三五）ほか、内村の著書の岩波文庫版の出版を手がけ、『内村鑑三著作集』および新『内村鑑三全集』の編集にも関わる。一九五一年、十字屋の経営顧問となり、一九六四年、社長に就任。一九七四年退任。著書に『内村鑑三伝――米国留学まで』（岩波書店、一九八六）。

鈴木一　すずき　はじめ

経済学者。一八七三―一九二二。千葉県出身。一八八四年、一二歳にして同県天羽郡天羽簡易科小学校の助教をつとめる。一八八七年、上京して青山学院、共立学校に学ぶ。一八九〇年、第一高等中学校に入学。翌年一月九日、教育勅語奉読式に列席し教員内村鑑三の「不敬事件」に出会った。翌年七月、郷里の竹岡に内村を迎えて伝道、八月二五日、村長である父鈴木六郎左衛門ら八名による天羽基督教会の設立に参加。一八九三年、立教学校に入学。つづいて専修科に進み一八九七年修了。一八九九年、海軍編修書記として水路部に勤務後、翌年四月、札幌中学校に教師として赴任。以後、一九〇二年に和歌山県田辺中学校、一九〇四年に立教中学校教員となる。一九一二年、ハーヴァード大学に入学し、一九一五年帰国後、立教大学に就任、のち商科長をつとめた。その妻の話によると、信仰は内村鑑三の強い影響を受け、設立した竹岡教会がメソヂスト監督教会に所属後も勧士として伝道につくし『竹岡美以教会略史』(一九〇二)の編集にあたる。(『鈴木一先生日記及書翰』、一九三一)

住友寛一　すみとも　かんいち

芸術品収集家。一八九六―一九五六。大阪出身。住友家一五代住友吉左衛門友純の長男。一九一二年、同社の鈴木馬左也の指示により、前年入社して総本店経理課にいた黒崎幸吉が寛一の補導係となる。一九一四年ころ、黒崎の紹介ではじめて柏木に内村鑑三を訪問。

その著書*How I Became a Christian*を読むように勧められ、その後も時々訪ねる。一九一五年、黒崎が付いてアメリカに渡り一年間滞在。この間聖書の収集にもつとめた。しかし、帰国後、「身体虚弱」を理由に住友家の後継者として廃嫡となる。一二月二八日付けの『東京朝日新聞』はその「廃嫡」報道のなかで次のように報じた。

内村鑑三氏の教会に日曜毎に説教を聞きに行つて熱心な基督教信者となつた、一度び信仰の生活に入るや、苟くも使用人等の欠点や過失や不正を黙視する事無く正義正道の下に立つて之を叱責する事も尠く無かつた。

一九一九年には父吉左衛門とともに大阪クラブに内村を招待、同社の鈴木馬左也、小倉正恒、黒崎幸吉も同席。同年七月にも内村は神戸講演の折、江原萬里とともに住友須磨別邸に寛一を訪ねた。ところが一九二〇年、寛一の恋愛結婚問題が生じた。当時黒崎は補導係を離れ新居浜に転勤、代役は社員ではないが内村聖書研究会の柏会会員藤井武に託されていた。結婚を認める藤井武と慎重な内村および黒崎との間に意見の対立が生じた。後者には住友の鈴木馬左也、江原も付いた。両者の対立は藤井の後者に対する絶交宣言にまで発展、そして藤井はみずから司式して二人を結婚させた。その後まもなくして内村との関係は修復し、一九二六年、父吉左衛門の訃を知った内村は、寛一に丁重な弔文を送り寛一も感謝している。なお寛一の収集した聖書は、その後国会図書館に寄贈された。（住友寛一『山荘朧語（二）』杜陵書院、一九四八）

住谷天来　すみや　てんらい

伝道者。一八六九―一九四四。上野国出身。号は黙庵。一八八六年、前橋英学校に学ぶ。一八八八年、前橋教会で牧師不破唯次郎から受洗。一八九〇年、上京し東京専門学校に入学、まもなく慶応義塾に転じる。一八九二年、帰郷し『上野新聞』の記者、上毛共愛女学校の教員を勤める。一八九六年、ふたたび上京し牛乳販売業を営む。内村鑑三の『聖書之研究』創刊号に寄稿。以後も同誌に墨子の非戦論を寄稿。一九〇五年、病気のため帰郷。一九〇七年、雑誌『警世』を主筆として創刊。一九一一年『孔子及孔子教』を刊行（内村が「序言」）。一九一二年、伊勢崎教会牧師に就く。一九一八年、富岡の甘楽教会牧師。一九二七年『聖化』を創刊。一九二九年、病床の内村を見舞い、その折内村により「上州人」と題する漢詩が作成される。一九三四年、甘楽教会牧師を病気により辞し高崎に転居。『聖化』は一九三九年に発売禁止を受け廃刊。

関根正雄　せきね　まさお

言語学者、聖書学者。一九一二―二〇〇〇。東京出身。一八歳のとき内村鑑三の聖書研究会に入会。東京帝国大学法学部および文学部を卒業。内村の没後は塚本虎二の聖書研究会に出席。一九四九年、独立して聖書研究会を開く。一九六四年、東京教育大学教授。専門は旧約聖書の翻訳および研究。あわせて無教会主義集会も開催。内村と旧約聖書との関係につき次のように述べている。

明治以来の日本のキリスト教界の先輩の中で、聖書の権威の確立の為にその生涯を賭した第一人者はなんといっても内村先生であるが、殊に旧約聖書を信仰の本質にかかわらせつつ、新約聖書と同じ権威を持つものとして読み、かつ人々に強く訴えたのは――時代的に少し遅れる高倉徳太郎氏を除いて――殆んど数える程しかいないのではあるまいか。（中略）内村先生があれ程までに旧約を重んじ、これを深く愛された理由はどこにあるのであろうか。それは何よりも先生が神の義に強く生き、神の義を離れた神の愛は先生には全然考えられなかった。（『現代に生きる内村鑑三』教文館、一九六六）

相馬愛蔵　そうま　あいぞう

実業家。中村屋創業者。一八七〇―一九五四。信濃国出身。一八八四年、松本中学校に入学するが三年で中退して上京、一八八七年、東京専門学校に入学。まもなく市ヶ谷の牛込教会に出席して受洗。一八九〇年、東京専門学校を卒業し北海道に渡り伊藤一隆のもとで禁酒運動に従う。一八九一年、帰郷して東穂高禁酒会を結成、井口喜源治らと芸妓置屋設置反対運動を行った。まもなく『蚕種製造論』（経済雑誌社、一八九四）を刊行。一八九七年、仙台で知った星良（黒光）と牛込教会で結婚。一九〇一年九月、研成義塾などで講演した内村は相馬宅を宿舎とした。同年、相馬夫妻は上京して東京帝国大学赤門前で中村屋を開業、パンを販売した。その後、同店を訪れた内村は、洋酒の販売を見つけ「酒を売るやうではあなたの店の特色も無くなります」と警告、愛蔵はただちに酒の販売を中止した（『一商人として』、岩波書店、一九三八）。一九〇九年、新宿の現在地に移転した。同店には同郷の彫刻家荻原碌山、画家の中村彝をはじめインドのビハリ・ボース、ロシアのエロシェンコなど、そのサロンに集まった多彩な人物の援助をした。晩年にはキリスト教から離れ、岡田式静座法や仏教にも関心を示したが、「内村鑑三は商工業の発展が国運進展の基礎であること、その商法は神に恥じない正直を旨とすべきこと、商法で得た報酬は、これを社会公共の福祉のために還元すべきことを常に説いた人である」とみていた（『相馬愛蔵・黒光のあゆみ』中村屋、一九六八）。

田岡嶺雲　たおか れいうん

評論家。一八七〇―一九一二。本名佐代治。土佐国出身。一八八〇年に上京、大日本水産会水産伝習所に第二期生として入学。教師の内村鑑三については次のように述べている。

内村鑑三先生は、夏期の房州における実習の指導教師であつた。英文の小説を読んでゐたのを目附かつて叱られた。先生は脳の補ひになるのだとかいつて何とか燐を持薬にせられてゐた。先生がメスとピンセツトを執つての魚の解剖よりも、予が箴言として服膺して今に忘れざるものは、「偽君子となるな」との先生の一語である。此の一語は予が一年半中に於ける最大の獲物であるといつても宜い。（『数奇伝』一九一二、『田岡嶺雲全集』五、法政大学出版局、一九六九）

「偽君子となるな」は、よほど印象に強く焼き付けられた言葉だったようで別のところでも、「予は先生の講義よりも、先生の人格から強い感化を受けた、予が服膺して今も猶忘れないのは、偽善者となるなとの其折の先生の一語である」と語っている（「瞥見の印象」、『新小説』一四巻一号、一九〇九年一一月一日）。

この後、帝国大学文科大学漢文科選科をへて、一八九五年、山県五十雄と雑誌『青年文』を創刊。翌年には岡山県津山中学校の教師として赴任。一八九七年、山県五十雄の紹介で『万朝報』の記者となり内村と再会する。内村らの支援をえて韓国の留学生のための慈善音楽会を開催した。一九〇五年、雑誌『天鼓』を創刊し社会評論家として活躍した。著書に『嶺雲揺曳』（新声社、一八九九）、『明治叛臣伝』（日高有倫堂、一九〇九）、『数奇伝』（玄黄社、一九一二）など。

高木八尺　たかぎ やさか

アメリカ研究者。一八八九―一九八四。東京出身。父は神田乃武（アマスト大学を一八七九年に卒業）。一九〇五年、学習院入学。一九〇七年、同級の黒木三次の紹介で内村鑑三を訪問。内村から「日曜の集まりに出るならば、やっぱり高等学校に入ってからの方がいいと思う。それまでの仕事として自分の著書を全部読んで来い」と言われ、『後世への最大遺物』、『地人論』、『興国史談』、*How I Became a Christian* などを読む。一九〇八年、第一高等学校入学。校長は新渡戸稲造。一九〇九年から内村聖書研究会に入会し柏会に参加。一九一一年、東京帝国大学法科大学政治学科に入学。一九一五年、同大学を卒業し大蔵省に入省。入省に際し、大学に残る道も考え内村に相談。内村からは次のように教えられた。

人にはそれぞれ進むべき道がある。汝の場合、材木がシーズニングを経て枯れることが必要なのと同様、人間として熟するために必要であるから、十数年間静かに時を待て。深くグリークやヒブルーの言語を究め、仏書にも親しみ、日本人として平易の言葉でキリスト教の信仰を伝え得るための基礎的の準備に心を潜め力を尽せ。(「小さな魂の遍歴」『現代に生きる内村鑑三』教文館、一九六六)

翌年、黒木三次の東京大神宮における結婚式問題に示した態度により、内村はじめ同研究会の教友会から批判され、一時研究会を休む。一九一九年、東京帝国大学法学部助教授に就く。一九二三年、父神田乃武が死去し内村司式。一九二四年、東京帝国大学法学部教授。同年内村聖書研究会会員石川鉄雄と笠間杲雄の妻との再婚問題が生じ、これに賛同した田中耕太郎は破門、高木は研究会出席禁止処分を受ける。しかし内村から聞いたアマスト時代の歴史担当モース教授の話は、自己のアメリカ史研究の機縁となったと回想している。一九四六年、貴族院議員。一九五〇年、東京大学を退職。（斎藤眞ほか編『アメリカ精神を求めて　高木八尺の生涯』東京大学出版会、一九八五）

高田集蔵　たかだ　しゅうぞう

宗教者。一八七九―一九六〇。岡山県出身。一八九四年、高等小学校を卒業し小学校の代用教員となる。まもなく内村鑑三の著書に親しみ同県在住の森本慶三、小松鉄一郎と交流する。一八九七年、落合教会で受洗。上京し東京専門学校に入学。内村鑑三を訪ねる。一八九九年、帰郷にあたり再び内村を訪問。同年徴兵により姫路の連隊に入隊。一九〇二年除隊。教員養成所教員に就く。一九〇四年、日露戦争が始まり姫路で入隊。翌年満州に派遣。一九〇五年、除隊となり三度目の内村訪問。入隊中も内村の影響により「非戦主義者としての軍隊生活」を送り、内村から与えられた『基督信徒の慰』を転戦中も放さなかった（「内村鑑三と日露戦争」、宮原信『高田集蔵』一九八八）。神戸の聖書学校教員に就く。翌年、同校を辞し、大阪に移り雑誌『独立』を発行。一九一三年、九津見房子と同棲（一九一八年離別）。一九一七年、東京に移る。一九二二年『非僧非俗集』刊行。

高野孟矩　たかの　たけのり

法律家。一八五四―一九一九。陸奥国出身。一八七三年、法律家を志して上京。一八八三年、大阪上等裁判所の検事に就く。のち判事に転じ佐賀始審裁判所、広島、静岡をへて札幌地方裁判所長、新潟地方裁判所長をつとめる。一八九六年、台湾総督府高等法院院長として赴任。しかし、台湾総督府官吏の疑獄事件に対し厳しい態度で臨み、総督府官僚と対立。非職の処分を受け憲法で保障された裁判官の身分の侵害を訴え憲法擁護運動を唱えた。

当時、『万朝報』英文欄主筆の内村鑑三は、一八九七年一〇月、'Judge Takano's Case'を同欄に掲載。高野の罷免に反対を表明する英字紙を紹介して藩閥政府を非難した。罷免問題の背景には台湾のような統治領における裁判官の地位が不安定で、総督府に従属するか否かが問われたとみなされる。高野は非職処分後も法院に出勤、警察により排除された。

高野は内地に帰還後も憲法擁護運動を展開した。一九〇一年夏に開催された内村の第二回夏期講談会では、七月三一日、内村は高野を講師として招き講演を依頼、「内村講師の紹介で高野孟矩氏悠々演壇に進み例の高等法院事件につき着実の温弁を以て其当時の実歴談を述べ大に会員の憤慨熱を高めた」と記録されている(『聖書之研究』一二、一九〇一年八月二五日)。

高谷道男　たかや　みちお

ヘボン研究者。一八九一―一九九四。香川県出身。一九一五年、東京高等商業学校卒業。同校在学中、病気で入院、この間見舞いに来た東京帝国大学生で内村鑑三の聖書研究会会員青木時一から、『聖書之研究』などを与えられる。病気から回復後内村を訪ね、聖書研究会に入会を希望、まもなく認められ青木と同じ白雨会の一員となる。一九一七年、神戸基督教青年会主事として赴任にあたり内村から旅費分にあたる五円を与えられる。一九二〇年シカゴ大学に留学、翌年同大学を卒業して帰国し、関東学院教授、一九四四年、明治学院大学教授。一九六四年、同大学を退職し桜美林大学教授、一九八二年同大学退職。著訳書に『ヘボン書簡集』（岩波書店、一九五九）、『ヘボン』（吉川弘文館、一九六一）、『S・R・ブラウン書簡集』（日本基督教団出版部、一九六五）、『私の歩いてきた道』（一九八八）など。

高山樗牛　たかやま　ちょぎゅう

評論家。一八七一―一九〇二。本名林次郎。羽前出身。第二高等学校をへて一八九三年、東京大学哲学科入学。翌年、『読売新聞』の懸賞小説に「滝口入道」が当選。翌年、『帝国文学』の創刊に参加。一八九六年、大学を卒業。一八九七年、博文館に入社し『太陽』の編集主幹に就く。内村鑑三が『万朝報』英文欄に執筆した'Fatherland'に対し『太陽』誌上で「基督教徒の非国家主義」を書き反論。さらに『太陽』四巻二三号（一八九八年一一月五日）に「内村鑑三君に与ふ」において次のように批判している。

足下は一切の事実を否定し、己れの理想に協はざるものは、凡て斥けて虚偽となす。生は久しき以前より足下の文章を読むもの丶一人なり、然れども未だ一回も事実に就いて足下の経綸策を聞きしことあらず。生を以て見れば、足下は現世の筆と紙とによりて他界のことを物語る者也、実在てふ観念は早く足下の思想より遊離して、足下は一切の事物を仮象として見る者なり。

これに対し内村は『東京独立雑誌』一三号（一八九八年一一月一五日）において次のように反論した。

小生の暗愚なる、理想と実際とを識別するの明なく、理想とは是れ直ちに実際に施すべきものなりと信じ、脳の一隅に理想を存して他の一隅を以て実際を語るが如きは、小生は此種の人を以て経世家と称せざるのみならず、嘘つき又は偽善者と呼ぶ者に御座候。

（「文学士高山林次郎先生に答ふ」）

樗牛は、この後「日本主義」を唱え、また日蓮、ニーチェの思想に共鳴を示した。内村は、約三十年後、当時を回顧して次のように述べている。

不肖私如きは忠君愛国者が攻撃の矢を放つに方（あた）つて誠に手頃の的でありました。文学博士井上哲次郎君並に高山樗牛君などにはした丶か嘲けられ、又敲（たた）かれたのであります。

それがです、それが三十年後の今日は如何(どう)であります乎。其旺盛(さかん)を極めし忠君愛国は今は何処(どこ)に行きました乎。（「回顧三十年」、全集三二）

武井大助　たけい　だいすけ

実業家。一八八七―一九七二。茨城県出身。一九〇〇年、茨城県立土浦中学校に入学。内村鑑三から話を聞いた時のことを次のように述べている。

キリスト教との出会いは、明治三十六年、中学（土浦市）四年の時、内村鑑三先生から禁酒禁煙の話を聞いた時といってよかろう。先生の話は少年の心に鋭く焼きつけられた。わからぬなりにキリスト教の本をむさぼり読むようになり、八十余歳の今日まで、禁酒禁煙の生活を続けてきたのは、一に先生の三十分間のお話のたまものである。（「わが心の風土」41、『読売新聞』一九六四年八月一一日）

この日、内村は黒岩涙香、幸徳秋水とともに理想団土浦支部の発会式に臨み「社会は如何にして改良さるべきものなる乎」と題して講演をした。武井は、一九〇四年に東京高等商業学校（のち一橋大学）に入学。キリスト者の福田徳三教授の影響を受けＹＭＣＡを知る。日曜日には内村をはじめ植村正久、小崎弘道などの話を聞く。後年、内村鑑三にその話が機縁で禁酒禁煙を通していると告げると「大概中途で変節するが君はよくやりぬいた」と褒められたという。予科修了後海軍経理学校に進み主計士官となる。海軍から派遣されてコロンビア大学に留学中の一九一七年に受洗。一九三七年、海軍主計中将となる。山本五十六とは一九二六年ころアメリカで共に駐在武官をつとめている。歌人でもあり編著に山本五十六の短歌を収めた『山本元帥遺詠解説』(畝傍書房、一九四三)がある。戦後、公職追放を受けたが、その解除後、安田銀行、文化放送の社長を歴任。日本YMCA同盟委員長もつとめた。

田中耕太郎　たなか　こうたろう

裁判官。一八九〇—一九七四。佐賀県出身。第一高等学校二年のとき病気による休学中、内村鑑三の『余はいかにしてキリスト信徒となりしか』を読む。一九一一年、東京帝国大学法学部に入学。在学中、同大学の学生主催の聖書研究会で内村の講演を聴き感動。九州の先輩塚本虎二の紹介により内村聖書研究会会員になる。とくに内村の「純粋なキリスト教」と非戦論にひかれた。一九一五年、東京帝国大学法学部卒業。内務省勤務後、一九一七年東京帝国大学助教授。翌一九一八年五月三日、東京帝国大学基督教青年会館で内村聖書研究会のエマオ会による信仰発表会があり、藤井武、塚本虎二、黒崎幸吉についで田中も日独戦に対する反戦演説を行った。その田中の演説が終わるやいなや最前列で聴いていた内村が「非戦論なら自分の方が本家本元だ」と壇上に駆け上がって演説をした。田中は一九一九年夏から三年間、アメリカ、ヨーロッパに留学。帰国後の一九二二年、内村聖書研究会会員の石川鉄雄の結婚式の司会をつとめたが、結婚相手が石川の友人笠間杲雄の妻であったため、内村から出入り禁止を受けた。そのことで田中は内村の結婚観に疑問を抱く。しだいにプロテスタントの主観性、感情性、個人性に対しカトリックの客観性、理性、社会性にひかれ、一九二六年、神父ホフマン（Hoffmann, Herman）から受洗。一九三七年東京帝国大学法学部長。一九四五年、文部省学校教育局長となる。一九四六年、第一次吉田茂内閣で文部大臣に就く。翌年、参議院議員に当選（緑風会）。一九五〇年三月、最高裁判所長官就任。一九六〇年、国際司法裁判所判事に就きオランダに赴任（〜一九七〇年）。

（田中耕太郎述・柳澤健編『生きてきた道』世界の日本社、一九五〇）

田中正造　たなか しょうぞう

政治家、社会運動家。一八四一―一九一三。下野国出身。自由民権運動に参加し、一八八四年、県会議員として県令三島通庸の圧政を批判して逮捕。一八九〇年、第一回衆議院議員選挙に当選して足尾鉱山鉱毒による農民被害を追及。一九〇〇年、被害地農民の大挙上京に関連し収監される。一九〇一年、朝報社の内村鑑三らは鉱毒有志調査会員として被害地を調査、現地では田中が案内役をつとめた。同年、衆議院議員を辞職、一二月五日に議会の開院式に出席し帰途の天皇の馬車列に鉱毒被害を直訴して駆け寄り逮捕。同一〇日夜、内村は釈放された宿に田中を見舞う。同年末、鉱毒地視察旅行には内村も多くの学生とともに参加した。一九〇二年、内村は「聖書を棄てよと云ふ忠告に対して」を『聖書之研究』一九号に掲載。のちに同文の『感想十年』への再録にあたり、その「忠告」者が田中であることを明らかにしている。なお田中が同年、官吏侮辱罪で収監中、聖書を差し入れた人物は内村とも言われている。田中は一九〇四年から谷中村に居を移し最後まで鉱毒反対運動を続け、これに対し内村もクリスマスなどには聖書研究会会員に支援を呼びかけ金品を届けた。このころから聖書を愛読、遺品の頭陀袋のなかに聖書があった。

田中龍夫　たなか たつお

伝道者、工学者。一八八一―一九三六。神奈川県出身。一八九九年、東京高等工業学校（のちの東京工業大学）入学。一九〇二年、同校を卒業し芝浦製作所に入社。この夏、第三回夏期講談会に参加。一九〇五年から内村の聖書研究会に出席。一九〇九年、内村家で家事見習いをしていた柴田梅子と内村の媒酌で結婚。翌年アメリカへ一年間出張。一九二三年、関東大震災を機に芝浦製作所を退社、東京修養社を設け伝道生活に入る。一九二六年、『神の発見』（警醒社書店）刊。しだいに日本の宗教をあわせた修養的宗教の傾向を志したため、内村は、一九二九年二月の『聖書之研究』誌上に次の文章を掲げ関係断絶を告知される。

謹告

工学博士　田中龍夫　　君は我等の信仰団の一人でありましたが、今に至り君の唱へらるゝ所と我等の信ずる所との間に根本的差異のある事が明白になりましたから茲に紳士的諒解の下に信仰上の関係を絶つ事に致しましたから読者諸君に於て左様御承知を願ひます。

田中は、内村没後の一九三〇年五月に雑誌『修養』を創刊。（伊藤堅太郎他編『永懐録』、一九三七。田中梅子『思い出の糸をたぐりて』一九七九。高木謙次編『田中龍夫・梅子　遺文と回想』キリスト教図書出版社、二〇〇八）

玉川直重　たまかわ　なおしげ

語学者。一八九〇―一九七九。愛媛県出身。一九〇七年、アメリカに渡る。サンフランシスコの書店で『聖書之研究』を購入、内村鑑三の名を知る。一九一九年、一時帰国に際し内村を訪ねる。カリフォルニア大学ギリシア語科に入学、卒業後、一九二六年帰国。内村の聖書研究会に出席。一九三一年、東京女子大学講師に就く。一九四三年教授。一九七八年、『新約聖書ギリシア語辞典』（キリスト新聞社）刊。（玉川直重『学びつつ祈りつつ』キリスト新聞社、一九七九）

田村直臣　たむら　なおおみ

伝道者。一八五八―一九三四。大坂出身。生家は与力。京都の兵学校に学び、一八七三年、上京してカロゾルスの築地英学校に入る。一八七四年、受洗。同年、ともに受洗した戸川残花、原胤昭らと東京第一長老教会を設立。一八七九年、銀座教会牧師に就く。一八八二年から八六年までアメリカの神学校に学ぶ。一八九三年、日本の女性の結婚慣習を述べた *The Japanese Bride* を刊行し、日本の恥をさらしたとして日本基督教会の教職を剝奪される。以後、同派から独立し、終生巣鴨教会の教師にとどまる。内村鑑三の『聖書之研究』創刊号には「義人の祈」を寄稿、晩年には松村介石も交えて三村会を開いて交流を重ねた。児童の宗教教育に努め『児童中心のキリスト教』（大正幼稚園出版部、一九二五）の著書がある。自伝に『信仰五十年史』（警醒社書店、一九二四）。

塚本虎二　つかもと　とらじ

伝道者。一八八五―一九七三。福岡県出身。一九〇四年、第一高等学校に入学。翌年、内村鑑三の『基督教問答』を読み、『聖書之研究』の購読を始める。東京帝国大学三年のとき、はじめて内村を訪ねた。内村から信仰には友人が必要といわれ、第一高等学校とその卒業生からなる柏会に入会する。一九一一年、同大学を卒業し農商務省に入る。一九一九年、同省を退職、当時、塚本をはじめ官界から身を引く内村聖書研究会会員が相次いだため、「霊界の生活に身を投じた法学士」として『東京朝日新聞』に報道される。聖書の勉強のためドイツ留学を計画するが関東大震災が起こり、また妻が死亡し挫折。この後内村のもとで聖書研究会の前座をつとめるようになる。一九二五年、内村の聖書研究会会員を対象にギリシア語聖書勉強会を始める。

やがて独立して集会を始め一九三〇年『聖書知識』を創刊。その表紙には最上段にラテン語でEXTRA ECCLESIAM SALUSと掲げ、下に「教会の外に救あり」との訳語が記されている。「教会の外に救あり」はキプリアヌスのEXTRA ECCLESIAM NULLA SALUS（教会の外に救いなし）の言葉をもじったものである。しばらくしてラテン語は消え「無教会雑誌」の文字の下に「教会の外に救あり」と変わる。これにつき塚本は「「教会の外に救あり」とは、教会の内に救なしといふことでは勿論ない。内にも救はあるであらうが、外にも救があるから私は御免蒙つて外で救つていただく、といふのである」と言つている（「私の無教会主義」『聖書知識』八三、一九三六年一一月）。カトリックの岩下壮一とも論戦。

内村からの独立については両者の対立によるような見方もあるが、塚本は「私は無教会を恥ぢない。私は内村鑑三先生の弟子である。先生が無教会主義であつた如く、私も亦無教会主義である」（「私は無教会主義を恥とせず」。同八五、一九三七年一月）。また「私が先生と別れねばならなくなつた原因の一つであるが、先生は十字架の信仰が第一で、教会問題の如きは第二第三の問題であると言はれた。これは一見教会問題はどうでもよいといふやうに聞える。しかし当時は解らなかつたが、これほど反教会的の言はないと私は思ふ……教会はどうでもよい。それは第二、第三の小さな問題であると言ふことほど、強い教会否定の言はない」（「無教会主義の徹底」、同二四一、一九五〇年五月）とも述べている。

戦後の一九六〇年、病気により聖書集会を解散、『聖書知識』も三九七号（一九六三年六月）で終刊となる。早くから口語による聖書の翻訳に努め、没後『新約聖書』（口語訳）が刊行された。また、その研究会から関根正雄、前田護郎らの聖書研究者を輩出した。（山下嗣編『去思と望憶』聖書知識社、一九七九）

津田仙　つだ せん

農学者。一八三七―一九〇八。下総国出身。本姓小島。上京してオランダ語、英語を学ぶ。一八六一年、津田家の婿養子となる。六歳の娘梅子を岩倉使節とともにアメリカに留学させ話題となる。一八七四年、アメリカ・メソヂスト監督教会宣教師ソーパーから受洗。一八七五年、学農社を設立、札幌県を辞した内村鑑三は同校の講師を勤める一方、学農社発行の『農業雑誌』に寄稿、「内村鑑三郎」の名で鳥に関する質問に回答している。内村は、津田が禁酒禁煙を唱える反面、飲酒家を援助したりする性格の矛盾に疑問を呈している。娘梅子はのちには津田塾を創立。（都田豊三郎『津田仙　明治の基督者』一九七二、高崎宗司『津田仙評伝』草風館。二〇〇八）

鶴見祐輔　つるみ　ゆうすけ

著作家、政治家。一八八五―一九七三。群馬県出身。一九〇三年、第一高等学校入学。弁論部に所属。三年のとき前田多門から聖書を贈られる。一九〇六年、同校を卒業し東京帝国大学法科大学に入学。同年新渡戸稲造が第一高等学校校長として着任。一九〇九年、内村鑑三の聖書研究会に出席し柏会に所属する。鶴見はこのころ内村から聞いた次の話をいつまでも覚えている。

「雨に立つジョンソン」

雨を見ながら、ふつと思出した。

それは大学生のころ、内村鑑三先生のお宅で伺つた英国の文豪ジョンソン博士の話である。

「ジョンソンが、雨の降る日、傘もささないで雨の中に立つてゐた。友人が見て、君はなぜ傘をささずに、そんなところに立つてゐるのだ、と言つたら、ジョンソンが、いや自分はいま、ふと子供のときに悪いことをして、父に叱られたことを思出した。それで自分を罰するために、かうして雨に打たれてゐるのだ、と答へたのだね」

どういうものか、このお話が深く私の頭の中に止つて、ふとした序によく思ひ出される。ジョンソンと内村先生とを思ひ出すのである。（『成城だより』第三巻、太平洋出版社、

一九四九）

一九一〇年、東京帝国大学を卒業し、内閣拓殖局、鉄道院に入る。まもなく鉄道院総裁後藤新平の娘愛子と結婚。一九三六年、立憲憲政党の衆議院議員となる。戦後の一九四六年に公職追放。一九五四年、鳩山内閣の厚生大臣を勤めた。（石塚義夫『鶴見祐輔資料』講談社出版サービスセンター、二〇一〇）

手島郁郎　てしま　いくろう

伝道者。一九一〇―一九七三。島根県出身。一九二三年、熊本商業学校に入学。一九二六年、熊本の日本基督教会東坪井教会で受洗。一九二八年、長崎高等商業学校に入学。同年夏、熊本で『聖書之研究』読者会が開催され塚本虎二の話を聞く。一九三一年、同校を卒業。翌年、熊本商業学校教諭となる。内村鑑三の『求安録』に感動。一九三七年、塚本虎二を招き阿蘇聖書講習会を開催。一九三九年、熊本商業学校を退職、特務機関による中国人住民の宣撫工作のため中国に渡る。しかし一九四〇年、参謀と対立し追放処分を受ける。朝鮮各地で事業ののち一九四五年、敗戦により帰国。一九四八年、独立伝道を開始し幕屋運動を展開。同年から刊行を始めた機関誌『生命の光』には「無教会」の「基督教信仰雑誌」と掲げられていて、塚本虎二、小池辰雄、関根正雄らが協力、同誌にたびたび寄稿した。（吉村騏一郎『わが師　手島郁郎』キリスト聖書塾、一九九〇、ほか）

手塚縫蔵　てづか ぬいぞう

教員。一八七九―一九五四。長野県出身。一八九八年、長野師範学校入学。一九〇二年、日本基督長野教会で受洗。同年三月二七日、卒業式後、友人二名とともに上田の明倫堂で開催される内村鑑三の講演を聴講に行く。しかし当日の講演は終了後であったため、翌日の講演および座談に参加。内村から、キリスト信徒であることを宣伝することなく黙して行動するように諭される。教員を一時休職して植村正久の東京神学社に学ぶ。復職後の一九一〇年、松本市内で聖書研究会を開催。一九一八年、日本基督松本伝道教会（のち松本日本基督教会）を設立。太平洋戦争下には聖戦観を抱いたが、一九四一年から四三年の間に東京帝国大学を追われた矢内原忠雄を同教会に招き講演会も開いている。（『手塚縫蔵遺稿集』一九六七）

照井真臣乳　てるい まみち

教員。一八七三―一九四八。岩手県出身。一八九五年、花巻の里川口尋常小学校の教員となる。一八九八年、斎藤宗次郎とともに同校の分教場の教員をつとめた。同年六月『東京独立雑誌』が創刊されると愛読。まもなくして、照井は『聖書之研究』四二号（一九〇三年七月二三日）に「余の信仰の経歴」を掲載。それによると危機におちいっていた生活が『東京独立雑誌』により救われたという。一九〇七年、花巻高等小学校において宮沢賢治の担任となる。この年も『聖書之研究』に二度も感想を寄稿している。以後、内村との文通は内村の死に至るまで続き、実をいうと新しい『内村鑑三全集』にも未収録の内村の書簡が照井家には若干残されている。内村の書として「為義勿恐」のほか次の歌もある。

関東平野の小春
いろどれる榎(えのき)　椋(むくのき)　楢(なら)　楓(かへで)
かぎりなき野を覆ふ蒼穹(あをそら)
陸中花巻照井君に贈る　　　鑑三
（一九一三年十一月十二日作る）

徳富蘇峰　とくとみ　そほう

評論家。一八六三―一九五七。本名猪一郎。肥後出身。蘆花は弟。熊本洋学校でジェーンズの教えを受け、一八七六年、花岡山における奉教趣意書に署名、同志社英学校に入学。同年、新島襄から受洗。一八八六年、上京し民友社を設け八七年『国民之友』を刊行。京都に居住し困窮生活を送っていた内村鑑三に同誌への寄稿をはじめ、英文 *Japan and the Japanese* を刊行させるなど生活を支援する。しかし、のちに松方内閣に勅任参事官として入閣、これに対し、内村は日ごろ平民主義を唱えていた人間の大変節として『万朝報』紙上で烈しく非難した。晩年になり両者は一九二九年一二月、小崎弘道の牧会する霊南坂教会創立五〇年記念祝賀会において再会、内村は次のように語った。

拙者を天下の文壇に紹介したるは徳富君である。今更ら感謝の情に禁へぬ

と語り、たがいに固く握手して和解した。（徳富蘇峰『人物景観』民友社、一九三九）

徳冨蘆花　とくとみ　ろか

文学者。一八六八―一九二七。本名徳富健次郎。肥後出身。蘇峰は兄。一八七八年、同志社入学。一八八五年、熊本白川教会で受洗。小説『不如帰』などで知られる。一九〇六年、トルストイを訪問。一九一一年、幸徳秋水の処刑を批判し第一高等学校で「謀叛論」と題して講演。一九二四年、アメリカの排日法に対して内村鑑三と共著『太平洋を中にして』（文化生活研究会）を刊行した。

富助一　とみ　すけいち

教育者。一八八四―一九七二。千葉県出身。一九〇一年、千葉師範学校に入学。一九〇五年の日露戦争中、同校を卒業し東金小学校に赴任。同年秋、理想団の講演者として東金を訪れた内村鑑三の講演を初めて聴く。同日夜、鳴浜の海保竹松宅で開催された会合にも出席し内村の話「宗教の必要」を聴く。日露戦争後の一九〇六年五月、佐倉連隊に短期入

隊。一九〇七年、鳴浜の海保竹松宅で内村鑑三の『聖書之研究』読者会である夏期懇話会が開催された。参加資格は同誌の三年以上の読者であったため、一年半の購読歴では資格がなかったが「雑役」を条件に出席。一九一一年、同県東金町に居住して伝道する畔上賢造と交流、一九一九年、畔上が内村の助手として上京するまでつづく。一九二九年、教師を退職。

著書『教育生活の一路』（文化書房、一九三〇）によると、内村は太陽のような存在であるが、黒点も顕著と見て次のように述べている。

先生を太陽の如くに考へるやうになつた。そして偉大な感化とその教訓には充分に感謝し敬意を表するも、余りに近接することを避けるやうにした。

留岡幸助　とめおか　こうすけ

社会事業家。一八六四—一九三四。備中出身。一八八二年、高梁教会で上代知新から受洗するが、父から非難され愛媛県今治教会牧師横井（伊勢）時雄のもとに赴く。同志社に学び、一八八八年、卒業後、丹波第一教会牧師、一八九一年、北海道の空知集治監の教誨師に就く。一八九四年、京都に在住していた内村鑑三を大島正健とともに初めて訪問。その後。アメリカに行き、犯罪学などを学ぶ。二年後帰国し、名古屋学院教師時代の内村を訪ねた。巣鴨監獄の教誨師となるが仏教僧侶の反対運動もあって辞任。一八九九年、内村鑑三、巌本善治、松村介石らの助力により巣鴨に家庭学校を創設。翌年夏、内村の第一回夏期講談会に来訪し家庭学校について語り、会期中に参加者の同学校訪問となる。一九一四年には北海道家庭学校も創設。

中里介山　なかざと　かいざん

文学者。一八八五―一九四四。本名弥之助。東京出身。電話局勤務、小学校教員をへて『都新聞』に入社。一九〇五年、内村鑑三主筆の『新希望』（『聖書之研究』の一時的改題）に「予が懺悔」を寄稿、社会主義者であったが「自己の愚と罪」とを自覚して苦しみ内村を訪問、内村から、不平のために文を作るのではなく、逆境の時にも「天来の光明に接して喜悦と感謝」がある。それを筆にするように勧められる。一九〇六年に著した『近人古人』（隆文館、一九〇六）のなかで「本郷会堂と角筈櫟林」と題し海老名弾正と内村を比較、時流に乗じて「成功」している海老名よりも「失意」の内村に加担している。日露戦争に関しても「戦争美」を説く海老名よりは「非戦論」を叫ぶ内村の声に耳を傾ける。

一九二六年に創刊した雑誌『隣人之友』の表紙には「隣人より村落へ―村落より都会へ―都会より国家へ―国家より人類へ―人類より本尊へ」との言葉が掲げられている。内村の「自分は日本の為に―日本は世界の為に―世界はキリストの為に―凡ては神の為に」の言葉とあい通じる。

永島与八　ながしま よはち

農業。一八七三―一九四四。群馬県出身。小学校卒業後、昼は農業に従事し、夜間隣村の儒者佐山文随の塾に学ぶ。一八九六年、渡良瀬川の決壊による大洪水がもたらした足尾銅山の鉱毒被害に遭遇、田中正造とともに反対運動を開始。一九〇〇年二月一三日、被害を訴えるため指導者として農民とともに「大挙上京」を試みたが、利根川北岸の川俣で警察に阻止され、前橋監獄に収監される。入獄中、内村鑑三の『求安録』を熟読。保釈後受洗し、東京女子学院、上毛孤児院に勤務。この間、一九〇一年に開催された内村鑑三の第二回夏期講談会に参加。同会で七月二九日に行われた内村の「余が実業界を脱して今日の事業に従事するに至れる理由」に感激、「新しき生命」を得たという。自己の心のままに進むのでなく「神の命」が降るのを待って動かされて日本の救済に働く道を知る（「講談会感想録」『聖書之研究』一二、一九〇一年八月）。内村は、この感想に対して「永島君は足尾銅山鉱毒事件が産出せし最も有益なる結果の一なり」と付した。一九〇二年四月二一日には、その出身地にして被害地の西谷田村に内村を迎え演説会を開催。『聖書之研究』に「嗚呼幸福なる哉西谷田の地（鉱毒問題解決の第一歩）」（二一号、一九〇二年五月）、「獄裡の嬰児」（三三～三六号、一九〇三年二、三月）を寄稿。一九〇四年、渡米し救世軍に入隊。帰国後、日本救世軍佐野小隊長となるも関東大震災後救世軍を辞任。一九二八年、柏木義円の依頼により日本組合基督教会佐野教会主任伝道師となる。一九三八年に『鉱毒事件の真相と田中正造翁』を刊行（独立堂書房）。一九四一年、失明し三年後に死去。（伝記として菅井吉郎『献げつくして』群馬教壇社、一九四七）

中田重治　なかだ　じゅうじ

伝道者。一八七〇―一九三九。弘前出身。東奥義塾、東京英和学校神学部に学んだ後、北海道、千島、大館などで伝道。一八九七年アメリカに渡り、ムーディ聖書学院などで学ぶ。一八九八年に帰国。一九〇一年中央福音伝道館を創設。一九〇八年東洋宣教会を結成、その後、同宣教会ホーリネス教会の初代監督に就く。同教会の聖書学院と内村の柏木聖書講堂とは隣接していた。中田は回想している。

先生と予とは元来関係が深くなかつた。或時隣家に火災が起り、先生の家が危険に瀕したと聞いたので、予は聖書学院の修養生を引率し、頼まれもせぬのに先生の宅の屋根に登り、消防に尽力した。其が縁となつて先生と交際するやうになつた。（益本重雄・藤沢音吉共著『内村鑑三伝』同伝刊行会、一九三五）

内村は一九一八年一月から中田、木村清松とともに再臨運動を開始した。しかし、協同運動は七月までで終わる。中田はその後、ユダヤ人問題によりホーリネス教会の分裂をもたらし、みずからはきよめ教会を組織して監督に就任する。

その中田が一九二六年一〇月一六日、隣家ではあるが久しぶりに内村を訪問。植村正久、田村直臣、松村介石、内村の四人すわち四村を読み込んだ次の歌を披露した。

植替（かへ）は過ぎて田は苅りおさめられ
　松はみどりに内は有福

これにつき内村は「植村君は逝き、田村君は日本基督教会に帰復し、松村君は道会に栄え、内村は有福に暮らす」の意だろうが自分の「有福」の意味は不明とみる。だがキリストが何々は「福ひなり（さいはひなり）」と言った意味において「有福」であると考え直す。そして、みずから次の歌を詠んだ。

植さりし田面（おも）に秋の風吹きて
　みどりは深かし内の松ケ枝

（『内村鑑三全集』三五）

中田信蔵　なかだ しんぞう

商業。一八八一―一九四六。静岡県出身。一九〇一年より一九〇六年まで兵役に従う。この間、一九〇三年七月、静岡で開催された『聖書之研究』読者会に出席し、内村鑑三を知る。台湾、韓国に派遣。除隊後、静岡、東京などで社会事業関連の仕事に従事。一九〇六年ころ上京、家具の製造、販売などを業とした。内村聖書研究会に出席し『聖書之研究』にも寄稿する。一九一八年、内村の再臨運動にともない、以前に教友会の機関誌として発行されていた『教友』を再興させる。再臨運動のために内村研究会内の各組織が合同して設けられた柏木兄弟団の機関誌の役割をになうものであった。当初は藤井武が編輯人、中田が発行人だったが、七号以後、中田が編輯兼発行人となる。しかし、一九二〇年九月、中田は内村から離反、『教友』は中田の個人誌に変わる。一九三六年には廃刊。(『高木謙次選集』第一巻、二〇〇五)

中村弥左衛門 なかむら やざえもん

貸本および出版業者。一八七〇―一九二五。京都出身。京都で実弟弥二郎とともに貸本業を営んでいて「明治二十三年八月改正」の『貸本目録』が残されている。それによると一般向きの書物でなく社会、哲学、宗教、道徳、政治、法律など知識階層向きの書物の目録である。『旧約全書』『新約全書』『天道溯原』『天路歴程』『十戒新論』なども含まれている。一八九四年に基督教青年会第六回夏期学校における内村鑑三の講演集『夏期演説後世への最大遺物』を最初に刊行している。生活に困窮していた内村に部屋だけでなく金銭の貸与もしていたことが、後年の内村のメモにより判明する。一九〇〇年夏に開催された内村の夏期講談会に協力。一九一六年ころ便利堂の邸内には自然石を用いた内村の滞在記念碑が設けられ、内村自身により書かれた'Taizai Kinen 1895-6. U.K.'の文字が刻まれている。便利堂はのちに日本を代表する美術出版社となる。

長与善郎 ながよ よしろう

文学者。一八八八―一九六一。東京出身。学習院高等科時代、清沢満之、綱島梁川、高山樗牛らとともに内村鑑三の著書に親しむ。兄の岩永裕吉にも内村の書物を勧める。ところが内村の聖書研究会へは一足先に裕吉が出席。代わって裕吉が善郎に出席を勧める立場となる。こうして長与は兄に連れられて、一九一〇年五月から同聖書研究会に出席する。一九一一年四月九日の日記には、きわめて長文の内村観が記されていて大きな影響が認められる。その一部を掲げよう。

自分は先生を日本が嘗て生み得た人物中最大の人物として挙げることを少しも憚らぬものである。少なくとも宗教家として思想家として正に日本の偉人の上位に座すべき人であると信ずる。

なかでも内村の虚偽や虚栄に対する毅然たる態度にひかれた。学習院をはじめ若き長与の周辺には、とりわけ虚偽や虚栄の空気が満ち満ちていたことであろう。兄の裕吉は、ある日帝国ホテルで行われた披露宴に出席した弟から「虚偽虚礼の固りで実に見るに堪へなかつた」と非難する言葉を聞かされた(『岩永裕吉君』一九四一)。

しかし、白樺派の仲間との交わりの深まるなかで、長与には「吾はまだ信仰と芸術の中間にさすらう域を脱し得ざる愚者也」との葛藤が訪れる。ついに一年半ほど後に内村に詫び状を送付して研究会への出席を止める。

当初、内村にひかれた理由は「不敬事件」における英雄的な態度、詩人的な面、世界史に対する造詣の深さであったが、内村が文学青年よりも自然科学者や軍人的な信仰の持ち主を好む偏狭さに反発もしたという。また、その周辺には「幇間的な信者」が取り巻いていて、白樺派の仲間達のかもしだす雰囲気とは逆だったという。長与の詫び状に対し内村からの意外にも丁寧な返事に接し心が晴れる。

その後の長与の文学作品を読むと、「青銅の基督」をはじめ内村とそのキリスト教の影響が色濃く影を落としているものが多い。戦後になるが、和辻哲郎が、「教育勅語」について「何ら普遍的人倫に抵触する箇所を見出し得ない」との趣旨の話をしたのに対し、「一応聞こえのいい徳目の言辞を羅列」させているが、最終目的が「以テ天壌無窮ノ皇運ヲ扶翼スヘシ」とある言葉に「天皇家のエゴイズムを暴露することに帰着」と喝破している。(『わが心の遍歴』筑摩叢書、一九六三。岩淵兵七郎『長与善郎』長与善郎刊行委員会、一九八八)

成沢玲川　なるさわ れいせん
ジャーナリスト。一八七七―一九六二。本名金兵衛。長野県出身。少年時代に東京へ働きに出るが病気になり故郷の上田に還る。内村鑑三の著述を愛読。一八九九年ころ上京し内村を角筈の自宅に訪問。帰郷後、上田で書店を開く。同年四月二七日、内村を上田に招き「最大問題」と題して講演。一九〇二年五月二一日、黒岩周六、内村を上田に招き理想団小県支部の発会式を開く。一九〇六年、アメリカに渡り、写真技術を習得。一九一三年、帰国し写真ジャーナリストとして朝日新聞社東京本社に入社。やがて投書欄を担当していたとき内村の「鳥に代つて言ふ」と出会う。鳥類の保護のために遊猟の禁止を訴える投書だった。ただ一行の見出しに収めるために「言ふ」を削らなくてはならず、一九二一年一二月一三日に掲載された「鉄箒」欄には「言ふ」を削って「鳥に代つて」で掲載された。なお、姉は内村家で働いたのち柏崎の品川豊治と結婚する。別掲した品川力は二人の間に生まれた子どもである。（成沢玲川「内村鑑三先生の思い出」『内村鑑三著作集』五、八、九、月報）

南原繁　なんばら　しげる

政治学者。一八八九—一九七四。香川県出身。一九〇七年、第一高等学校入学。『聖書之研究』を読む。一九一〇年、同校を卒業、東京帝国大学法科大学入学。一九一一年一〇月、内村鑑三の聖書研究会に出席し、翌年、坂田祐らと白雨会を結成。一九一四年、同大学を卒業、内務省に入る。一九一六年、内村鑑三の司式により星野百合子と結婚。一九一七年、富山県射水郡郡長として赴任。一九二一年、内務省を辞し東京帝国大学法学部助教授に就く。一九二四年までヨーロッパに留学。一九二五年、同大学教授。一九二五年、妻百合子死去。一九二七年、やはり内村の司式により西川博子と再婚。一九三一年、内村祐之編『内村鑑三追憶文集』（聖書研究社）に「人としての内村先生」を寄せ、次のように記している。

私が学生の時、漸く入門を許された当時の印象は、寧ろ厳めしき預言者のそれであった。しかし次第に年と共に近くに接するに随ひ、却て小児の如き先生を知るに及んで、益々先生を懐しみ親しみまつることができたのである。

一九四二年、『国家と宗教』（岩波書店）刊。一九四五年、東京帝国大学総長に就く。一九五一年、東京大学総長辞任。一九七一年、日本学士院院長。（南原繁『わが歩みし道』香川県立三本松高等学校同窓会、一九九六。山口周三『南原繁の生涯　信仰・思想・業績』教文館、二〇一二）

新島襄　にいじま　じょう

教育者。一八四三―一九〇。上州出身。ただし安中藩の江戸藩邸に生まれる。箱館滞在中、密出国してアメリカに渡る。アマスト大学、アンドーヴァー神学校に学ぶ。訪米した岩倉使節団に随行しヨーロッパに渡り教育視察に従う。アメリカン・ボードの宣教師として一八七四年帰国。翌年、同志社英学校を設立。一八八三年、東京で開催された第三回全国基督信徒大親睦会において内村鑑三を知る。新島はこのときの印象を次のように語ったとされる。

今度東京へ行て、二人の目立つた人物に会ふた、一人は押川方義君で、之れは畏しい人物である、他の一人は内村鑑三君で、之れは札幌農学校より卒業早々の青年であるが、仲々の学者である。(『道』一三一、一九一九年四月一日)

一八八五年、アメリカに滞在中、内村と交流を重ね、進学先としてアマスト大学を勧める。しかし、内村が帰国後に赴任した北越学館におけるアメリカン・ボードの宣教師と衝突したことなどにより、両者の関係は疎遠になり、新島の没後に内村の著した「新島先生の性格」では、新島を宗教者と認めることに疑問を呈している(『中央公論』一二四、一九〇七年一一月)。

西沢八重子　にしざわ　やえこ

吉川一水の妻。一八八五―一九五二。東京出身。女子独立学校に学び内村鑑三の教えを受ける。兄の勇志智とともに一九〇一年および二年に開催された内村鑑三の夏期講談会に出席。その「感想録」に付して内村は「八重子嬢は余の恩人の一人なり、昨年余の女生徒が悉く余を去りし時に嬢一人は余を信じ、余と進退を共にせられき」と記した。いわゆる女子独立校の校長を追われた事件に対し八重子の示した態度をさす。小山内薫の小説「背教者」に「絹子」の名で描かれている女性のモデルは、この八重子である。八重子は、その後夏期講談会にも出席していた青年で、のち社会主義者となる山内権次郎と結婚して渡米、サンフランシスコで幸徳秋水らと共に並んでいる写真もある。まもなく山内の死去により帰国、内村の研究会に出席して内村には手放しで歓迎された。最近、判明した全集未収録の内村による八重子宛書簡があるので次に掲げておく。

拝啓、余は御身が忍耐して日曜日毎に柏木を訪はるゝことを此上なく嬉しく感じ申候　尚ほ此上とも此忍耐を継続せられ我等の友誼が全く昔に帰るやう御努め被下たく候　或ひは御身の帰還に由り、旧き人々のすべてが帰り来るに至るやも計られ申さず候　而して余は何時（いつ）か必ず彼等の帰る（ママ）来ることを確信致し候

神と永生の希望なくして人生は余りに無意味に有之候　僅かばかりの此世の事業や娯楽に引かされてキリストの福音を不問に付するが如きは余りに浅墓なること、存候

怱々

一九一五年十月廿日夜　鑑三

八重どの

内村の娘ルツはその三年前に世を去っている。第三回夏期講談会（一九〇二）にはルツ

も八重子も共に写っている。ルツ八歳で八重子一七歳である。会合中、八重子がルツの相手をしていたかもしれない。九月一〇日付の前便では八重子につき「我等の肉の娘は已に我等を去て天に居り、我等の霊の娘が今や悔改て帰来らんと」とルツの再現のように記している。ただし八重子は、同じころ、これまた夏期講談会の出席者の一人吉川一水と再婚する。（山内権次郎、吉川一水の項参照）

西沢勇志智　にしざわ　ゆうしち

化学者。一八八一―一九四三。東京出身。西沢は、一九〇〇年、第一高等学校に入学。一九〇〇年から三回にわたり角筈で開催された夏期講談会にいずれも参加。内村の著書『後世への最大遺物』を読み講談会に参加したため、倉橋惣三、山内権次郎とともに内村から「三幅対」と呼ばれた一人。のちに内村の聖書研究会にも出席し熱心な「角筈十二人組」の一人ともなる。一九〇六年、東京帝国大学理科大学化学科卒業後、東京府立第一中学校、早稲田大学の講師などをへて一九二二年に東京帝国大学工学部の助教授に就任。一九三三年、大学の職を辞して三共製薬会社の顧問に就き薬品の研究に従う。なお夏期講談会には妹の西沢八重子も参加。八重子は小山内薫の小説「背教者」に「絹子」として登場する女性のモデルとみなされる。著書に『ノーベル兄弟』（朝日新聞社、一九四一）。

西田幾多郎　にしだ　きたろう

哲学者。一八七〇―一九四五。石川県出身。一八九〇年、金沢の第四高等中学校を退学。翌年、帝国文科大学哲学科の選科に入学。一八九六年、第四高等学校講師に就く。一時、山口高等学校に赴任するが、一八九九年、ふたたび第四高等学校教授として金沢に戻る。日記によると一九〇二年二月二一日に内村の著書『後世への最大遺物』を入手。『西田幾多郎全集』第一三巻の「備忘」には解説者により「古いノート」としか記されていない。そのうえ「重要なものでない」としか記されていないが、実は、そのうちの約三ページ分が『後世への最大遺物』の書き抜きや感想から成っている。その後、西田の新全集では第一六巻に収められたが、ここでも『後世への最大遺物』との関係の指摘はない。しかし、西田はアメリカのホリヨークセミナリーの校長メリー・ライオンの「他の人の行くところを嫌ふところへ行け。他の人の嫌がる事を為せ」などの言葉に感動、数日後に『メレイライオン一代記』（米国遺伝宣教師事務局、一八八三）を入手している。また西田は『後世への最大遺物』のなかでバンヤンの「私は斯う感じた、私は斯う苦んだ、私は斯う喜んだ」との姿勢を書き留めているが、これが西田自身の思索の姿勢にもなって独創的な哲学になったと思われる。

新渡戸稲造　にとべ　いなぞう

教育者。一八六二―一九三三。盛岡出身。一八七三年、東京英語学校に入学。一八七七年、札幌農学校に第二期生として入学。入学にあたり内村鑑三、岩崎行親と立行社の交わりを結ぶ。一八七七年六月二日、内村鑑三、宮部金吾らとともに宣教師ハリス（Harris, Merriman C.）から受洗。卒業時には内村、新渡戸の三人で札幌の公園偕楽園において「二つのJ（Jesus と Japan）」に生涯を献げる誓いをした。一八七七年六月二日、内村鑑三、宮部金吾らとともに宣教師ハリスから受洗。一八八〇年、札幌農学校を卒業後、一時開拓使御用掛として勤務。一八八三年、東京大学に学ぶにあたり「太平洋の橋とならん」との希望を述べる。一八八四年、渡米してジョンズ・ホプキンズ大学に留学中、在米中の内村鑑三と接し、特に二人でフィラデルフィアのフレンド派の教会に出席し日本の事情を紹介した。これが機縁となり、同派の日本伝道が始まる。あわせて同派のメリー・エルキントン（Elkinton, Mary）と結婚、みずからもフレンド教会会員になる。彼女のために教えた日本の精神が著書『武士道（*Bushido*）』である。札幌農学校教授をへて京都帝国大学、東京帝国大学教授兼第一高等学校校長に就く。この間読書会を開催、その会員を内村の聖書研究会に紹介。一九一八年、東京女子大学の初代校長。一九一九年、国際連盟事務次長としてロンドン、ジュネーヴに赴任。帰国後大阪毎日新聞社編集顧問に就く。一九二八年、大島正健、内村鑑三、広井勇、伊藤一隆とともに宣教師ハリスの墓参に参加。一九三二年、軍部批判の発言が問題化し在郷軍人会から批判を受ける。一九三三年、太平洋会議のためカナダに行き死去。

丹羽清次郎　にわ　せいじろう

キリスト教青年会主事。一八六五―一九五七。大坂出身。一八八二年、大阪組合教会で受洗。一八八三年、同志社に入学し一八九〇年卒業。同年、東京基督教青年会専任幹事に就く。一八九四年夏、基督教青年会主催の夏期学校が箱根で開催され、内村が「後世への最大遺物」と題した講演をしたことはよく知られている。その会合に参加するため、丹羽は内村と箱根の山を登る途中、共に清国との戦いを盛んに主張したという（全集二四、「過去二十年」）。丹羽は、その後も内村の発行した『聖書之研究』にたびたび寄稿している。一九〇五年、同志社英学校校長、一九一〇年、日本基督教青年会同盟総主事となる。

根本益次郎　ねもと　ますじろう

地方政治家。一八七一―一九四五。茨城県出身。『東京独立雑誌』、『聖書之研究』を愛読。千葉県佐原町で開催された理想団香取支部の発会式に参加し、はじめて内村鑑三の「香取の杉の木」と題する講演を聞く。第三回夏期講談会に出席し『聖書之研究』に「感想録」を寄せる。稲敷教友会を組織。一九〇五年八月、日露戦争時に内村は稲敷を訪問、江戸崎町講義所で講演。根本は講演内容を次のように記している。

江戸崎町に基督教の講義所あるを以て、先生の講演会を催ほした、非戦論者を見んとして、来会する者二百余名もあつた、先生は世に義人なし一人もあることなし、神の前に人は皆罪人なり、故に悔改めを要すと、信仰の根本義を説かれたが、講演を了り、先生は今夜の聴衆には解らなかつたと喞(かこ)たれた。（根本益次郎「先生に対する回顧」、益本重雄ほか『内村鑑三伝』一九三五）

一九一三年、故郷の茨城県高田村の村長に就任。一九二八年には同村を禁酒村とすることを決議し、代わって毎日二銭以上の貯金をして村税負担金にあてることにした。

野上弥生子　のがみ　やえこ

文学者。一八八五―一九八五。大分県出身。一九〇〇年から一九〇六年までの六年間、明治女学校で学ぶ。当時の生徒約五〇名の一人。内村鑑三は学外講師としてたびたび同校に来訪。風貌については「長身で瘠せてゐながら、どこか重量感のある骨格で、眼光が、炯炯として、下半面が突起し、大きな口と、その上に盛り上がつた髯がそれをなほも強調した顔」と描く。その顔で「透明な、抑へなければ幾分かん高いのではないかと思ふが、それを単に発音するといふより、口をくひ締め、上をむいて、まづううんと唸るやうな調子でだす」と描く。話の内容としては「みなさん、ぜひ大洗ひの海岸に行つて、太平洋の水平線からさし昇る朝日を眺めて見なさい」と勧めた。その最後の作品『森』（新潮社、一九八五）にも明治女学校時代が描かれ、編集者の依頼で刊行前に筆者は一読した。（「わが女学生時代に見た内村さん」『内村鑑三著作集』一〇、月報、一九五五）

野村実　のむら　みのる

医師。一九〇一―一九六。東京出身。一九一七年、第一高等学校に入学。一九二〇年一月、大日本私立衛生会講堂で行われた内村鑑三の聖書講義に出席。旧約聖書詩篇第八篇の講義を聞き次のような感想を抱く。

当時を回想してわたしにふしぎでならないことは、神はなしという考えを当然のこと、神があるなどとは本気で考えられないとして生きてきたわたしが「われらの主エホバよ、なんぢのみ名は地にあまねくして尊きかな」という冒頭の聖句から、何の抵抗もなく受け入れられたことです。「その栄光を天におきたまへり、なんぢはおさなごちのみごの口により力の基をおきて敵にそなへたまへり」という一節に力をこめて講じられる先生の毅然として謙遜な信頼が、そのままわたしのものになったような感じです。（『生きる』キリスト教図書出版社、一九八三）

約一年、内村の聖書講義に出席後、一九二一年、九州帝国大学医学部に入学。一九二五年、同大学卒業。同年、『聖書之研究』二九八号に掲載された内村の同年三月二四日の日記に内村がシュヴァイツァーの『基督教と世界の諸宗教』を紹介、これにより初めてシュヴァイツァーの名前を知る。一九二七年、福岡市立屋形原病院勤務。一九三二年、シュヴァイツァーの『水と原生林のはざまで』(向山堂)を翻訳刊行。一九三四年、上京し北多摩郡砧村で野村病院開業。一九三七年、軍医として召集されたが結核により一九三九年除隊。一九四八年、『世紀の人シュワイツェル』(新教出版社、共著)刊行。一九五一年、白十字会村山療養園園長に就く。一九五四年、九カ月間、フランス領赤道アフリカ(現在のガボン共和国)におけるシュヴァイツァーの医療に協力。一九五五年、『人間シュヴァイツェル』(岩波新書)刊。一九五九年、東京コロニー理事長に就く。一九七二年、日本キリスト教海外医療協力会会長に就任。一九九四年、『野村実著作集』刊(全二巻、刊行会)。

バー　Barr, Martin W.

医師、アメリカの知的障碍児教育者。一八六〇―一九三八。内村鑑三のペンシルヴァニア障碍児養護院勤務時代の同僚。カーリンの後、同院院長に就く。一九二一年四月に来日し三三年ぶりに再会した。バーを白金の伝染病研究所、東京帝国大学医学部、滝乃川学園などに案内している。四月二〇日には前記養護院長としての講演会を大日本私立衛生会講堂で開催するとともに、みずからも内村も当時の自己の経験を語った。

長谷川周治　はせがわ しゅうじ

実業家。一八八四―一九五六。山形県出身。生地は町名の銅町で判明するように鋳物の町だった。家業は味噌醬油業とみられ、次男である。山形中学に入学するが三年で退学。一八歳で家出して横浜、ついで東京の化粧品屋で働く。日露戦争に召集され大連（ダルニー）に出征。終戦後、大連、遼陽などで貿易に従事し、帰国後、救世軍によりキリスト教を知る。一九一八年ころ柏木に転居。正面に内村鑑三の家があったことにより、以後、内村の『聖書之研究』や著書を愛読。当時営んでいたゴム関連の仕事である氷嚢や風船の製造事業を拡大し、特に氷嚢では業界第一となる。内村鑑三の没後、『内村鑑三先生御遺墨帖』（一九四一）を刊行。その編集、作成に関して次のように述べている。

統制下にも何とか仕事ができたし、自分はこれ迄の大罪の贖いのためにもと、丁度此年は内村先生逝いて十年目に当るので、自分の手でやれる範囲のものをと思い、内村先生遺墨帖を編纂することにした。先生の書はどこの家でも家宝の如くし、門外不出を申しているのであつた。それで大切に借りて来て、額などは自動車で持ち来り自動車で返した。奈良の茨木に行つたり、和歌山に行つたり、高崎に行つたり、積雪を踏んで沓掛の星野温泉主人になども依頼して多くの収獲を得た。軽井沢から写真屋を呼んで写して貰つたのであつた。そのようにして東西南北八方に飛び廻つて、藤沢氏保存の御書簡をも入れて、遂に僅々二カ月の間に一百枚を蒐集し得たのであつた。人は正しきことを命にかけても遂行せんとする時、神助の親しく臨み、何とか成功させて下さるものである。

それを太平洋印刷西い弥姉に依頼して、コロタイプ印刷にして貰うことにした。戦時下優良なる厚紙を入手することは出来ない。特に三菱製紙に依頼して、高価でもと使用分だけ作つて貰つたのだとのこと。コロタイプ印刷機の整備したものは東京にはなく、和歌山市まで参つて注文した。正月頃注文して出来上がつたのは五、六月頃であつたろう。純綿張の堅表紙にして、内村先生の肖像入、時期が時期であつただけ豪華版だと人目を驚かせた。太平洋戦争開始間もなくの事であつたからである。(武藤陽一編・長谷川周治『偽らざるの手記　或るクリスチャンの一生』岩井穂積刊、一九五七)

長谷川保　はせがわ たもつ

社会事業家。一九〇三―一九九四。静岡県出身。浜松に生まれた長谷川保は、ブラジル行きを志し上京、日本力行会の海外学校でクリーニング業を学ぶ。あるとき郷里の大伯父が危篤になったとの知らせに接し、急遽、浜松に帰ることになる。大伯父は幼い母を育てた恩人である。聖書と讃美歌のほか大伯父のために内村鑑三の著書『復活と来世』を入手、これらをリュックサックに入れて、徒歩で浜松に向かった。ところが、たどりついたときには、すでに大伯父は世を去ってしまっていた。

大伯父のために購入してきた『復活と来世』を代わって自分が読みはじめる。このなかで内村の「エックとアポー」と題した文章に出会いひきつけられた。キリストは十字架につけられる前夜、「父よ、この時より私を救ひ給へ」（ヨハネ伝一二章二七節）と祈る。内村は、ここで用いられているギリシア語の「エック」は、同じ「から」でも「アポー」と異なり、ただの苦難から免れる意味でなく、いったん苦難の中に入り、その中から救い出す意味である。キリストは単に死から逃れることを祈ったのでなく、死に付されてのち復活を祈ったのだと説く。ここに至り、長谷川は突然、人間は死によってすべて終わるのでなく死を突き破る生命を授かった存在であることを覚る。人生に大きな転機の与えられた長谷川は、それ以来「聖書を真剣に学び、聖書に生きるもの」になったという（「私の転機」、『朝日新聞』一九八〇年九月二日）。

長谷川が上京して学んだ日本力行会はキリスト信徒の島貫兵太夫が始めたものである。そこには力行教会があったが、日曜の礼拝は朝の九時半には終わり、その後、生徒たちは町に出かけて別の説教を聞いた。長谷川は、神田の救世軍本営で山室軍平、大手町の大日本私立衛生会講堂で内村鑑三の話をよく聞いた。そのうち内村鑑三の聖書研究会のみに出席するようになる。ロマ書の連続講義があった時分とされるから、一九二一年から一九二三年にかけての頃である。

浜松に戻った長谷川は、一九二六年、大野篁二とともに聖隷社洗濯部を創設した。聖隷の名は、聖書のヨハネ伝一三章に記されているキリストの言葉「なんぢらの足を洗ひたれば、汝らも互に足を洗ふべきなり」によった。洗濯部の上に聖隷社を冠したわけは、洗濯業の利益でもって社会事業をするためだった。一九三〇年、結核を病み療養先を次々追われていた一人の青年を小屋にひきとった。やがて別の地にやはり小屋を建ててベテル・ホーム（主の家）と名づけた。ここでも結核を嫌う住民の反対に出会う。ようやく三方原に県有林の払い下げを受け、一九三七年、そこに移って聖隷保養園を名乗った。戦後、みずから社会党の衆議院議員となり、日本の社会福祉事業の推進に尽力する。一九七六年、聖隷三方原総合病院が認可され、一九八二年には、淀川キリスト教病院とならぶ日本最初のホスピスが設けられた。

長谷川は聖書を愛読するとともにその講義をも行っている。聖書は何冊も手にしている。そのなかでも、長谷川の聖書の読みが徹底的なものであったことのわかる聖書が、聖隷の資料館に遺されている。長谷川は、十分な書き込みができるように広縁聖書を買い求めていた。遺された聖書には、その広い余白が狭いほど、ぎっしりと原典ギリシア語の文字や意味が書き込まれていた。それは表紙などが取れて無くなっている聖書であるが、口語訳の『広縁　新約聖書・詩篇』とみてよい。とりわけ長谷川の好んだ聖句は「主は私たちのために、命を捨てて下さった。それによって、私達は愛ということを知った。それ故に、私たちもまた、兄弟のために命を捨てるべきである」（ヨハネ第一の手紙三―一六）であった（長谷川保『老いと死をみとる――聖隷ホスピスの歩み』柏樹社、一九八二）。

羽仁吉一　はに よしかず

ジャーナリスト。一八八〇—一九五五。山口県出身。一九〇〇年、報知社（のち報知新聞社）入社。翌年編集長に就く。まもなく同社の記者だった松岡もと子と結婚。一九〇三年『家庭之友』（『婦人之友』の前身）を創刊。同じころ、堺枯川も『家庭雑誌』を創刊している。さっそく内村鑑三は『聖書之研究』三八号（同年四月）に「家庭の建設」の連載を開始した。アメリカからの帰国後、最初の講演が「クリスチヤン、ホーム」であったことからもわかるように、家庭論については黙しておられなかったようである。一九〇八年、羽仁夫妻が『婦人之友』を創刊すると、内村はこれを祝した手紙とともに代金一円の小為替を前金で送った。吉一は、一九一二年一月、夭折した内村の娘ルツの葬儀に出席。

一九二三年九月、羽仁、内村共に過ごしていた軽井沢で関東大震災を知ると、翌日連れだって川口まで汽車で帰り、そこから自宅まで共に徒歩でたどり着いている。なおこの震災で内村の聖書集会の助手をしていた塚本虎二は妻園子を失う。その葬儀は同年一二月一日、内村の司式により今井館聖書講堂で行われた。このとき内村は「自由学園園長羽仁モト女史、生徒の一団を伴ひ来りて助けて呉れて有難かつた」（全集三九）と記している。なお、園子は婚前植村正久の富士見町教会員であり羽仁もと子も同教会員であったから、一九一九年に今井館で行われた塚本との結婚式には植村も出席した。また、塚本は一九二四年二月からは自由学園に話をしに行っていて数回続ける予定だったが、チフスにかかり中止したという（塚本虎二『去思と望憶』聖書知識社、一九七九）。

浜田成徳　はまだ　しげのり

工学者。一九〇〇―八九。群馬県出身。第一高等学校をへて一九二五年に東京帝国大学工学部卒業。一九二七年、東京電気（東芝）に入社。一九二八年六月、他の九名とともに内村鑑三から受洗。一九四九年、東北大学教授。同年、追放処分を受けた松前重義に代わり東海大学理事長兼学長に就く。一九五五年、郵政省電波監理局長に就任。一九六七年、東京女子大学理事長となる。内村からは「最平凡なるものが最偉大なるもの」と教えられたという（「偉大なる平凡」『内村鑑三全集』三、月報）。なお筆者は、内村の「不敬事件」当時の妻かずと浜田が親戚筋にあたるため、かずの父横浜恕の名の呼び方につき教示を乞うたが不明だった。

咸錫憲　ハム・ソクホン

伝道者。一九〇一―八九。平壌高等普通学校に通学中の一九一九年三月一日、三・一運動が起こり参加。戒厳令が布かれ、故郷竜岩浦に帰る。一九二一年、三・一運動により日本軍憲兵の手で焼却された五山学校が復活したため入学。同年九月、校長柳永模（ユヨンモ）からアメリカのエルウィンのペンシルヴァニア知的障碍児養護院の話を聞く。特に内村鑑三とデニーの話に強い印象を受けた。一九二三年三月に来日し、一九二四年、東京高等師範学校に入学。すでに内村聖書研究会に出席していた金教臣(キムギョシン)と会い、その紹介で同じく研究会に出席する。帰国前、内村から希望すれば受洗すると言われて受洗。

一九二七年、帰国し金教臣らとともに『聖書朝鮮』を発行した。一九四二年、『聖書朝鮮』事件により金とともに検挙された。

戦後の一九七九年、アメリカに行ったとき、五山学校における柳校長による内村と少年デニーの話が忘れられずエルウィンの施設を訪ねている。その翌年、筆者が同施設を訪問したとき、「韓国から来た白髯のおじいさん」として咸錫憲のことを記憶している職員がいた。当時、新しい『内村鑑三全集』の編集に従っていたので咸錫憲の来日にあわせて面談の約束をしていた。しかし、当日の朝になり、突然、来日が不可能になったという通知を受けた。理由は韓国政府が旅券発行の許可をしなかったためだった。かわって『内村鑑三全集』の「月報」の執筆を依頼、「私の知っている内村鑑三先生」を書いてもらうことができた(全集三九、月報、一九八三)。(咸錫憲著・小杉尅次訳『死ぬまでこの歩みで』新教出版社、一九七四)

林万之助　はやし まんのすけ

職人。一八七九―一九〇四。京都府出身。家業の瓦職人に就く。一九〇〇年に開催された第一回夏期講談会には、京都府何鹿（いかるが）郡志賀郷村からは同村役場書記の志賀真太郎が参加した。一九〇二年の第三回夏期講談会には、志賀は自分に代わって同村青年、林万之助と真宮作次郎の二人の青年を参加させた。講談会後の感想録には一〇日間に受けた強い印象が語られ、内村は大江山の麓から参加した青年たちが、世の人の雨露を防ぐ貴重な仕事をする筋力たくましい手で、聖書を開いて祈る美しさを称えた。だが日露戦争が開かれると召集され、ついに一九〇四年八月戦死。同年一〇月二〇日、内村は「非戦主義者の戦死」（『聖書之研究』五七）を発表、真の非戦論者は非戦主義者の戦死であると断じた。なおその故郷の志賀郷を訪れた筆者は、林の墓石に刻まれた「信望愛」の文字が強く印象に残っている。

原崎源作　はらざき　げんさく

製茶業。一八五八―一九四六。駿河出身。一八八〇年、製茶販売業謙光社に入社し横浜で勤務。一八九一年、サンフランシスコ支店派遣の船中で聖書を読みサンフランシスコ福音会の教会に出席。一八九三年、同教会で石坂亀治牧師より受洗。一九〇〇年、製茶輸出業の富士合資会社の支配人に就く。この年創刊された内村鑑三の『聖書之研究』を購読（終刊まで継続）。一九〇三年、興津で静養中、内村来訪。このころ『角筈パムフレット』

刊行のために一〇〇円寄付。一九〇四年および一九一〇年、富士合資会社製茶所で内村が講演。一九一一年一月刊行の『聖書之研究』一二七号に「責任、自覚、恥」が掲載される。青年のための富士青年会館を建て内村をはじめ山室軍平、安部磯雄らを講師として招く。

（原崎癸作『父源作を語る』一九八四）

原瀬半二郎　はらせ　はんじろう

実業家。一八七六―一九五五。福島県出身。家業は呉服商。一八九八年ころ自由民権思想から政争が相次ぎ、これに批判的な青年らとともに本宮青年同志会を結成し『東京独立雑誌』を回読。そのまま『聖書之研究』の読者ともなったが、日露戦争が開始されると、非戦論を唱える内村鑑三に反対し会員は減少した。半二郎は病身のため家業を休業していた。一九〇四年四月、最初の内村の本宮訪問時には青年同志会は消滅していたが、かわって本宮教友会が結成された。半二郎は内村の勧めもあって家業を再開する。同じく植林事業にも励み、一九一〇年の内村の訪問の際には現場を案内し、内村は次の「植林の辞」と題した書を残している。

我若し明日死すると聞かば、
我は今日木を植えん
スチーブン・ジラードの言

その後、原瀬は本宮銀行の頭取などをつとめた。なお原瀬のもとに内村の「植林の辞」のほかに「待望」の書もある。（原瀬万次郎「内村先生とわが父・半二郎」全集三一、月報三三、一九八三）

ハリス Harris, Merriman C.

宣教師。一八四六―一九二一。アメリカ・メソジスト監督教会に所属し一八七三年来日。一八七四年函館において伝道。一八七八年六月二日、札幌に来て創成川東岸の宣教師館において札幌農学校生の内村鑑三、太田（新渡戸）稲造、宮部金吾、足立元太郎、広井勇、高木玉太郎、藤田九三郎らに授洗。のち東京に転じ伝道とともに東京英和学校（のち青山学院）教師となる。一八八四年、深刻な家庭問題を抱えた内村鑑三の訪問を受ける。一八八六年から二年間アメリカ西海岸の監督に就き、妻のベスト（Best F. Harris）ともども渡米中の内村の相談に接する。一八八八年の帰国に際してもサンフランシスコで迎えられる。一九〇四年、ハリスは日本および韓国年会監督に就き赴任。その折、内村は青山学院内に居住していたハリスの妻に招かれ宿舎を訪問。しかし日露戦争に非戦論を唱えていた内村と戦争を認める彼女とは意見が対立、気まずい別れとなった。ところがしばらくして彼女から来信があった。貧しい人たちが来宅するからと内村に一場の話の依頼であった。内村の心には気まずい別れのしこりが残っていたが出掛けた。しかし、話の対象となる貧しい人たちは誰もいなかった。すなわち、それは内村との友好を回復するための彼女の案じた一計だったのである（内村鑑三「友誼の譎計――天長節の話」、全集一七）。

一九二八年六月二日、五〇年前の受洗を記念し、その葬られた青山墓地に内村、新渡戸稲造、広井勇、さらに札幌農学校一期生だった大島正健、伊藤一隆を加えた一行による墓参が行われた。

鰭崎轍　ひれざき てつ

医師。一八九九―一九八六。千葉県出身。一九二一年六月、内村鑑三聖書研究会ではじめて内村の講義（ロマ書）を聞く。内村の話については次のように述べている。

永遠から永遠に天上に生きてはたらかれるイエス・キリストについて、内村先生から日曜日の聖書講義のたびに私たちはきいたのである。関東大震災の後では、青年たちは、午後、旧約聖書を主とした先生の聖書講義をきくことになったが、説話の中心はかわることなく、つねにイエス・キリストであった。（「内村先生の聖書講義」『現代に生きる内村鑑三』教文館、一九六六）

鰭崎は、一九二五年に東京帝国大学医学部を卒業。東京少年鑑別所長をつとめる。一九二九年六月二三日の内村鑑三聖書研究会では塚本虎二、植木良佐、鰭崎轍の話もあった。鰭崎は、「こころ」につき二つの領域があるとみる。一方は、自然法則のはたらく自然現象の領域であり、他方は、教育や体験などにより変化する文化現象の領域である。そのうちの後者を、鰭崎はカント、ヘーゲル、西田幾多郎、内村鑑三から学んだという（『心の病気　上』風林書房、一九六八）。

なお弟で画家の鰭崎潤は塚本虎二の集会に出席していて、友人の太宰治に塚本の著書とともに内村の著書も勧めたとされる（この話は筆者も直接潤氏と会って確認した）。

広井勇　ひろい　いさみ

土木工学者。一八六二―一九二八。土佐国出身。一八七七年、工部大学予科より札幌農学校に第二期生として入学。一八七八年六月二日、内村鑑三、新渡戸稲造らとともに宣教師ハリスから受洗。一八八一年、札幌農学校を卒業、開拓使御用掛に就く。同年、内村鑑三らとともに札幌教会を創立。一八八二年、開拓使廃止にともない工部省鉄道局勤務。一八八三年、アメリカに渡りミシシッピー河改修および鉄橋工事に従う。一八八七年、札幌農学校助教に任ぜられドイツに留学。一八八九年帰国し札幌農学校教授に就く。一八九九年、東京帝国大学工科大学教授。小樽、函館などの築港、六郷橋の設計などを監督。一九一九年、東京帝国大学を退職。一九二八年、大島正健、内村鑑三、新渡戸稲造、伊藤一隆とともに宣教師ハリスの墓参に参加。広井の葬儀において内村鑑三は「旧友広井勇君を葬るの辞」を朗読（『工学博士　広井勇伝』工事画報社、一九三〇、改版一九四〇）。

フィンチ　Finch, I. Estela

宣教師。日本名星田光代。一八六九—一九二四。アメリカのウィスコンシン州出身。実業家のカーネギーの養女となるが、神学校に学び外国伝道を志し、超教派の宣教師として一八九三年に来日。姫路、東京などをへて新潟の高田で伝道中、横須賀教会牧師の黒田惟信と出会い、一八九八年から横須賀に住み伝道。日露戦争時代から同地の海軍軍人たちに伝道、また同地の軍人を対象とした陸海軍人伝道義会を黒田とともに設けた。一九一九年日本に帰化して星田光代を名乗る。囲碁をたしなみ書も書いた。

内村鑑三は彼女が信州御代田で静養中に出会い、その後も横須賀に伝道に訪れるたびにたがいに親交を深めた。たとえば一九一九年一一月五日の内村鑑三の日記には次のように記されている。

横須賀に行きホシダのお伯母さんの病気を見舞ふた、帰化せる彼女の熱烈なる愛国心(我日本国に対する)に驚いた、彼女を慰むるよりは反て大に慰められて帰つた、米国宣教師中稀には彼女の如き潔士烈婦がある、我等日本人たる者彼等に対し深き尊敬と感謝とを表せざるを得ない。(全集三三)

彼女と内村鑑三は、特に海軍機関学校に学んだ太田十三男、山田鉄道、蒲池信らに強い影響を与えた(太田十三男「日本人の伝道に献身せしミス・エステラ・フィンチ」『永遠の生命』

二一八、一九四九年九月）。（海野涼子『輝ける星の如くに』マザーオブヨコスカ顕彰会、二〇〇七）

福田英子　ふくだ ひでこ

社会主義者。一八六五―一九二七。旧姓景山。備前国出身。一八八二年、岸田俊子（中島湘烟）の講演を聞き刺激され、自由民権運動に参加。一八八五年、朝鮮改革運動の「大阪事件」で投獄され、一八八九年出獄。一八九一年、神田に女子実業学校、一九〇一年、東京の角筈に女子工芸学校を創立し女性の職業教育を志す。時期的には、内村鑑三が校長を勤めた同じ角筈の女子独立学校を教頭とのトラブルで辞職した直後にあたる。内村、福田双方ともにレース編みなどによる女性の職業教育を志していた。足尾鉱山鉱毒被害地の応援などをしたのち、一九〇七年一月、安部磯雄、木下尚江らと『世界婦人』を創刊、女性の解放を主張。同時期に内村鑑三の聖書研究会に出席。同年三月、内村は、教会に在籍しつつ聖書研究会にも出席していた五人に退会を告げ、あわせて社会主義者福田をも退会させた。この日の出来事については志賀直哉の次の描写が印象的である。

今は名を忘れたが閔妃（びんひ）暗殺事件に連坐して、暫く入獄してゐた女志士の人が日曜の聖書研究会に来てゐた。軀のがつしりとした、意志の強さうな如何にもさういふ経歴でもありさうな四十前後の人だつた。私は知らなかつたが、その人は矢張り社会主義の仲間だつた。或日先生は講義を了り、祈りを済ました所で、不意にその人の方を向いて、小さい声で「○○さん、貴女はこれから来ないやうに……」と云つて、返事を待たず、すつと立つて書斎を出て行かれた。女の人は只、軽く頭を下げた。それきり其人は来なかつた。（志賀直哉「内村鑑三先生の憶ひ出」一九四一年、『志賀直哉全集』七、一九七三）

これに対し福田は、ただちに『世界婦人』六号（三月一五日）に「内村先生に上る書」を掲載して出席拒否の理由を質した。福田によればキリスト教も社会主義も「霊界」と「物界」との相違こそあれ、「物界」の救助も、状況によっては「霊界」の救助に先立つ「神」の意志ではないかと問う。

福田の質問に対して直接内村が回答した痕跡はないが、その約一カ月後に出された『聖書之研究』八七号において掲載した「社会主義」がそれにあたるとも受けとられる。短文ではあるが、かなり厳しく両者の相違に言及している。全文を紹介しておく。

　基督教に似て而かも最も非なる者を今日我国に於て唱へらるゝ社会主義となす、是れ聖書に所謂る不法の隠れたる者なり、是れに敬虔なし、恭順なし、平和なし、是れ単に不平と頑抗と破壊の精神なり、是れ僕を主に叛かせ、子を親に叛かせ弟を兄に叛かせ、弟子を師に叛かしむるの精神なり、即ち特に叛逆の精神なり、服従を絶対的に拒絶せしむる悪魔の精神なり、余輩は永き忍耐の後に此断言を発せざるを得ざるに至りしを悲む。帖撒羅尼迦後書二章七節。（全集一五）

福田は一時期石川三四郎と同居するが、一九一三年、石川のヨーロッパ亡命により晩年は行商で生活。前半生の自叙伝に『妾の半生涯』（一九〇四）。

福永文之助　ふくなが　ぶんのすけ

出版業者。一八六二―一九三九。紀伊国出身。一八七九年、神戸で今村謙吉の営む七一社に勤める。文選工をへて同社が大阪で経営する福音社の主任となる。一八八三年、神戸教会牧師松山高吉から受洗。一八八八年、今村は東京に福音社支店を開設し福永を主任とする。一八九〇年、経営困難になった警醒社を引き受け個人経営とする。一八九一年に警醒社書店と改称。「不敬事件」後、生活困難におちいった内村を何かと支援。内村の京橋会堂における聖書講義の謝礼は、実は福永の献金によっていた。また着っぱなしで汚れた内村の衣類の洗濯も福永の妻がしていたという（益本重吉・藤沢音吉『内村鑑三伝』独立堂書房、一九三五）。こうして内村の事実上の最初の著作『基督信徒の慰』（一八九三）は福永の警醒社書店から出版された。以下、『求安録』（同年）、『地理学考』（一八九四）、*How I Became a Christian*（一八九五）などもすべて同社から刊行された。

しかし、一九一九年、同社から『内村全集』の刊行を企画、第壱巻を出したところ、内村の再臨運動に反対を表明した富永徳磨の反論『基督再臨を排す』も同社から出版された。これに怒った内村は刊行途中の『内村全集』の続刊を打ち切った。しかし二年後に両者は

和解。その後、同社が経営難におちいると三千円を提供して支援した。（福永文之助『回顧二十年』警醒社書店、一九〇九）

藤井武　ふじい　たけし

伝道者。一八八八―一九三〇。石川県出身。一九〇一年、藤井家の養子となる（旧姓浅村）。一九〇四年、第一高等学校入学。一九〇七年、同校を卒業し東京帝国大学法科大学に入学。一九〇九年、内村鑑三の聖書研究会に入会し柏会の一員となる。一九一一年、卒業にあたり内村を訪ね内村のような伝道者の道を希望したところ、もっと人生を知るようにと諭され内務省に就職、京都府に赴任。一九一三年、山形県に転任。一九一五年九月『聖書之研究』一八二号に「共働者イエス」を寄稿、同月山形を訪れた内村に伝道者に転じる決意を伝え、同年末に官を辞し上京、一二月二六日、新大久保駅で内村に迎えられた。しかし、一九一六年三月『聖書之研究』一八八号に寄稿した「単純なる福音　羅馬書研究第二」では内村と対立、内村は同誌の次号に「神の忿怒と贖罪」を書き反駁した。このため年末まで同誌への藤井の寄稿は中断となる。ついで一九二〇年、住友寛一の結婚問題でも内村との間に対立が生じ、結局、内村のもとを去り独立伝道者として『旧約と新約』を創刊。内村とは二年後に和解。一九三〇年三月の内村の死後、その後を追うように七月死去。（塚本虎二・矢内原忠雄編『藤井武君の面影』藤井武全集刊行会、一九三二）

藤沢音吉　ふじさわ　おときち

出版業者。一八七三―一九四一。長野県出身。一六歳で上京、馬の世話人、土工として働き、いったん故郷に帰り人力車夫をしていたとき内村鑑三の「人を作れ」（『万朝報』一八九八年二月三日）を読んで感激、ふたたび上京して内村に会い、内村の朝報社出勤にあたり人力車夫をつとめた。内村の没後、出版業独立堂を始める。内村の伝記編纂事業を志し、著者として益本重雄に執筆を依頼。藤沢はもっぱら資料の提供にあたった。ところが本書とその姉妹編として同じ益本との共著『内村鑑三　信仰・思想篇』の刊行により債務をかかえ廃業。なお『藤沢音吉遺僕情』（長谷川周治、一九四一）には藤沢から見た身近な内村像が描かれている。

藤田九三郎　ふじた　くさぶろう

公務員。一八五八―一八九四。志摩出身。一八七七年、東京大学予備門より札幌農学校に第二期生として入学。一八七七年六月二日、内村鑑三、太田（新渡戸）稲造らとともに宣教師ハリス（Harris, Merriman C.）から受洗。一八八一年、同校を卒業し開拓使に就職。一八八二年、開拓使の廃止にともない工部省に勤務。のち農商務省に転じ一八八五年、同省を辞任。札幌県（翌年北海道庁）御用係に就く。翌年療養のため休職。一八九三年退職。

翌年死去。一九二八年夏、内村鑑三は札幌伝道の際、宮部金吾とともに豊平墓地に藤田九三郎の墓を訪れた。（新渡戸稲造『故農学士藤田九三郎君小伝』江草斧太郎、一八九六）

藤本正高　ふじもと まさたか

伝道者。一九〇四―六七。愛媛県出身。一九一八年、愛媛県立大洲中学校入学。翌年級友より贈られた『聖書之研究』を読み、まもなく購読する。一九二〇年、八幡浜メソヂスト教会で受洗。一九二四年、西南学院神学部に入学。一九二六年、福岡市で開催された『聖書之研究』九州地方読者会に参加。一九二八年、御殿場で開催された全国基督者学生代表者会議に参加後、内村鑑三の聖書研究会に出席、藤井武宅も訪問。一九二五年、西南学院佐世保バプテスト教会に牧師として赴任。翌年、八幡バプテスト教会に転じるが一年後に辞任。八幡独立基督教会を開く。一九三二年、上京し杉並区で家庭集会を始める。翌年から畔上賢造の助手となる。一九三八年、『聖約』を創刊。畔上賢造の死去にともない翌年から一九四二年まで『畔上賢造著作集』（全一二巻）の編纂に従事。戦時中、愛媛県に一時疎開のほか、伝道生活を継続。（『藤本正高著作集』全五巻、同刊行会、一九六八―六九）

別所梅之助　べっしょ うめのすけ

伝道者。一八七二―一九四五。東京出身。一八八三年、東京英語学校に入学。一八八七年、神田の美以教会で石坂亀治牧師から受洗。翌年、東京英和学校（のち青山学院）英語神学科に入学。一八九二年、同校を卒業し豊橋美以教会に牧師として赴任。一八九七年、『護教』の記者となる。一九〇一年、青山学院教員となる。同年九月から『聖書之研究』に聖書の植物に関し二十数回にわたり連載。一九一〇年夏、内村鑑三に戦場ヶ原を勧められたこともあって日光に行く。九月四日、内村と会う（『霧の王国へ』警醒社書店、一九一七）。日露戦争中の一九〇四年五月一二日、内村から「戦時に於ける非戦論者は至て閑暇に候」と記した手紙を受け取る。日本語新約聖書のいわゆる「大正改訳」（一九一七）に委員として寄与。

ベル　Bell, David C.

実業家。一八四一―一九三〇。内村鑑三はアメリカ滞在中、ペンシルヴァニア知的障碍児養護院院長カーリン（Kerlin, Isaac N.）に伴われてワシントンで開催された全米慈善矯正大会に出席。その途中、たまたま鉄道馬車のなかでベルに出会う。ベルは篤信の実業家であり、内村の帰国後、長期にわたり内村と文通を続けた。一九二一年九月、息子のチャールズ（Charles）とともに来日。一〇日間滞在し内村と再会した。内村のベル宛書簡のほとんどがベルの手元に保存されていて、そこには他には見られない内村の心情の吐露が見られる（『内村鑑三全集』に収録）。

ホイットニー Whitney, Willis N.

医師。一八五五―一九一八。アメリカ人。森有礼に招かれ、商法講習所（のち一橋大学）の講師として赴任する父のウィリアム（Whitney, William C.）とともに一家で一八七五年に来日。一家は赤坂の勝海舟の邸内に居住。東京医学校で学んだのちペンシルヴァニア大学で医学を修め、イギリスをへて一八八二年再来日。イギリスで知ったブレスウェイト（Braithwaite）家のメリーと結婚、同家がフレンド派のキリスト教の信仰者であったことから日本でもフレンド派の伝道に協力。翌年からアメリカ公使館の通訳に就く。ホイットニーは津田仙を介して内村を知り、留学を希望する内村には母校のペンシルヴァニア大学での医学の勉強を勧め、生理学を教えた。内村と浅田タケとの結婚式には妹のクララ（Clara）と共に出席している（クララ・ホイットニー著、一又民子ほか訳『クララの明治日記』上・下、講談社、一九七六）。一八八六年に赤坂病院を開院した。渡米後の内村はホイットニーの紹介で実業家のモリス（Moriss, Wister）を訪問する。（ブレスウエート編『ドクトル・ホイトニーの思ひ出』基督教書類会社、一九三〇。渋沢輝二郎『海舟とホイットニー』TBSブリタニカ、一九八一）

星野嘉助　ほしの　かすけ

旅館経営者。一九〇五―一九八二。本名嘉政。長野県出身。一九二四年、野沢中学校を卒業。三代目嘉助を襲名し家業の旅館業を手伝う。小諸の小山英助の紹介により、内村鑑三は一九二一年より同館の貸別荘を借りて夏を過ごすようになる。青年時代の一九二六年、内村を乗せて自動車を運転したところ、その運転を危惧した内村から一〇箇条からなる「成功の秘訣」を書いて渡された。そのなかの第三条には「急ぐべからず、自働車の如きも成るべく徐行すべし」と記されていた。このほか同温泉には「善遊善学」、「愛国禁酒」、「Dentistry is a work of love」、「星野遊学堂」などの書が残されていた。(星野嘉助『やまぼうし　星野温泉のあゆみ』一九七二)

星野鉄男　ほしの　てつお

医師。一八九〇―一九三一。群馬県出身。一九〇三年、群馬県立沼田中学校入学。一九〇九年、第二高等学校に入学し同校のキリスト教青年会忠愛倶楽部に加入。一九一二年、東京帝国大学医科大学に入学。翌年、内村聖書研究会に入会し白雨会に所属。在学中、病気により一年間休学し、九州の石井十次経営の孤児院付属農園で過ごす。一九一八年、同大学を卒業し内務省衛生局嘱託となる。一九二〇年、今井館付属聖書講堂で内村鑑三司式により大石みそのと結婚。一九二一年、東京帝国大学医学部助手に任ぜられ、翌年欧米に留学、一九二四年、金沢医科大学教授となり衛生学を担当。一九三〇年一月、病中の内村を上京して見舞う。内村は大喜びして迎えた。星野はこう記している。

『気の静かな者に手をおいて貰ふと快くなるから左の肩に手をおいてくれ』といはれるので一時間半程介抱致しました。十一時半に集会で短かく話しまた午後手をおいてあげますと非常によくなられ『手をおくといふことは偉いものだ、按手礼ではないな』などともいはれました。

翌月曜日の午後も再び見舞うと内村は次のように語った。

『君が来てくれた事は非常に有難かつた。私のためばかりではなく柏木の皆のためにも非常によかつた』

『君が来て静かに話すと尿量がまして来るから不思議だ』

『君時に来て集会を助けて呉れないか。往復の旅費を出すことは勿論だよ。一月に一度は来れないか』

『電報うつたらまた来て呉れ』

この二カ月後に内村は世を去るから最後の別れとなった。（村上賢三・木村与一編『星野鉄男』衛生文化思想普及会、一九三二）

本間俊平　ほんま しゅんぺい

社会事業家。一八七三—一九四八。新潟県出身。小学校を中退し福島県で大工を修業。一八九四年、上京し大倉土木組で働く。同社の奥江清之助の影響を受け、一八九七年、霊南坂教会で留岡幸助から受洗。一九〇三年、山口県秋吉に移り大理石の発掘に従事。従業員として保護育成の必要のある少年達を採用した。内村鑑三の『聖書之研究』は創刊以来の読者で八六号（一九〇七年四月）、八八号（同六月）、八九号（同七月）には感想を寄せている。本間の著書『回顧』（一九二二）には次の内村の手紙（封筒なし、年不明）が収められている（『内村鑑三全集』未収録）。

拝啓、御書正に拝読、御心痛の程、深く御推察申上候、小生は未だ此試練丈けには遭遇仕らず候ゑ共、其何たる乎は略ぼ察しられ候、然かし之にも勝つて余りあるの能力(ちから)の主に存することも能く分かり候、

茲に小生が非常に苦しみし時に小生を慰めし聖書の一節を貴兄に呈し候、

　我、彼（我即ち神を愛する者）を誘ひて荒野(あれの)（心淋しき慰めなき所）に導き出し、其(そ)処(こ)に彼の心を慰めん（何西亜(ホゼア)書二章十四節）。

神の慰めは荒野に出ざれば受けられず候、

先日は御送りの原稿□□に保存致せし積りの処、多くの書類の中にマギレて只今見当り不申、偏に御免し被下たく候　　匆々

五月十二日

内村鑑三

本間俊平様

文中に記されている内村の未だ遭遇してない試練は、本間の長男の死（一九〇〇年五月一日）、あるいは相川勝治による本間の妻への傷害事件（一九〇五年一〇月二九日）かもしれない。

本間は、内村の娘ルツの死去（一九一二年一月一二日）に際し秋吉台産の石の墓碑を贈った。この墓碑は現在も多磨霊園の内村家墓地に建立されている。

なお、本間の前述の『回顧』（一九二三年一〇月八日刊）には「師友の熱禱を通じて与へられたる聖言集」として内村の右に引用した書簡に記されたホセア書の部分が収録されている。

これは本間の別の著書『私の宗教』（一九二三年一二月刊）のなかで右の聖句をふくむホセア書二章一四節を掲げた文章「荒野に慰藉あり」にも収められ「私が十五年来の愛唱句であります」と記されている。

前田多門　まえだ　たもん

官僚、政治家。一八八四―一九六二。大阪出身。ただし、まもなく東京に移転。幼時、父に連れられ京橋会堂で「不敬事件」後の内村鑑三の話を聞く。立教中学校五年の時、聖公会の教会で受洗。一九〇一年一二月の鉱毒地視察修学旅行団に参加し、現地で内村の演説を聴き、内村の「諸君、ヒューマニチーとはこの事ですよ、ヒューマニチーとは此事ですよ」と叫ぶ声に強い印象を受ける。一九〇五年、第一高等学校をへて東京帝国大学法科大学に入学。第一高等学校校長新渡戸稲造の読書会に参加。同会の黒木三次の紹介ではじめて内村を訪問し「日本はこれからデモクラシーで行かなくては駄目である。ピラミッドを逆さに置いて安定感があるか」との話に接し驚く。デモクラシーという言葉は当時禁句だったという。まもなく同会会員の多くとともに内村鑑三の聖書研究会に入会し内村から柏会と命名される。一九〇九年、大学を卒業し内務省に入省。翌年、群馬県利根郡郡長赴任時に内村に現地の小学校校長らを対象とした講演を依頼。その後、神奈川県三浦郡郡長、岡山県理事官、長崎県理事官をへて内務省に戻る。一九二〇年、東京市助役。さらにジュネーヴの国際連盟に赴任。一九二六年に帰国し『東京朝日新聞』論説委員。一九三八年、ニューヨーク日本文化館館長となるが日米開戦により帰国。一九四三年、新潟県知事。一九四五年二月、貴族院議員。同年八月、文部大臣に就任、翌年一月一日のいわゆる天皇の「人間宣言」の草案を作成。しかし翌年一月、公職追放。一九五〇年、追放解除後、日本育英会会長、日本ユネスコ国内委員会会長などを歴任。（前田多門「内村先生と私」『内村鑑三著作集』二一、月報、一九五四。『前田多門　その文、その人』前田多門刊行会、一九六三）

政池仁　まさいけ　じん

伝道者。一九〇〇―一九八五。愛知県出身。一九二二年、第四高等学校を卒業し東京帝国大学理学部化学科入学。病気療養ののち一九二三年一〇月、内村聖書研究会に入会。翌年夏、内村に託されて横山喜之とともに山形県小国で伝道。一九二六年、同大学を卒業し大学院で研究を続けるとともに農林省水産講習所講師をつとめる。当時内村聖書研究会で会員証を改める受付係の時、内村自身にも会員証の提示を求めたとされ、その性格をよく語る話になっている。一九二八年静岡高等学校化学科教授に就任。一九三三年、満州事変を批判し校長より辞職を求められ退職。同年上京し伝道生活を始め、『聖書の農村』を創刊（同誌はのち『聖書の日本』と改題）。一九三六年『基督教平和論』を刊行するが出版法違反となり発売禁止、『聖書の日本』も一九四四年に休刊。朝鮮に関しては早くから独立論を展開した。戦後の一九五三年、『内村鑑三伝』を刊行、一九七七年同書は「再増補改訂新版」を出すに到る（筆者も協力）。自宅で開始した聖書集会は政池聖書集会と呼ばれ、一九八〇年引退するまで継続された。（『みめぐみに応へまつりて――政池仁先生追悼文集』キリスト教図書出版社、一九八六）

正宗白鳥　まさむね　はくちょう

文学者。一八七九—一九六二。岡山県出身。少年時代に雑誌『国民之友』を愛読、内村鑑三の名前を知る。特に「何故に大文学は出ざる乎」、「如何にして大文学を得ん乎」に感銘した。あわせて内村の著書『基督信徒の慰』、『求安録』、『地理学考』に親しむ。一八九六年に東京専門学校に入学するが、同校で習う学科よりも内村にひかれたという。最初の夏休みに帰郷の途次、静岡県興津で開催された第八回基督教青年会夏期学校に出席する。同会合で内村は「カーライル」につき五回の講演をした。翌一八九七年、白鳥は植村正久から受洗はするが、「内村一辺倒」だったという。一八九七年に渋谷の私宅に内村を訪問、さらに翌年には神田の基督教青年会館で行われた内村の「月曜講演」を聴講した。同年夏葉山で開催された第一〇回基督教青年会夏期学校にも出席。このように「内村一辺倒」の青春を過ごしたのだが、『東京独立雑誌』廃刊のころより距離をおき始める。内村が校長を勤めていた女子独立学校をめぐる教頭とのトラブルが影響したかもしれない。

こうして内村とは距離をとりはじめた白鳥であったが、戦後の一九四九年から雑誌に内村鑑三について連載を開始、やがて『内村鑑三』(細川書店、一九四九)と題した書物を「如何に生くべきか」の副題を付して刊行した。この晩年の内村に対する新たな関心は、青年時代と同じではなかった。再臨運動を唱えたり来世を語る内村に、みずからの関心を重ね合わせた面がある。晩年の白鳥の文章のなかで今でも記憶に強く残っているエッセーは、ホテルに宿泊したところ、そこに聖書がなくて淋しがっている姿を述べたものである。

益富政助　ますとみ　まさすけ

キリスト教青年会主事。一八七八―一九七六。熊本県出身。一八九七年、長崎の東山学院に入学。一八九九年、長崎教会で瀬川浅牧師から受洗。一九〇一年夏に開催された内村鑑三の第二回夏期講談会に参加。キリスト教青年会の夏期学校から続いて本夏期学校に参加、内村とともに「起臥飲食」を共にし後者の「平民性」に驚く。明治学院神学部に学んだのち、東京基督教青年会に主事として勤務。一九〇八年、鉄道（のち基督教）青年会を山本邦之助とともに創立。あわせて廃娼運動、禁酒運動にも尽くした。

松野菊太郎　まつの　きくたろう

伝道者。一八六八―一九五二。甲斐国出身。一八八五年、東京商業学校に入学。一八八八年、同校を退学しアメリカに渡る。サンフランシスコの福音会（責任者M・C・ハリス）に居住。翌年、回心を経験し同地のメソジスト教会でハリスから受洗。ハワイで伝道の間に受按。一八九四年、帰国し笹尾鉄三郎、河辺貞吉らと「小さき群」を結成し伝道。甲府、ニューヨークなどで伝道後、一九〇七年、麻布クリスチャン教会の牧師に就任。一九一〇年、同教派の年会議長に選出。一九二三年の日本基督教連盟成立のため内村鑑三にも加盟を勧めたが「教会や教派は何うでもよくあります。ただキリストに由りて救いを得れば宜しいのです」との返事を受け取る（『松野菊太郎』同伝刊行会、一九五九）。一九二四年、排日移民法反対運動に際し、内村を単に利用していたとみられる植村正久よりも内村の態度を支持した。内村も同年一〇月二二日の日記に「教会内にも斯かる親切なる兄弟」と記し松野に感謝している（全集三四）。松野の著書『基督教梗概』（愛育社、一九四九）の冒頭には、内村が若き日の聖書に記した「墓碑銘」の文章が、内村自身の手により改めて書き直され掲載されている。それには「Oct.18.1924」とあり、松野の書物のために書かれたものとみたい。

松原新之助　まつばら しんのすけ

水産学者。一八五三―一九一六。松江出身。東京医学校で生物学を学ぶ。駒場農学校で生物学を教えるとともに農商務省の御用掛となる。二年間のドイツ留学後も農商務省技師となっているから、札幌から帰京した内村の同省での先輩にあたる。内村は一八八三年二月に生物学会に入会し、その日東京大学で開催された東京生物学会で松原の講演を聴いている。松原はのちに水産講習所の設立に与り、やがて同講習所の所長にも就任するから、アメリカから帰国後の内村が同所の教員としての就職にも関係したであろう。

松前重義　まつまえ しげよし

教育者。一九〇一―九一。熊本県出身。一九一九年、熊本高等工業学校入学。一九二二年、東北帝国大学工学部入学。一九二五年、同大学卒業。逓信省に技官として入省。小学校教員吉川良弘に誘われて内村鑑三聖書研究会に出席。内村の小冊子『デンマルク国の話』、『後世への最大遺物』から大きな影響を受ける。一九二五年、教育事業に関心を抱き自宅で私塾教育研究会を始める。一九三一年、同所で聖書研究会を開始、山本泰次郎が一時講師を務めた。専門分野では、長距離間の電信電話用ケーブルを開発、内村の無教会主義に示唆を受けたとされる。しかし、何よりも内村から受けた大きな影響を次のように語っている。

先生が私に与えた影響の最大なるものは何と言っても悩める私の魂の救いであった。私的生活における人生の苦悩、懸崖にさしかかった危い人生の足どりを救ったものは先生であった。先生の「私は如何にしてキリスト信徒となりしか」と「ロマ書の研究」等は私の限りない苦しみを癒やすこよなき良薬であった。それは先生御自身の苦しい体験による、血の出るような悩みの所産としての先生の深い信仰が私の魂を打ったからであると思う。（「生ける内村先生」、『現代に生きる内村鑑三』教文館、一九六六）

一九三三年から約一年間ヨーロッパに留学。一九三七年、三鷹で望星学塾を始め、毎日曜日に聖書集会および講演会を開催。この「望星」という言葉のもとになっている文章は、カーライルの「汝の車を星につなげ」であり、内村が好んで何度も用いていた言句である。一九四一年、逓信省工務局長に就く。しかし一九四四年、東条内閣倒閣運動に関与したことで二等兵として懲罰召集を受けマニラ、サイゴンを転戦。一九四五年五月に召集解除。戦後の一九四五年八月東久邇内閣の逓信院総裁。一九四六年、東海大学を静岡県清水に設立。一九四七年、公職追放される。この間、東海大学学長は同じ内村聖書研究会員であった浜田成徳がつとめる。一九五一年に追放解除となり翌年東海大学学長に就く。ならびに熊本から社会党衆議院議員に当選。一九五五年、東海大学は清水から東京に移転。一九六七年、同大学総長。一九七六年、新しい日本を考える会会長、一九八三年、世界連邦建設同盟会長などを歴任。（松前重義『わが昭和史』朝日新聞社、一九八七）

松村介石　まつむら　かいせき

伝道者。一八五九—一九三九。明石出身。少年時代、神戸で宣教師に聖書と英語を学習。一八七六年、横浜に出てバラ学校に入学し住吉町教会で受洗。のち東京一致神学校をへてキリスト教新聞、雑誌の記者となる。山形英学校教師のあと内村鑑三の辞職後の北越学館教師となる。一八九一年、同校を辞し上京、神田の基督教青年会館の講師となる。一八九八年、ともに講師として出席した基督教青年会夏期学校の懇談会において、松村は内村を賞める一方「惜しいことには、此人物には人を容るるの寛大なる度量がなく、所謂局量豆の如く小さい」と評した。これに対し同席していた内村は、松村に対して「平素清濁併せ呑むと口癖のように云つて、寛大な雅量を誇つているが、実は清の方はゼロで、濁だけを大量に呑んで得々として居る」と逆襲した（新潮社版『正宗白鳥全集』一三）。一九〇七年、「信神、修徳、愛隣、永生」を掲げて日本教会を組織。翌年、機関誌『道』を創刊し、会名も道会と改めた。その『道』のなかで一九一三年、処女降誕や贖罪の教義にこだわる内村の信仰を批判。しかし、内村の再臨運動期の東京基督教青年会館問題では植村正久、小崎弘道による排斥を予言した。

後年、松村は、内村、田村直臣とともに三村会を開きたがいに交流を重ねた。

松本英子　まつもと えいこ

新聞記者、詩人。一八六六―一九二八。本名ゑい。上総出身。一八七二年、一家は東京の津田仙宅に寄寓。一八七四年、津田仙の創立した救世学校（のち海岸女学校）に入学。一八八三年、宣教師デヴィソン（Davison, John C.）のもとで賛美歌の翻訳に従う。一八八五年、女子高等師範学校に入学。一八九〇年同校を卒業、一八九二年、外務省職員家永豊吉（一八八四年に内村鑑三とともに渡米）と結婚。しかし一八九三年離婚。一九〇一年、毎日新聞社に記者として入社。特に足尾鉱山鉱毒被災地を取材して同紙に「鉱毒地の惨状」を連載（一九〇二年に教文館から刊行）。被害地農民の問題を内村鑑三に訴える書簡を送り、まもなく記者を辞任。一九〇二年渡米。一九〇六年、保険業者永井元とサンフランシスコで結婚。第一次世界大戦後は非戦論を主張。一九二八年死去。一九二九年、『永井ゑい子詩文』(秀英社)刊。(府馬清『松本英子の生涯』昭和図書出版、一九八二、永田圭介『あまつしみづ　異能の改革者永井英子の生涯』教文館、二〇一八)

松本重治　まつもと しげはる

ジャーナリスト。一八九九―一九八九。大阪出身。母光子は松方正義の子。一九一七年、県立神戸中学校をへて第一高等学校入学。黒木三次の紹介で内村聖書研究会に出席、会場は東京基督教青年会館から丸の内の大日本私立衛生会館にかけての時代というから一九一九年前後である。「〝信仰の人〟内村」に強い影響を受けたという。一九二〇年、東京帝国大学法学部に入学。一九二三年、同大学を卒業、友人の黒木三次、さらに高木八尺と相談しアメリカに留学。両人とも内村聖書研究会会員だった。翌年、イェール大学に入学。アメリカでは鶴見祐輔と出会う。一九二六年、パリ滞在中の一九二六年、ＩＬＯ会議日本代表前田多門の通訳としてジュネーヴに赴く。鶴見も前田も同じく内村聖書研究会会員。一九二七年に帰国し高木八尺教授のもとで東京帝国大学法学部助手となる。一九二九年、京都で開催された第三回太平洋会議に出席し新渡戸稲造および岩永祐吉を知る。岩永もまた長与善郎の兄弟でともに内村聖書研究会会員だった。これが縁で岩永が専務理事をつとめる日本新聞連合社（のちの同盟通信社）に一九三二年に入社。以後、日中間にあって活躍して敗戦後は国際文化会館設立のため尽力した。（『聞書・わが心の自叙伝』講談社、一九九二。開米潤『松本重治伝　最後のリベラリスト』藤原書店、二〇〇九）

三島弥太郎　みしま　やたろう

銀行家。一八六七―一九一九。薩摩出身。父は福島事件当時の福島県令三島通庸。有馬学校、攻玉社をへて一八八三年、駒場農学校に入学。一八八四年、官費生としてアメリカに留学、一八八五年、マサチューセッツ農科大学アマスト校入学。翌年二月、地元の軍人から内村鑑三とともに夕食の招待を受ける。一八八七年、同地のアマスト大学の卒業を迎えた内村鑑三に卒業式用の和服を貸す。同年八月、アマスト在住日本人学生内村ら七人と記念写真。一八八八年、帰国し北海道庁技師補に就く。翌年から一八九二年までふたたびアメリカおよびヨーロッパに渡る。一八九七年、貴族院議員、一九一一年、横浜正金銀行頭取、一九一三年、日本銀行総裁（三島義温『三島弥太郎の手紙』学生社、一九九四）。一九一九年、三島の訃報を知った内村は、日記（三月八日）に次のような当時の回想を記した。

新聞紙は子爵三島弥太郎君の逝去を伝ふ、余の君を知りしは幼年時代に於て有馬学校に於て、又留学時代に於て米国アマストに於てゞある。余がアマスト卒業の日に礼服なきが故に君の最上等の日本服を借りて式を済ませしは今より三十一年前である、其後君との交際は全く絶え、君は日本銀行総裁として余はキリストの福音の宣伝者として各自人生の全く異なりたる径路を歩んだ、「一たび死ぬる事と死して審判を受くる事とは人に定まれる事なり」、死と審判、之を思ふて位階も勲章もあつたものではない、人生の暫時の微動を終れば人は皆な尽く平等である、神の平民である。(全集三三)右に引用されている聖句は新約聖書ヘブル書九章二七節の言葉である。

三谷隆信　みたに　たかのぶ

官僚。一八九二―一九八五。神奈川県出身。兄は隆正、姉は民子。幼時、母に連れられて芝教会に出席。一九〇五年、京都府立第四中学校に入学し「不敬事件」を起こした教員として内村鑑三の名を初めて知る。一九一〇年、第一高等学校入学。校長は新渡戸稲造、寮で矢内原忠雄と同室になり、まもなく共に内村鑑三の聖書研究会に出席する。一九一三年、東京帝国大学に入学。四年後に卒業し内務省に就職。一九一九年には広島県沼隈郡郡長に就くが翌年外務省条約局に転任。一九四〇年にスイス大使、一九四二年にフランス大使をつとめ一九四六年退官。のち学習院次長に就任、やがて昭和天皇の侍従長に就く。「内村先生を知るの鍵」は、頭脳でなく真理を求める「ハート」とする。(『内村鑑三全集』二一、月報、一九三三。三谷隆信『回顧録』中央公論新社、一九九九)

三谷隆正　みたに　たかまさ

教育者。一八八九―一九四四。神奈川県出身。姉の三谷民子（のち女子学院院長）はキリスト教信徒であった。隆信は弟。明治学院をへて一九〇六年、第一高等学校に入学。校長新渡戸稲造の読書会に参加、同会の高木八尺らとともに一九〇九年、内村鑑三の聖書研究会に参加、柏会の年少組に所属した。内村からは信仰、新渡戸からは人格を教えられたという。一九一〇年、東京帝国大学法科大学に入学するが病気により一年間休学し、一九一五年卒業。同年、岡山の第六高等学校教授として赴任。在職中、内村に依頼されて『聖書之研究』二七五号（一九二三年六月）に「カントの有神論」を寄稿。内村から賞賛された。以後同誌に「智識と信仰」、「神の国の観念について」、「アウグスチヌスの肉体観」を発表。あわせて内村主筆の *The Japan Christian Intelligencer* にも英文一二編を寄せる。一九二六年三月、第六高等学校を辞し東京に転居。同年四月、『信仰の論理』（岩波書店）を刊行。一九二三年、第一高等学校講師となり法制およびドイツ語を担当。翌年同校教授。高潔な人格は学生から慕われ、作家長谷川伸による生母（隆正の母）との対面を温かく設定した話も知られている。

三谷民子　みたに　たみこ

教育者。一八七三―一九四五。京都府出身。隆正、隆信は弟。一八八〇年、一家で上京。

桜井女学校在学中の一八八四年、牛込教会で受洗。一九〇〇年に、女子学院（前年桜井女学校と新栄女学校が合併）卒業。新潟県の高田女学校、群馬県の前橋女学校教員をへて、一八九六年、女子学院教員になる。一九〇七、八年、アメリカおよびイギリスに留学。一九二一年ころから内村聖書研究会の会員となる。一九二三年、今井館付属聖書講堂改築のため、一時、内村の聖書研究会会場が女子学院に移された。そのとき二人の間には次のような歌が交わされた。

　思ひきや狸の巣なる番町の
　　小春の庭に花咲かんとは　カン三
　花咲かす爺のくどくに狸ども
　　小春の庭に腹つづみかな　民子
（三谷民子「歌の文通」『内村鑑三全集』五、月報、一九三二）

一九二七年、女子学院院長に就く。（『三谷民子　生涯・思い出・遺墨』女子学院同窓会、一九九一）

湊謙治　みなと　けんじ

医師。一八八八―一九六一。兵庫県出身。少年時代、自宅の書生をしていた青年が内村鑑三に傾倒していたことから内村の名前を知る。就学のため上京、一九〇六年九月、内村を訪ね聖書研究会の一員となる、一九〇七年、渡米し医学を学ぶ。五年後に帰国し明石で父の跡をつぎ湊病院の院長となる。院長時代の一九一三年と一九一五年の二回、自宅に内村を迎えた。しかし、同じころからニーチェの思想にひかれ、ついに一九一六年のクリスマスに上京して内村を訪ね、同年刊行したばかりの自作の小説『キリスト？　ニイチエ？』（警醒社書店）を手渡して別れた。これが内村との決別となる。湊は、キリストのみにより無教会主義のキリスト教を唱えた内村の信仰に共鳴、それを高く評価したのだが、ニーチェのキリストも含めた人間の思想の批判に接し、ついに内村のもとを去る。湊の四女によると猪突猛進の性格は内村鑑三門下から「いのしゝ」と称されたという。また、後年、自分の娘婿に渡したメモによると、ニーチェとともに内村のはたす自らの思想形成の役割を忘れていない。

他方、内村が湊のことをいつまでも気にしていたことは、同じ関西に住む入間田悌佶の次の話でもわかる。

私が先生に御目にかゝる度毎に、先生は必ずM氏のことを尋ねられました。そして十余年が経過した昭和五年二月、則ち先生御逝去の一ケ月前、私が先生の御病床を御見舞い申上げたときにも其の最後の御たづねを受けたのであります。（黒崎幸吉編『無教会基督者　入間田悌佶』聖泉会、一九四二）

（『信の内村鑑三と力のニイチエ』警醒社書店、一九一七。湊謙正・辻川月子編『一粒の麦』一九

六八）

宮川巳作　みやかわ　みさく

伝道者。一八七五―一九三二。長野県出身。一八九四年、明治学院神学部に入学。一八九八年、日本基督教会教師となり、一ノ関および桐生教会牧師。一九〇二年、『使徒保羅』（警醒社書店）を刊行。この頃、『聖書之研究』にも寄稿。一九〇二～〇七年の間、内村鑑三の推薦により札幌独立基督教会牧師に就任。一九一〇年、大連の日本基督教会、中央教会の牧師もつとめる。一九一七年に帰国。一九二〇年から一九二三年まで『基督教世界』を編集。

宮崎湖処子　みやざき　こしょし

文学者、伝道者。一八六四―一九二二。本名八百吉。筑前出身。一八八一年、福岡中学校卒業。一八八四年、東京専門学校に入学。一八八六年、牛込教会で和田英豊牧師から受洗。一八八七年、東京専門学校を卒業し翌年東京経済雑誌社に入社。一八九〇年、『国民之友』創刊にあたり編輯員となる。同年刊行した作品『帰省』により知られる。一時、日本基督教会の本郷森川町教会の牧師となるが、独立伝道に転じ文筆の世界で活躍。一九〇七年三月、『文章世界』二巻三号に「内村鑑三氏」を発表、内村の文章を植村正久と比較して次のように述べた。

内村氏の文、直情勁行、直ちに肺肝を披瀝して、鮮血淋漓なるが如き、植村氏と正反対を為せり。然して其の筆舌長大にして、文勢の壮快なること亦植村氏の繊細なるに反す。植村氏を医家の短刀、解剖に従ふに比せば、内村氏は武士に大刀を揮つて大敵を斬り殺すに擬すべし。然り而して内村氏に猶ほ一の特色あり、其造語の極めて斬新且つ雄勁なることなり、聞く氏は漢字の智識乏しきが為め、読書の際、新字を得る毎に手帳に録し、而して作文の際一一其の語録中より適切の文字を抉摘し来ると。正に是れ彫心鏤骨、良工の苦心思ふべし。宜なり其の文字に生気あるや。時に蕪雑の熟語ありといへども、其の蕪雑すら他の巧雅に有らざるところの生命を有てり。是れ氏の筆力大なる所以なり。

こう述べて、宮崎は内村の『求安録』中の「余は余の罪たるを知らざりし以前は」で始まる一節を引用している。

他方、内村は『聖書之研究』へ宮崎に寄稿を依頼、その結果、宮崎が八百吉名で寄せた「基督教大観」には次の言葉を付している。

宮崎君は『国民之友』以来の余の誌友なり、余は君の誠実を敬し、君の天才を愛す、君、近来意を聖書研究に注がれ、頃者余を訪はれ、此篇を寄せらる、余は茲に之を本誌の読者に紹介するの歓喜を有す（『聖書之研究』一一〇、全集一六）

宮崎は、この三カ月後の同誌一一二号にも「ヘブル書序論」を寄せた。

宮部金吾　みやべ　きんご

植物学者。一八六〇―一九五一。江戸出身。一八七四年、東京英語学校に入学し内村鑑三を知る。一八七七年、内村らとともに札幌農学校に第二期生として入学。入学にあたり内村、太田（新渡戸）稲造、岩崎行親と立行社の交わりを結ぶ。一八七七年六月二日、内村、太田らとともに宣教師ハリス（Harris, Merriman C.）から受洗。卒業時には内村、新渡戸の三人で札幌の公園偕楽園において「二つのＪ（Jesus と Japan）」に生涯を献げる誓いをした。一八八一年、札幌農学校を卒業すると同校の教官になるため東京大学で植物学の修学を命ぜられる。一八八三年以来、札幌農学校、以後、北海道帝国大学教授を務め、ハーヴァード大学に留学後、一九二七年退職。北海道大学付属植物園の開園に尽し、同園内に内村の作成したアワビの成長標本を保存。一九五一年死去。内村らと創設した札幌独立教会の維持、発展につとめ、内村を同教会の教務顧問役として遇した。（『宮部金吾』宮部博士記念出版刊行会、一九五三）

武者小路実篤　むしゃのこうじ　さねあつ

文学者。一八八五―一九七六。東京出身。一九〇二年、学習院中等学科在学中に志賀直

哉を知る。一九〇三年、高等科に進学。一九〇五年、志賀直哉とともに海老名弾正の本郷教会で行われた内村鑑三の講演「神の智慧と人の智慧」を聞く。その後志賀宛ての手紙のなかで「先日の内村サンの演舌は大変面白うございました、人の智慧のたのむべからずと云うのは殊に面白く囚人の話は殊に感じました」と書いた（『志賀直哉全集』別巻、一九七四）。また、次のようにも言っている。

志賀にすすめられて二度ほど内村さんの演説を聞いたが、これにはすっかり感激した。今までに内村さん以上の演説は聞いたことがないと思うほど感心した。よく人々を笑わせた。頭がよく皮肉がうまく、悪口の名人でもあり、はげしい性質がそのまま火のような言葉になってあふれ出て来た。志賀から聞いたのだと思うが、内村さんは講演する前にはだれにもあわず、気がちることのないように注意していたと聞いているが、そのくらいの用意があって、あのような講演ができるのだと思うほど精神がこもっていた。

（『自分の歩いた道』読売新聞社、一九五六）

後年、内村の演説などについて「僕が聞いた演説では内村さん程、熱のある内容の充実した演説を聞いたことはない。一度聞けば忘れられない印象を残す」。また内村の『聖書之研究』は毎号購読。巻頭に掲げられた文章をはじめ『後世への最大遺物』、『愛吟』など愛読したという（鈴木俊郎編『回想の内村鑑三』岩波書店、一九六三）。

武者小路は、一九〇六年、東京帝国大学文科大学哲学科社会学専修に入学するが翌年中途退学。一九〇八年、『荒野』を自費出版。一九一〇年、有島武郎、志賀直哉、柳宗悦らと『白樺』を創刊。一九一八年、宮崎県に「新しき村」を設けた。

一九二一年、加藤一夫は『新小説』三月号において、「武者小路実篤君の人及び事業」と題した文章を寄せた。そのなかで内村と武者小路の類似点につき次のように言及した。

内村鑑三先生の門下には多くの俊秀が集まつたにも拘らず、殆どの凡ての俊才は先生を捨て去つた。前号に於いて沖野君はそれを内村先生の秋霜烈日的な性格に帰して居た様だつたが、私の見るところでは寧ろ、内村先生の自我が余りに多く表れすぎて、凡ての人物を内村式に変形せしめずんば止まない――内村先生自身はこれを意識してやるのではないが――ところに人格的暴虐があるからに過ぎない。そしてそれがこの武者小路君にもある。

内村は、前号につづき、この記事も読み、日記にこう記した。

加藤君を初めとして其他多くの俊才文星が余を捨去つた主なる理由が余の「人格的暴虐」に在つたとすれば、余は諸君に対して深き同情に堪へない。(全集三三)

武藤長蔵　むとう　ちょうぞう

交通学者。一八八一―一九四二。愛知県出身。一八九七年、名古屋市立名古屋商業学校を卒業。翌年七月、東京高等商業学校入学。在学中の一九〇〇年夏に開催された内村の第

一回夏期講談会に参加。一九〇三年、東京高等商業学校を卒業し専攻部に入学。一九〇五年、同部卒業。同年九月上海東亜同文書院教員嘱託。一九〇七年一月、長崎高等商業学校教授。一九一一年九月から三年間、アメリカ、イギリス、ドイツに留学。長崎高等商業学校の名物教授として知られ「脱線講義」による強い印象を生徒に与えた。学問範囲はきわめて広く、経済学史、日英交渉史をはじめ、長崎学、日蘭交渉史、シーボルト研究などにおいて、その考証学的な分野における精密さと執念は名高い。そのために万余の資料を収集し家計を困らせたとされる。授業では旧約聖書「伝道之書」による「日の下には新しき者あらざるなり」を引用して歴史学の重要性を説いた。一九三六年、長崎高等商業学校教授を依願免官。翌年四月『日英交通史之研究』(内外出版印刷)刊行。蔵書は母校に寄贈された。『武藤文庫主要稀書、資料およびその解説』(長崎大学、一九四五)には「博士は清廉にして純潔、権勢に媚びず、威武に屈せず、常に正論を吐露され、他面においてはヒューマニストであり、在職中三年半にわたり英国、米国、独国に留学され外国通で恰も国際人であった。(中略)蓋し、その青年時代、内村鑑三先生の門に学んで感化を受け、又アーノルド・トインビーを敬慕し、ゲーテ、シラーを深く愛好したことにもよるであろう」と記されている。

村田勤　むらた　つとむ

キリスト教史学者。一八六六―一九二一。伊勢出身。同志社に学び、一八八四年、ラーネッド（Learned, Dwight W.）より受洗。五年間の伝道後、アメリカに渡りイエール大学に学ぶ。留学中の一九〇二年六月、七歳の長男の訃報に接する。同年一〇月「愛児の永眠を聞て」を『聖書之研究』二六号に寄稿。同文末に内村は次の付言を記した。

主に在て眠る者は幸なるかな、主に在て死別は更に近くなる事なり、友人村田君は愛児を失て返て彼を得たり、人は死して始めて霊たるを得るなり、而して霊たるを得て彼は始めて時と空間との制限に勝つを得るなり、死は自由に入るの門なり、嗚呼喜ばしきかな。

一九一二年、内村の娘ルツの訃報に接した村田は内村に書状を出したと思われ、その返事のなかで内村は右の村田の文章につき次のように記している。

実は先日娘病気危篤に陥り候際雑誌旧号を繰返し居り候所、フト貴兄が米国より御寄送に相成り候処の御愛児御永眠に関する御論文に眼を触れ、我が今日を記せる記事である乎の如き感を以て拝読仕候（二月一二日書簡）。

村田はその後、宗教改革史およびルターの研究者となる。のち、再臨運動期に内村と警醒社書店との間に起ったトラブルの調停をはかる。また村田編『我が子の思出』（警醒社書店、一九二五）には内村の娘ルツに関する文章も収録されている。

室賀文武　むろが　ふみたけ

聖書販売人。一八六九―一九四九。俳号春城。山口県出身。芥川龍之介の父の経営する乳牛業耕牧舎に勤めた。政治家志望の挫折後、米国聖書協会の聖書販売人になるとともに内村鑑三の聖書研究会会員になる。芥川とはその第一高等学校学生のとき再会し芥川に聖書および内村鑑三の著書を勧めた。また俳句にも親しみ第一句集『春城句集』(警醒社書店、一九二二)には芥川が序文を寄せ、そのなかで「室賀君はこの心の餓に迫られて、久しい以前に基督教の信仰を求めた。さうして今は内村鑑三氏の門下にある信徒の一人となつてゐる」と記している。『第二春城句集』(向山堂書房、一九三五)には、一九三〇年作として次の句が収められている。

献恩師内村鑑三先生之霊
花の上の白雲の上の天青し

森知幾　もり　ちき

評論家。一八六四―一九一四。佐渡出身。父の死により母の実家森家で養われ森の姓を継ぐ。一八八五年、東京物理学校に入学。一年後、帰郷し役場に就職。一八八九年、大日本水産会水産伝習所に入学。同伝習所教師の内村鑑三に水産動物学を習う。翌年同伝習所卒業に際し内村とともに撮られた卒業記念写真がある。一八九〇年、佐渡に関する内村の談話を筆記し、「米国理学士内村鑑三氏佐渡ニ関シテノ口演」と題し佐渡の雑誌『北溟雑誌』に掲載。同年帰郷し佐渡水産試験場助手に就く。『北溟雑誌』編集にも従事。一八九五年、相川町長に当選(一八九八年辞職)。一八九七年、『佐渡新聞』を主幹として創刊。内村は一九〇〇年一月一日に同紙に「新年に際して佐渡人士に告ぐ」を寄稿。一九〇〇年五月には森は「『後世への最大遺物』を読む」を社説に掲載。一九〇一年一月一日にも内村は同紙に「佐渡の新天地」を寄稿。以後も同紙は内村の文章をたびたび掲載した。一九〇二年、森は相川町長に再選されるが翌年郡会議員選挙に立候補して辞職。一九一四年一月、相川町会議員に当選するが、五月四日に病死。自由民権運動家として活動するとともに島内の水産業の振興につとめた。また、被差別部落の児童のための明治学校の設立をはじめ経済的困窮者の児童教育に尽力。内村は森に「佐渡の内村」を期待したともみられている。(松本健一「佐渡コンミューン論序説」「田岡嶺雲と森知幾」『孤島コンミューン論』現代評論社、一九七二。森三郎『森知幾　思想と実践の軌跡』一九七九。森幾『森知幾　地方自治・分権の先駆』私家版、一九八八。同『佐渡の自治国　森知幾と明治の群像』私家版、一九九四)

モリス　Morris, Wister

アメリカの実業家。一八一七―九一。ペンシルヴァニア州フィラデルフィアに在住。鉄道会社を経営。内村にエルウィンの施設を紹介した。フレンド派の信徒として内村および新渡戸稲造を招き、同派の会合で講演。これが機縁となりフレンド派は一八八五年にコサンド（Cosand, Joseph）を日本に派遣する。内村の滞米中の生活をはじめ帰国の旅費を援助。一八九〇年にモリスは夫妻で来日、腸チフスで入院中の内村を見舞う。のちにモリスの訃報に接した内村は「ウィスター、モリス氏に関する余の回顧」（『基督教新聞』四一三、一八九一年六月二六日）を著すとともに一九一五年四月には茨城県那珂湊で開催された友会第二〇回大会に出席「モーリス氏記念講演」などを行った。その中で日露戦争時の非戦論には友会の影響を認めている。

森戸辰男　もりと　たつお

経済学者。一八八八—一九八四。広島県出身。福山中学校三年のとき受洗。一九〇七年、第一高等学校に入学。校長新渡戸稲造から大きな影響を受ける。弁論部員として内村鑑三、海老名弾正、山室軍平らの話し方をモデルに練習する。その内村については「独立教会の内村先生の教会を訪れて教えを受けたこともあります」として新渡戸とくらべ次のように語っている。

　内村先生の無教会主義には賛成できませんでした。内村先生は稀れににみるすぐれた、そして強いキリスト者、私は深い尊敬は覚えましたが、先生の信念をそのまま強烈に押しつけられるような感じがして、その点で私はついていけませんでした。それと反対に新渡戸先生のほうは、もっと自由で、自分の信仰を強要することなく、寛容な態度でキリスト教精神に接することができました。内村先生を名薬にたとえるなら、新渡戸先生は日光とか水とかいうような存在で、日頃は意識もしないのに、いつしか魂の形成にとってこの上なく深い影響と感化を及ぼされたようです。私は新渡戸先生から、狭い意味でのキリスト教の信仰よりも、もっと広く深い人格的な感化を受けたと思うのです。
(『思想の遍歴　下』春秋社、一九七五)

一九一〇年、東京帝国大学法科大学経済学科に入学。一九一四年、同大学を卒業し助手をへて一九一六年に経済学科助教授。一九二〇年、同学科は経済学部として独立するが同年『経済学研究』に発表した「クロポトキンの社会思想の研究」により休職となる。摘発され、朝憲紊乱罪により禁錮三カ月の判決を受ける。出獄後、大原社会問題研究所研究員となる。太平洋戦争後、一九四六年に社会党衆議院議員。一九四七〜四八年に文部大臣、一九五〇年に広島大学学長に就く。一九六六年、中央教育審議会会長として「期待される人間像」を発表した。(『思想の遍歴』上下、春秋社、一九七二／七五)

森本慶三　もりもと　けいぞう
実業家。一八七五—一九六四。岡山県出身。一八九四年、京都府立第一中学校を卒業、近江および郷里で製糸業に従事。一八九九年ごろから『東京独立雑誌』を読み始めるとともに内村鑑三の『求安録』に感動、一九〇〇年春、上京して内村が東京独立雑誌社の社員に行っていたカーライルの『サーター・レザータス』の講義を傍聴する。同年夏、角筈で開催された第一回夏期講談会に参加。この年、東京帝国大学農科大学に一度は入学を許可されるが体格検査で肺尖により入学を取り消され、一時郷里で療養。翌年改めて同大学選科に入学。しかし故郷で療養を続け、その間に開催された第二回夏期講談会に参加。その感動は『聖書之研究』一二号（一九〇一年八月二五日）に掲載された「感想録」の冒頭に収められた。翌年も参加し同様に感想を同誌に記している。やがて上京、当時内村の家庭で開かれていた聖書研究会を聴講。部屋の都合で定員は二五人に限定、二五人目をめぐり森本と高等商業学校生長崎渉は抽選の結果森本が許可を得る。まもなく長崎にも聴講の許可が出た。一九〇五年、大学を卒業して帰郷、香川県で農業技師として耕地整理などに従事。一九〇六年には父の病気で帰郷、一九一〇年には韓国併合の祝賀提灯行列を商工会議員として参加を要求されるが拒否した。翌一九一一年、長崎から帰途の内村の津山訪問を迎えた。一九一二年、父に代わり津山銀行取締役に就任。同年一〇月には内村の北海道行きに同行、同年秋津山で『聖書之研究』読者会を開催し内村を招き講演。一九二六年一月三日、内村を迎えて基督教図書館の開館式を行った。満州事変が始まると平和の福音を説き、寄稿した藤沢武義の雑誌『求道』は何度も発売禁止となる。「内村先生から私が受けたとうとき教えの一つは、聖書そのものの研究ということであります。無教会主義、非戦論、独立等々の思想や道徳上の教えも、とてもほかの人からは受けられないほどのありがたきものですが、これらの珠玉もせんじつめれば、その元はみな聖書という宝の山におさめられてあるものにほかなりません」という。戦後、津山基督教図書館学校（一九五〇）、科学教育博物館（一九六三）を開設。なお献体された内臓の一部が、みずから設けた科学教育博物館に標本として展示されている。（『森本慶三選集』全五巻、津山キリスト教学園、一九六六〜七一。『宝を天に積む』同上、一九六五）

八木一男　やぎ　かずお

教員。一八八五―一九六七。長崎県出身。一九〇五年、長崎県師範学校卒業。小学校教員を勤め一九一〇年に小学校校長に就任。内村鑑三の著書に親しみ、一九二一年、四歳の娘の死を契機に上京。内村聖書研究会に出席し関東学院中学部聖書科教員に就く。一九五三年に横須賀学院教員に転じる。一九五九年から一九六六年まで日本水上学校校長をつとめる。内村の聖書研究会の講演を、上京後の一九二二年から内村の死去の年である一九三〇年まで筆記し、内村の没後、斎藤宗次郎の主筆雑誌『基督信徒之友』に連載した。その一部を『内村鑑三日曜講演　八木一男筆記』と題し、キリスト教夜間講座出版部より一九六七年に刊行。内村の講演の多くは『聖書之研究』に掲載されているから重複する内容も多いが、「勇気と信仰」と題された一九二五年一一月二九日の筆記では、次のように内村の言葉に加えて所作まで記録されていて印象深い。

私が帰朝の際船中で、私のキリスト信者であることを知つて、米国人やカナダ人などが多くをる中で、私に向つて或米国人が曰ふには「君が米国留学中の費用は誰が払つたか」と。私は口で答へるのも嫌である程癪に障つたから、黙つて天を指したら（先生はその時あの腕を高くあげられて人さし指でもつて天井を指さゝれた――この時の有様は筆者にはどうしても忘れられない）皆非常に感心した。

八木重吉　やぎ　じゅうきち

詩人。一八九八―一九二七。東京出身。一九一二年、神奈川県立師範学校予科一年に入学。このころ日本メソヂスト鎌倉教会に通ったとされる。一九一七年、同師範学校本科を卒業し東京高等師範学校文科第三部英語科に入学。やがて北村透谷の著作を愛読し一九一八年六月にはその妻ミナを訪問。当時ミナは内村鑑三聖書研究会会員でマルタ組に属していた。また小石川福音教会のバイブルクラスに出席。翌一九一九年一月、駒込基督会の富永徳磨を訪ねる。富永は同月末の『神学評論』に「基督再臨説と基督教」を発表、前年から開始された内村らの再臨運動に異を唱えた。八木は同年三月二日、富永牧師から受洗。それにも拘わらず五月四日を最後に富永のもとを去る。東京高等師範学校の寮で同室だった村上要人によれば、当時二人で内村の講演会を聴講したとされる。一九二一年、東京高等師範学校を卒業し兵庫県御影師範学校に赴任。一九二五年、千葉県立東葛飾中学校へ転任。翌年、医師高田畊安により結核の診断を下され、同中学校最後の授業では、ただ「キリストの再来を信ず」とのみ言い残して去った。その詩作にはキリストおよび聖書中心と再臨信仰がしだいに深まりみせていくが、まもなく二九歳で死去。

矢内原忠雄　やないはら ただお

経済学者。一八九三―一九六一。愛媛県出身。神戸第一中学校（校長は内村鑑三と札幌農学校の同期生鶴崎久米一）をへて、一九一〇年、第一高等学校に入学（校長は新渡戸稲造）、二年次に内村鑑三の聖書研究会に入会し柏会の一員となる。入会して二、三カ月後の一九一一年一月、内村の娘ルツの葬儀に列席、内村の言葉に驚く。

まず柏木の今井館で行われた葬儀の後の挨拶において、内村は厳粛な声で「今日はルツ子の葬式ではなくて、彼女の結婚式である」と言い、矢内原に「之はただ事では無い」と感じさせた。ついで雑司ヶ谷墓地では埋葬にあたり土を高く掲げた内村が、かん高い声で「ルツ子さん万歳」と叫んだ。これにも「全身雷で打たれた様に」打ちのめされ「キリスト教を信じるといふ事は生やさしい事ではないぞ」との思いを強くたたき込まれた。

この後まもなく、矢内原は自身の父の死に出会う。矢内原はキリスト教も知らずに世を去った父の霊魂が気になり、思い切って内村を訪ねた。最初の訪問である。だが、矢内原の問いに対し、内村は、実は自分も娘の救いについては心配していてわからない、との返事をした。しかたなく帰ろうとする矢内原に向かって内村は次のように語った。

そういった問題は一生かからなければ解らない問題だ。何よりも、君自身の信仰をよく磨いて行くように。君自身の信仰生活が進んで行けば、そういう問題はいつか解ることなく解るものだ。

矢内原はのちに言う。内村は自分に多くのことを教えてくれたが、この「自分にも分らない」と言われたことが最大の教訓である(『銀杏のおちば』東京大学出版会、一九五三)。ルツの葬式のところで紹介したように、矢内原は内村の所作についても実にリアルに描写している。一九二七年のイザヤ書の講義において「牛はその主をしり、驢馬はそのあるじの厩をしる、されどイスラエルは知らず、わが民はさとらず!」と言うと内村は「床をお蹴りになった。その音がいまでも私の耳に残っている」(『内村鑑三とともに』下、東京大学出版会、一九六九)。

矢内原は一九一三年、第一高等学校を卒業し東京帝国大学法科大学に入学。一九一七年、同大学を卒業し住友総本店に入社し新居浜別子鉱業所に勤務。一九二〇年、国際連盟に赴任する新渡戸稲造の後任として東京帝国大学経済学部助教授に就き、欧米に留学。留守中に黒崎幸吉をはじめ新居浜の信仰仲間の手により『基督者の信仰』と題した小冊子が聖書研究社から刊行された。これに内村は序文を寄せ「君は近代人の所謂俊才の一人であって通則に従へば一度びは基督教を信じて早く既に之を捨去るべき人である。然るに君は未だ基督教を捨てず又捨つる傾向を示さず益々熱く之を信じ又之を他に説いて恥としない」と評価し強い期待を表明している。一九二三年帰国し教授。

一九三七年七月、日中戦争の勃発に関し「国家の理想」を『中央公論』に発表し批判。同年末、個人誌『通信』に掲げた記事により東京帝国大学を辞任。一九四五年、日本の敗戦により東京帝国大学教授に復職。同大学経済学部長、教養学部長、総長を歴任。

最後に、東京大学における講演のなかで、矢内原が内村について語った言葉を筆者は直接聞いたので付け加えておきたい。

私たちの師内村鑑三は講演を依頼に行くと「ふん、東京大学か!」と言って受け入れてくださいませんでした。内村先生には東京大学（第一高等中学校）には苦い思い出しかなかったのです。

山内権次郎　やまうち ごんじろう

社会主義者。一八七七?—一九〇七。横浜出身。『後世への最大遺物』を読んで角筈で開催された夏期講談会に出席。内村から西沢勇志智、倉橋惣三とともに「三幅対」と呼ばれた青年の一人。のちに内村の聖書研究会に熱心に出席した「角筈十二人組」の一人でもある。同講談会にも出席していた西沢勇志智の妹八重子と結婚するが、社会主義思想にひかれて内村のもとを去る。外務省の外郭団体である移民会社の社員になりメキシコに移民監督として赴任。しかしアメリカの太平洋岸において社会主義運動に従い、幸徳秋水とも親交を結ぶが一九〇七年一月現地で急死した。年齢は三〇歳だったという。遺された八重子は帰国して再び内村の聖書研究会に出席、内村はその帰国と信仰への復帰を歓迎した。（西沢八重子の項参照。幸徳秋水「嗚呼山内君」、日刊『平民新聞』七、一九〇七年一月二五日）

山県五十雄　やまがた　いそお

英文学者。一八六九―一九五九。近江出身。山県悌三郎の弟。内村鑑三が教員をしていた第一高等中学校に入学。卒業後、帝国大学文科大学英文科に学ぶ。兄悌三郎の出版事業を助けるとともに『小公子』などを翻訳刊行。一八九五年朝報社に入社、内村のもとで英文欄記者となる。一九〇一年に結成された理想団には黒岩涙香、内村鑑三、堺枯川（利彦）、幸徳秋水らとともに発起人の一人となる。山県によると、内村の入社により黒岩も変わり山県も変わった。内村を回想して受けた影響を次のように語っている。

私が長い一生を通して、格別成功はしなかったけれど、刑務所にも行かず、平凡ながら比較的安楽に平和に日を送り、善事もせぬ代りに悪事をしたこともなく、堕落もせず、友人に迷惑をかけず、社会にも迷惑をおよぼさなかったのは、大部分内村先生の与えられたよい感化によるもので、全く天恵と感謝している。（「内村先生の追憶」、『独立』一五、

一九五〇年五月一日）

その後、山県は、一九〇八年に朝鮮に渡り*Seoul Press*の記者となる。帰国後、内村の創刊した英文雑誌*Japan Christian Intelligencer*の編集長となった。

山県悌三郎　やまがた　ていざぶろう

社会教育者。一八五八―一九四〇。近江出身。山県五十雄の兄。東京高等師範学校を卒業後、宮城県で中学校教師となる。その後、内外出版協会を設け、雑誌『少年園』を発行。一八九八年、内村鑑三を「主筆」、みずからは「持主」として『東京独立雑誌』を発行、一年後には「持主」を退く。（山県悌三郎『児孫の為めに余の生涯を語る』弘隆社、一九八七）

山川均　やまかわ　ひとし

社会主義者。一八八〇―一九五八。岡山県出身。同志社に入学し柏木義円に教科を習う。文部省令による制度の改変に反発して一八九七年退学。上京して働きながら「無免許のクリスチャン」の生活を送る。そのような考えにつき「内村鑑三のものを読んだ影響かもしれない」（山川菊栄・向坂逸郎編『山川均自伝――ある凡人の記録』岩波書店、一九六一）と述べている。一九〇〇年三月、守田有秋らと雑誌『青年之福音』を創刊。しかし第三号で皇太子の結婚を「人生の大惨劇」と批判、逮捕され「不敬罪」により有罪の判決を受ける。

同誌を印刷した若林鑑太郎も一審では有罪となるが、同人が「内村鑑三崇拝の青年」のこともあって『東京独立雑誌』に広告が掲載されていた。山川は受刑後、日本社会党に入党、社会主義運動の道を歩み、一九三七年の人民戦線事件でも検挙された。

山岸壬五　やまぎし じんご

事務員。一八七三―一九二九。新潟県出身。父は戊辰戦争に敗れた長岡藩士。一八八八年、北越学館に赴任した内村鑑三の給仕をしながら勉強。一高不敬事件および妻かずの死にも内村家に居合わせ立ち会う。事件後、北海道の宮部金吾に託され、同地で駅員、漁業者としてはたらく。一九〇〇年、働きながら夜学で学ぶため上京、聖書研究社の事務をつとめる。やがて文具の販売や宿泊所を営む勤勉舎を営む。一九〇七年、柏崎の宮川医院で見習看護婦を勤めていた田中トヨと結婚。一九二二年、新潟に帰り新潟県立図書館などにつとめた後、栃尾で死去。同地で葬儀は行われたが、内村は改めて三月二〇日柏木聖書講堂でも葬儀を行い、その際「山岸壬五を葬るの辞」を読み、北越学館事件、一高不敬事件、女子独立学校事件、実弟たちの反抗のいずれにも立ち会わせた山岸の死を悼んだ。

山岸光宣　やまぎし みつのぶ

ドイツ文学者。一八七九―一九四二。新潟県出身。第一高等学校に入学し角筈聖書研究会に出席。東京帝国大学文科大学独文科を卒業し、早稲田大学文学部講師に就きのち教授。ドイツ文学関係の著書多数。

山路愛山　やまじ　あいざん

史論家、評論家。一八六五―一九一七。本名弥吉。江戸出身。家は幕府の天文方をつとめ、一八六九年、徳川家にしたがい静岡に移る。一八八三年、静岡メソヂスト教会で牧師平岩愃保より受洗。一八八九年、上京して東洋英和学校に入学。一一月四日、同校で天長節及び立太子祝賀式が開催され、その祝会で教員内村が登壇、壇上の菊の花を指し、「日本に特有する名花」と言うとともに「諸生よ、窓を排して西天に聳ゆる富嶽を見よ、是れ亦天の特に我国に与へたる絶佳の風景なり。されど諸生よ記せよ、日本に於て世界に卓絶したる最も大なる不思議は実に皇室なり。天壌と共に窮りなき我皇室は実に日本人民が唯一の誇とすべきものなり」と語る言葉に感動した。一八九一年、メソヂスト派の機関誌『護教』の主筆。翌年、民友社に入社。北村透谷と論争する。当時、『国民之友』を刊行しながら政府に任官した徳富蘇峰を内村が痛烈に批判したところ、愛山により殴られる事件が生じた。これ以来、両者の仲たがいが続いたが、のち、堺枯川（利彦）の仲介で愛山が内村に謝罪して関係は修復する。一八九九年、信濃毎日新聞社に入社するとともに一九〇三年『独立評論』に評論を寄稿、特に「基督教評論」は、初期の日本のキリスト教に関する適切な史論とし知られる。一九〇五年、斯波貞吉と国家社会党を結成。

山田幸三郎　やまだ　こうざぶろう

ドイツ文学者。一八八八―一九七二。愛知県出身。愛知県立第一中学校をへて一九〇七年、第一高等学校文科に入学。校長は新渡戸稲造。まもなく級友から英文聖書、内村鑑三の『地人論』、『興国史談』を与えられる。一九〇九年九月に内村を訪ね、入会希望を述べると、文科や法科の学生はすぐやめるからと二週間再考を求められる。二週間後に再訪して聖書研究会会員となる。浅野猶三郎の勧誘で東京教友会に所属。翌年、東京帝国大学英文学科に入学するが二カ月後に独文学科に転科。一九一三年三月、「独逸国に於て愛誦せらるゝ宗教詩」と題した文章が、はじめて『聖書之研究』一五二号に掲載された。その折、主筆内村が学生の自分を一独立人として処遇したことに感動する。しかし、まもなく浅野猶三郎との仲たがいで東京教友会を去る。一九一五年、大学を卒業し第七高等学校に赴任。やがてドイツに留学。帰国後、内村のもとへ謝罪の手紙を書く。晩年、内村との関係について次のように述べている。

私達が先生から得た力は先生自身にあったのでなく先生の背後に立つ神から来るものであった。（中略）その神は我らに対して自己を能ふ限り小さくし、小さき者として示さんと苦慮し、私達が師を仰がずしてその背後の神を、神の独子を、その十字架のみ仰

ぐ事を教へられた。(『信仰五十年』山田幸三郎遺稿刊行会、一九七三)

山室軍平　やまむろ ぐんぺい

伝道者。一八七二―一九四〇。岡山県出身。少年時代に上京し活版工となる。キリスト教の路傍伝道に接して築地伝道学校に入学。一八八九年、同志社で開催されたキリスト教青年会による第一回夏期学校に出席、これを機縁に同志社に入学。一八九五年、創設したばかりの日本救世軍に入隊。キリスト教をやさしく説くことを心がけ、一八九九年、『平民之福音』を出版。翌年開催された内村鑑三の夏期講談会には手伝いとして隊員坂入巌を派遣。内村は救世軍自体とは距離を置いたが山室とは親交を保ち、一九二三年、一九二五年の新年には山室が年賀に訪れている。

横井時雄　よこい ときお

伝道者。一八五七―一九二七。肥後出身。熊本洋学校、開成学校をへて同志社英学校に学ぶ。今治教会、本郷教会の牧師となる。「不敬事件」後、心身の疲労で病いに倒れた内村の妻かずに授洗。また同事件により失職した内村に対し、本郷教会の聖書講義を担当させたほか、『基督教新聞』への寄稿などを依頼し生活を助ける。同志社の社長をへて政界に入るが、一九〇九年の日糖事件に関連して引退。死去後に開催された横井時雄追悼演説会に出席した内村は「故横井時雄君の為に弁ず」と題して故人を追悼した。

吉岡弘毅　よしおか　こうき

キリスト教伝道者。一八四七―一九三二。備前出身。戊辰戦争では官軍に従軍し長岡城、会津城の攻撃に従う。維新政府の弾正台官吏となる。まもなく外務省に転じ、一八七〇年、朝鮮との修好交渉のため釜山に派遣される。この間、陽明学とあわせ漢訳聖書に親しむ。帰国後、征韓論の強まるなか、韓国の人民の心情にもとづく建白書を政府に提出している。帰国後、官を辞し、ニコライ、フルベッキ、タムソン（アメリカ・バプテスト教会）に就いてキリスト教を学ぶ。一八七五年、位階勲等を返上してタムソンから受洗。日本基督教会教師になり、京都仮教会（のち室町教会）牧師に在任中、同教会の信徒岡田しづと内村鑑三の結婚式が行われる。また当時内村は松村介石とともに吉岡から陽明学を授けられたともされる。牧師引退後の晩年、東京に居住し内村の聖書研究会にたびたび出席し内村を感激させている。

吉川一水　よしかわ　いっすい

キリスト教伝道者。一八八一―一九四六。東京出身。一八九九年九月、第一高等学校仏法科入学。一九〇一年夏、内村鑑三の第二回夏期講談会に出席。同会に参加した感想を

『聖書之研究』一二号（一九〇一年八月二五日）に「信仰の生涯に入りてより未だ僅かに二歳の童子」で始まる感想を寄せ、内村から「二歳の童子の実験としては余りに早熟」との評を付された。内村により別に発行されていた雑誌『無教会』に「罪の記憶」を二回にわたり寄稿（一九〇二年四、五月）。一九〇二年に開催された第三回夏期講談会にも参加。同年、東京帝国大学に入学。途中で京都帝国大学に転学。一九〇七年に卒業、東洋汽船に就職しサンフランシスコ支店長として赴任。帰国後の一九一四年、西沢八重子と結婚。一九一八年、仙台の尚絅（しょうけい）女学校主事として赴任。関東大震災後に帰京し、キリスト教系の労働教会で聖書を教え、一九二五年一月には雑誌『使命』を創刊。たびたび刊行停止処分を受け翌年廃刊。その後各所で聖書講義を担当し、一九四六年の死に到るまで非戦主義をつらぬいた。既往の無教会主義に対しては批判をする一方、独自の無教会主義を保持した。没後、親しかった宮崎安右衛門が日記をまとめ『日々の糧――永遠の恩寵』（野口書店、一九五一）が刊行された。（西沢八重子の項参照）

吉野臥城　よしの　がじょう

詩人。一八七六―一九二六。本名甫（はじめ）。宮城県出身。東京専門学校卒業。『文学界』などに新体詩を発表。山県悌三郎により発行されていた雑誌『少年園』、『少年文庫』に投稿、ひきつづき山県と内村鑑三の創刊した『東京独立雑誌』にも「愛猫を葬る歌」、「早春の賦・鬼の歌」、足尾鉱毒事件をうたった「荒村行」、「義人の声」などを寄稿。そのまま『聖書之研究』、『無教会』にも寄稿を続けた。詩のみならず俳句などの革新を志して活躍。一九〇一年に刊行された詩集『小百合集』(警醒社書店)では「はしがき」において「こを世に出すに当りて注意を与へ、且力をつくされたる内村鑑三氏の厚情を謝す」と記している。ほかに詩集として『野茨集』(尚文館、一九〇二)、選詩集に『明治詩集』(昭文堂、一九〇八)、『新体詩研究』(昭文堂、一九〇九)などがある。

吉満義彦　よしみつ よしひこ

伝道者。一九〇四―一九四五。鹿児島県出身。一九一七年、鹿児島県立第一中学校に入学。一九二一年、プロテスタント教会で受洗。一九二二年、第一高等学校に入学。同校基督青年会に入会し、あわせて内村鑑三聖書研究会にも出席。『向陵誌』(第一高等学校寄宿寮、一九二五)に同会の活動を執筆。当時の信仰を次のように語っている。

私は間もなく高等学校に入り、ＹＭＣＡにはひつた。同信の友等と信仰に燃えて祈り且つ歌つた其の教の夕よ。そして同時に内村先生の聖書研究会に出席して、毎日曜感激に充たされて居た。信仰のオルトヾキシーを堂々と主張された此の集りにおいて、漸く新教教会一般に対する不満な心を充たす事が出来た。所謂聖書の高等批評や学者の説の彼岸に信仰の真理の把持さる可きを教えられたのも此処である。(「私の改宗」『カトリッ

ク』一一・三、一九三一年三月一五日）

しかし、一九二五年、東京帝国大学文学部に入学。「プロテスタントの此の種々相と、何となく余りに人間臭い宗教の傍らに、カトリック教会の存在」を知り、内村の聖書研究会に代わりカトリック教会に通い始める。こうしてヨーロッパから帰国した岩下壮一神父の影響を受け、ついに一九二七年、カトリックに改宗した。大学を卒業後、フランスに留学。一九三〇年、帰国後、上智大学および東京公教神学校で教える。一九三四年、聖フィリッポ（のち真生会館）の寮長となる。同寮には遠藤周作も入寮していた。一九四二年、座談会「近代の超克」に参加。（若松英輔『吉満義彦』岩波書店、二〇一四）

好本督　よしもと　ただす

実業家。一八七八―一九七三。大阪出身。一九〇〇年、東京高等商業学校卒業。在学中、内村鑑三の書物を読み講演会に出席。その後、フランスのパリ、さらにイギリスに向かいオックスフォード大学に入学。一九〇二年、『真英国』を刊行、内村は同書に序文を寄せ、「富と軍艦」の英国でなく「博愛的英国」を伝える書物という。帰国後、一九〇六年から早稲田大学で英語教師をつとめる。同時に日本盲人会を山県五十雄らと結成し、ヘレン・ケラーの『わが生涯』、内村鑑三の『後世への最大遺物』などを点字で出版。一九〇八年、渡英してオックスフォード商会を設け貿易業に就く。一九一九年、内村とも相談して盲人信仰会を結成。内村聖書研究会では帰国ごとに「証詞」を行った。一九二四年、同会により点字訳旧新約聖書が完成する。一九四〇年帰国。一九五〇年、盲人伝道協議会が結成され委員長に就く。晩年はイギリス人の妻とともにイギリスで過ごした。（好本督・今駒泰成『主はわが光』日本基督教団出版局、一九八二）

リチャーズ　Richards, James B.

アメリカの知的障碍児教育者、医師。一八一七―八六。ペンシルヴァニア州エルウィンの公立ペンシルヴァニア障碍児養護院の初代院長。一八八五年、内村はカーリンに伴われてワシントンで開催された全米慈善矯正大会に出席、リチャーズの講演を聴き感銘。帰国後の一八九二年三月、同演説を訳し「白痴の教育」と題して『基督教新聞』（四五二、三月二五日）に掲載した。

リデル　Riddell, Hannah

宣教師。一八五五―一九三二。ロンドン出身。イギリス教会宣教会（ＣＭＳ）宣教師として一八八九年来日。翌年、熊本に派遣。伝道とともに第五高等学校で英語教師となる。同年、本妙寺を訪れハンセン病患者に出会う。一度帰国ののち、再来日して一八九五年、回春病院を開院。翌年、妹のエダも合流。一時熊本に居た内村は早くからリデルの仕事を高く評価し、その上京のたびに会い、「我が同志の内より此事業に一生を献ぐる者の起らんことを」と願った。のちに内村の思想の影響を受けた人のなかから、ハンセン病院ではたらく医師として林文雄、神谷恵美子が出る。

渡瀬寅次郎　わたせ　とらじろう

教育者。一八五九—一九二六。江戸出身。一八七六年、札幌農学校に第一期生として入学。クラーク教頭の起草した「イエスを信ずる者の契約」に署名。一八七七年、宣教師ハリスから受洗。一八七九年、札幌教会創設に関わる。一八八〇年、同校を卒業し開拓使御用掛となる。一八八二年、開拓使廃止により札幌県御用掛、一八八四年、農商務省御用掛。一八八六年、茨城県立水戸中学校校長に就く。一八九二年、東京興農園を創設。一八九九年、東京市会議員に選出。一九二六年一〇月一三日、内村鑑三、宮部金吾の見舞いを受けるが一一月八日死去。一一月一四日、青山学院で行われた葬儀において内村は「グルントウイツヒの如く」と題した感想を述べる。一九二七年四月、渡瀬の遺志を継ぎ興農学園創立会議が開催され、内村鑑三は出席。同園は平林広人を園長として一九二九年静岡県田方郡西浦村久連に開校された。（渡瀬昌勝編『渡瀬寅次郎伝』渡瀬同族、一九三四）

内村鑑三年譜

一八六一年（万延二年）　**一歳**（年齢は数え年）

三月二三日（万延二年二月一三日）、江戸小石川鳶坂上、高崎藩（藩主松平右京亮大河内輝声）の武士長屋に生まれる。父は同藩藩士内村宜之、母はヤソ。長男。弟妹に達三郎（一八六五年生）、道治（一八七一年生）、ヨシ（一八七六年生）、順也（一八八〇年生）（ほかに三人早世）。

一八六五年（慶応元年）　**五歳**

七月一五日、祖父長成死去。

一〇月一一日（八月二二日）、父宜之、禄高五十石御馬廻役の家督を継ぐ。

一八六七年（慶応二・三年）　**七歳**

一月一九日、父宜之、洋式に軍制改革をはかり、御側頭取兼徒士頭の職を解かれ高崎に謹慎となる。一月二九日、家族と高崎に移る。

一八六九年（明治二年）　**九歳**

二月一五日、父宜之、陸前国牡鹿、桃生、本吉三郡権判県事の辞令を東京で受け、五月一七日、石巻に単身赴任。
九月二三日、父宜之、石巻県少参事に任ぜられる。
一〇月二〇日、家族石巻に移る。

一八七〇年（明治三年）　**一〇歳**

二月二四日、父宜之、陸前国本吉郡北方総轄に任ぜられ気仙沼に移る。
一一月一八日、石巻県、登米県に併合により父宜之、登米県少参事に任ぜられ石巻に移る。

一八七一年（明治四年）　**一一歳**

七月一日、父宜之、登米県少参事を依願免職。七月二二日、高崎に帰る。七月二四日、父宜之、高崎藩（七月より県）少参事に任ぜられる。
一〇月二八日、父宜之、廃県により県貫属になる。

一八七二年（明治五年）　**一二歳**

五月六日、父宜之、解官。

一八七三年（明治六年）　**一三歳**

三月、上京し赤坂の有馬私学校英学科に入学。

一八七四年（明治七年）　**一四歳**

三月、東京外国語学校（のち東京英語学校、東京大学予備門）英語学下等第四級に編入。

一八七五年（明治八年）　**一五歳**

このころ、病気により東京英語学校を休学する。

一八七六年（明治九年）　**一六歳**

五月二八日、一家、東京小石川仲町二三番地に移る（のち小石川区上富坂町に移転）。

一八七七年（明治一〇年）　**一七歳**

七月二七日、開拓使付属札幌農学校第二期生として入学許可。同級生に、岩崎行親、太田（新渡戸）稲造、佐久間信恭、宮部金吾、広井勇、町村金弥、南鷹次郎ら。

九月三日、札幌着。九月一五日、授業開始。まもなくクラークの残した禁酒禁煙の誓約書に署名。

一二月一日、クラークの残した「イエスを信ずる者の契約」に署名（宮部金吾によると一一日）。

この年、家督を相続する。

一八七八年（明治一一年）　一八歳

六月二日、メソヂスト監督教会宣教師ハリスより、足立元太郎、太田（新渡戸）稲造、高木玉太郎、藤田九三郎、広井勇、宮部金吾とともに受洗。

一八八一年（明治一四年）　二一歳

七月九日、札幌農学校を卒業。卒業演説「漁業モ亦学術ノ一ナリ」を行い、卒業生を代表し告別の辞を述べる。七月二七日、「開拓使御用係准判任」の辞令を受ける。

一〇月八日、東京からの帰途、第一回函館基督信徒親睦会に出席し演説。一〇月一三日、足立元太郎、太田稲造、広井勇、藤田九三郎、内村達三郎の六人で一軒家を借り同居。一〇月一六日、南二条西六丁目に家屋を購入して教会（通称白官邸）とし最初の礼拝を行う。一〇月二三日、札幌ＹＭＣＡを結成、副会長になる。

一八八二年（明治一五年）　二二歳

一月八日、教会（前年一〇月購入）の献堂式をあげ、「帆立貝とキリスト教との関係」と題し講演。一月三一日、鱈漁業視察のため祝津に一週間出張。

二月八日、開拓使廃止にともない札幌県御用係になる。

九月四日、祝津でアワビの生殖実験を開始（一〇月下旬、アワビの卵子を発見）。

一〇月、「札幌県鮑魚蕃殖取調復命書幷ニ潜水器使用規則見込上申」を札幌県に提出。

一二月一四日、水産博覧会出品物輸送のため小樽を出港（函館で出品物をまとめ上京）。一二月二八日、東京でメソヂスト監督教会宣教師ソーパーに会い、同教派から借用した教会建築資金の残金を返済。

一八八三年（明治一六年）　**二三歳**

四月二二日、病気療養を理由に札幌県に辞表提出。

五月八日、第三回全国基督信徒大親睦会に札幌教会を代表して出席（〜一二日）。五月九日、浅草井生村楼で「空ノ鳥ト野ノ百合花」と題し講演。

六月三日、札幌県に辞表受理される。六月七日、津田仙と熱海に行く。この月、津田仙の学農社農学校教師になる。

八月一二日、静養のため伊香保に向かう途中、安中教会（牧師海老名弾正）に出席。八月一五日、安中教会で講演。このころ同教会の会員浅田タケを知る。

一一月三〇日、「ダーウヰン氏の伝」を『六合雑誌』三九号に発表。

一二月一四日、農商務省農務局水産課に勤め、水産慣行調を担当し日本産魚類目録の作成に従事。

一八八四年（明治一七年）　**二四歳**

一月二六日、大日本水産会で「石狩川鮭魚減少ノ源因」と題し発表。一月三〇日、「ダーウヰン氏小伝ニ対スル疑問ニ答へ幷セテ進化説ヲ論ス」を『六合雑誌』四一号に発表。

二月一五日、浅田タケと婚約結納を交わす。

三月二八日、浅田タケと上野池之端長酡亭でハリスの司式により結婚式を挙げる。

六月六日、佐渡に渡り水産調査。

七月二九、三〇日、水産調査のため榛名湖へ出張。

一〇月、このころ、タケ、安中の実家に別居（正式離婚は一八八九年）。農商務省を辞職。

一一月六日、シティ・オブ・トウキョウ（City of Tokyo）号でアメリカへ向け出航。一一月二四日、サンフランシスコ港着。

一二月五日、鉄道でユタ州オグデン、シカゴを経て、ペンシルヴァニア州イリー着。ミードヴィルに宣教師ハリスの妻を訪ね同地に一〇日間滞在。一二月一五日、フィラデルフィアに行き、モリスを訪ねる。一二月一八日、エルウィンのペンシルヴァニア知的障碍児養護院院長カーリンと会う。同院に滞在。

一八八五年（明治一八年）　**二五歳**

一月一日、エルウィンのペンシルヴァニア知的障碍児養護院の看護人になる。四月一五日、タケ、長女ノブを出産。

五月八日、フィラデルフィアに行きアメリカ来訪中の新島襄と会う。

六月六日、ペンシルヴァニア知的障碍児養護院院長カーリンに従いワシントンに行き、六月八日、慈善矯正全国会議第一二回年会に出席し演説。六月一〇日、カーリンとともにアメリカ大統領クリーヴランドと会見。ワシントン滞在中、ベルと出会う。六月二〇日、フィラデルフィアのフレンド女性外国伝道協会の会合に新渡戸稲造と出席、日本の状況を語る（同協会の日本伝道の契機となる）。

七月二七日、エルウィンを去り、八月末までマサチューセッツ州グロースター、ハイドパークに滞在する。新島襄の勧めに従い、アマスト大学入学を決意する。

九月七日、アマスト着。九月八日、アマスト大学学長シーリー、元札幌農学校教頭クラークを訪ねる。九月一〇日、アマスト大学に選科生として入学。


一八八六年（明治一九年）　**二六歳**
一月、グロースターで書いた論文'Moral traits of the "YAMATO-DAMASHII"'を *The Methodist Review* に発表。

三月八日、回心を体験。

四月二二日、'The Missionary Work of William S. Clark'を *The Christian Union* に発表（クラークは三月九日死去）。

七月一日、エルウィンのペンシルヴァニア知的障碍児養護院に行く。同院の道路工事の測量に従い夏期休暇を過ごす。

一八八七年（明治二〇年）　**二七歳**

六月二九日、アマスト大学を卒業、理学士（Bachelor of Science）の称号を受ける。六月三〇日、ノースフィールドで開催されたムーディの夏期学校に出席。

九月一三日、コネチカット州にあるハートフォード神学校に入学のためアマストを去る。

一八八八年（明治二一年）　**二八歳**

一月二日、フィラデルフィアにモリス宅訪問。一月末、病気のためハートフォード神学校を退学。ペンシルヴァニア知的障碍児養護院で静養。

三月一〇日、ニューヨークを出航。パナマ地峡を鉄路横断し、三月二一日、パナマ港を出港しサンフランシスコに向かう。

四月九日、サンフランシスコ港に着き、ハリス夫妻に迎えられる。四月二一日、英国船パーシャ号に乗り、サンフランシスコを出港、帰国の途に就く。

五月一六日、帰国。

九月一〇日、北越学館開館式で仮教頭として就任演説。

一〇月一五日、北越学館発起人および校友に宛て意見書を送る。

一二月一八日、北越学館を辞し新潟を去る。一二月二一日、帰京。

一八八九年（明治二二年）　**二九歳**

三月、東洋英和学校と水産伝習所の教師となる（〜一八九〇年八月）。

五月一四日、タケと正式離婚。

七月一五日、「農業と社会改良との関係」を『農業雑誌』三四三号に発表。七月三一日、高崎の横浜かずと結婚。

九月一一日、明治女学校開業式で女子教育につき講演。

一一月四日、東洋英和学校の天長節祝会で講演。一一月二四日、一番町教会で「人生の目的」と題し講演。

この年、農商務省の日本産魚類目録の作成に従う。

一八九〇年（明治二三年）　**三〇歳**

三月〜五月、腸チフスにかかり入院、来日中のモリス夫妻の見舞いを受ける。

八月三〜二九日、水産伝習所の実習のため千葉県朝夷郡白浜村に行き、学生田岡佐代治（嶺雲）らを指導。この間、神田吉右衛門と会う。

九月二日、第一高等中学校嘱託教員に就く。

一八九一年（明治二四年）　**三一歳**

一月八日、札幌教会に退会を通告。一月九日、第一高等中学校教育勅語奉読式が行われ、「不敬事件」を起こす。一月二九日、インフルエンザで静養中のため教員木村駿吉、教育勅語に「代拝」。一月三一日、第一高等中学校に辞表提出。

二月三日、第一高等中学校嘱託教員を依願解嘱となる。

四月一四日、妻かず、病床で横井時雄から受洗。四月一九日、妻かず死去（二一日葬儀）。

五月一〇日、札幌に新渡戸稲造を訪問、同地に約一カ月間滞在し静養。五月九日、札幌農学校クラス会に出席。

六月一四日、本郷教会（牧師横井時雄）で旧約聖書エレミヤ記の講義を開始。

七月九日、新潟県高田の弟達三郎の家に行き滞在（～八月）。

一〇月ころ、シカゴで一八九三年開催予定の万国博覧会委員ウイリアムズの案内役をつとめる。

一一月二日、本郷中央会堂で開かれた濃尾地震救恤慈善音楽会で「地震と神の摂理」と題し講演。一一月一五日、「我が信仰の表白」を『六合雑誌』一三一号に発表。

一八九二年（明治二五年）　三二歳

二月五日、"Japan's future as conceived by a Japanese [Japan: its mission]"を*The Japan Daily Mail*に発表。二月二〇日、暁星園一周年記念会で演説。

四月一五日、「日本国の天職」を『六合雑誌』一三六号に発表。四月二二日、「現今我国に於て基督教の振はざる一大原因」を『基督教新聞』四五六号に発表。

五月六日、横井時雄、綱島佳吉、原田助とともに『基督教新聞』編輯員になる。五月八日、霊南坂教会で講義。

七月二五日、千葉県竹岡に行き、約一カ月滞在。

八月二五日、千葉県竹岡に天羽基督教会を設立、八月二八日帰京。

九月二日・九日、「未来観念の現世に於ける事業に及ぼす勢力」を『基督教新聞』四七五、四七六号に発表。九月七日、大阪の泰西学館教師として着任。まもなく大阪高等英学校(のちの桃山学院)の教師兼任。

一〇月一五日、「コロムブスの功績」を『六合雑誌』一四二号に発表。一〇月二四日、『未来観念の現世に於ける事業に及ぼす勢力』を警醒社書店より刊行。

一二月二三日、京都の判事岡田透の娘しづと結婚。


一八九三年(明治二六年) **三二歳**
一月八日、大阪教会老松講義所で日曜学校を開始。

二月二五日、『基督信徒の慰』を警醒社書店より刊行。二月二七日、『紀念論文 コロムブス功績』を警醒社書店より刊行。

三月一五日、「文学博士井上哲次郎君に呈する公開状」を『教育時論』二八五号に発表。

四月下旬、泰西学館を辞し、熊本英学校に教師として赴任(~七月一一日)。

七月一七日、基督教青年会第五回夏期学校、須磨で開催され、「学生と新聞紙」と題し講演。

八月八日、『求安録』を警醒社書店より刊行。八月一六日、京都に移り住む。

一一月、*How I Became a Christian* を脱稿。

一二月一五日、『貞操美談　路得記』を福音社より刊行。

一八九四年（明治二七年）　**三四歳**

一月一四日、第三高等中学校基督教青年会で日曜学校を開き聖書講義を行う。

二月一〇日、『伝道之精神』を警醒社書店より刊行。

三月一九日、娘ルツ生まれる。

五月一〇日、『地理学考』（一八九七年『地人論』と改題）を警醒社書店より刊行。

七月一三日「豈惟り田村氏のみならんや」を『国民之友』二三二号に発表。七月一四日、基督教青年会第六回夏期学校に講師として参加のため箱根に行き、一六〜一七日、「後世への最大遺物」と題し講演。

八月一一日、'Justification for the Korean war' を *The Japan Weekly Mail* に発表。八月一五日、京都下立売の公道館で「日清戦争の原因」につき講演。八月二三日、「流竄録」を『国民之友』二三三号より連載（〜二五一号、一八九五年四月二三日）。

九月三日、「日清戦争の義」（訳文）を『国民之友』二三四号に発表。「日蓮上人を論ず」を同号より連載（〜二三七号、一〇月三日）。

一〇月三日、「日清戦争の目的如何」を『国民之友』二三七号に発表。

一一月二四日、*Japan and the Japanese* を民友社より刊行（一九〇八年、*Representative Men of Japan* と改題）。

一八九五年（明治二八年）　**三五歳**

五月一〇日、*How I Became a Christian* を警醒社書店より刊行。

七月一三日、「何故に大文学は出ざる乎」を『国民之友』二五六号に発表。

一〇月一二日、一九日、「如何にして大文学を得ん乎」を『国民之友』二六五、二六六号に連載。

一一月、*How I Became a Christian* のアメリカ版 *Diary of a Japanese Convert* をシカゴの Fleming H. Revell 社より刊行。

一八九六年（明治二九年）　**三六歳**

五月一九日、石井十次の岡山孤児院を訪ねる。

六月三日、国木田独歩を京都に招く。六月八日、関西学院基督教青年会で講演。

七月七日～一七日、基督教青年会第八回夏期学校、興津で開催され、八日からカーライルにつき連続講演を行う。正宗白鳥も出席。

九月一〇日「世界の日本」を『世界の日本』四号に発表。九月一八日、名古屋英和学校教師として名古屋に赴任。

一二月五日、『警世雑著』を民友社より刊行。一二月二五日、「寡婦の除夜」を『福音新報』七八号に発表。

一八九七年（明治三〇年）　**三七歳**

二月一二日、黒岩周六（涙香）に招かれ『万朝報』英文欄主筆に就任のため上京。

四月一八日、植村正久の牧する一番町教会の復活祭礼拝で「基督の復活を祝ふ席に臨みて」と題し講演。

五月二日、千葉東金の青年義会主催の講演会に田口卯吉と出席、「社会の改良策としての宗教の必要」につき講演。

七月一五日、『夏期演説　後世への最大遺物』を便利堂書店より刊行。七月二五日、『愛吟』を警醒社書店より刊行。

一一月一二日、長男祐之生まれる。

一八九八年（明治三一年）　**三八歳**

一月一〇日、東京基督教青年会館で月曜日夜、五回にわたる文学講演を開始（〜二月七日）。

三月二八日、『月曜講演』を警醒社書店より刊行（一八九九年『宗教と文学』と改題）。

五月二一日、朝報社を退社。

六月一〇日、『東京独立雑誌』を創刊（「主筆内村鑑三、持主山県悌三郎」、〜一九〇〇年七月）。

七月一一日～一四日、神奈川県葉山で開催された基督教青年会第一〇回夏期学校にのぞみ、一一日、「今日の困難」、一二日「今日に処するの道」、一三日「吾人の希望の土台」と題し講演。

九月一〇日、牛込区矢来町に移る。

一〇月一八日、東京基督教青年会館における「基督教神学講筵」で「神学研究の利益」と題し講演、同じく一〇月二五日、「聖書博物学、古物学、古代学」につき講演、同日、『小憤慨録　上』を少年園営業部より刊行。

一一月一日、『小憤慨録　下』を少年園営業部より刊行。一一月一五日、「文学士高山林次郎先生に答ふ」を『東京独立雑誌』一三号に発表。

一八九九年（明治三二年）　**三九歳**

一月五日、『東京独立雑誌』の主筆兼持主になる。

三月二一～二二日、藤沢、鎌倉、三浦半島に行く。三月二五日、「英和時事問答」を『東京独立雑誌』二六号より連載開始（～四五号、一〇月五日）。

五月七日、『外国語之研究』を東京独立雑誌社より刊行。

七月、東京府豊多摩郡角筈村の女子独立学校校長に就任。

八月、角筈の女子独立学校内に移る。この月、日光に行く。

一一月一五日、『英和時事会話』を東京独立雑誌社より刊行。

一九〇〇年（明治三三年）　**四〇歳**

一月一日、「新年に際し佐渡人士に告ぐ」を『佐渡新聞』に発表。

四月二二日、『宗教座談』を東京独立雑誌社より刊行。

七月五日、『東京独立雑誌』を七二号にて廃刊とし、七月一二日、東京独立雑誌社を解散する。

七月二五日～八月三日、女子独立学校で夏期講談会を開催。

八月一日、夏期講談会で、午前にペンシルヴァニア知的障碍児養護院のカーリン院長につき講演、午後に巣鴨にある留岡幸助の家庭学校を参加者とともに訪問。八月二日、参加者有志により独立倶楽部結成。八月一五～二一日、長野県上田、小諸に行く。

九月一日、『偉人と読書』を山県図書館より刊行。九月一八日、『万朝報』に「帰来録」を掲げ同社に客員として再入社する。このころ聖書研究所を開設（一〇月中止）。九月三〇日、『聖書之研究』を創刊（実際には一〇月三日に刊行）。

一〇月一一日、『興国史談』を警醒社書店より刊行。

一一月一八日、札幌独立基督教会に再入会。

一九〇一年（明治三四年）　**四一歳**

二月二二日、「洗礼晩餐廃止論」を『聖書之研究』六号に発表。二月二六日、明治女学校で講演。

三月一四日、『無教会』を創刊（～一九〇二年八月）し、第一号に「無教会論」を発表。このころ、自宅で聖書研究会を開く。

四月一六日、幸徳秋水著『帝国主義』のため「『帝国主義』に序す」を『万朝報』に発表（四月二〇日刊の同書に序文として掲載）。四月二一日、足利の友愛義団に巌本善治、木下尚江とともに招かれ、「社会改良の両面」と題し講演。四月二二日、木下尚江とともに足尾銅山鉱毒被害地を視察。四月二五日〜三〇日、「鉱毒地巡遊記」を『万朝報』に発表。

五月二〇日、長女ノブを、これまで養育していた浅田信芳（タケの兄）の養子とする。五月二一日、鉱毒調査有志会が結成され委員の一人となる。

六月一〇日、『独立雑談』（独立叢書第一編）を聖書研究社より刊行。六月二一日、鉱毒調査有志会委員として被害地を田中正造の案内で視察。

七月二〇日、朝報社の黒岩周六、幸徳伝次郎（秋水）、山県五十雄、円城寺清、天城安政、堺利彦、斯波貞吉らと理想団を結成。発起集会で「理想団存在の理由」と題し講演。七月二五日〜八月三日、第二回夏期講談会を角筈女学校（前女子独立学校）で開催。

九月二〇日、「基督信徒と社会改良」を『聖書之研究』一三号に発表。九月二二日〜二四日、井口喜源治の主宰する長野県穂高の研成義塾で開催された信州穂高講談会に出席。

一〇月八日、『基督信徒の特徴』を日本学生基督教青年会同盟より刊行。一〇月一一日、理想団千葉支部の発会式に黒岩涙香、佐治実然とともに出席。夜「理想団は何である乎」と題し講演。一〇月一七日〜二三日、札幌独立基督教会で講演、一〇月一八日、「独立教会の過去現在未来」、一〇月二〇日の朝、夜ともに説教。

一一月一日、東京基督教青年会館で開かれた足尾鉱毒演説会で安部磯雄、巌本善治、木下尚江、島田三郎と講演。一一月三〇日、足尾銅山鉱毒被害地を訪ねる。

一二月一二日、東京基督教青年会館で開かれた足尾鉱毒演説会で巌本善治、黒岩周六、幸徳伝次郎、佐治実然、三宅雄二郎と講演。一二月一九日、「余の従事しつゝある社会改良事業」を『万朝報』に連載始める(~一二月三〇日)。一二月二七日、学生の鉱毒地視察修学旅行団とともに現地視察。

一九〇二年(明治三五年)　**四二歳**

一月二七日、『万朝報』三千号記念祝会に出席。

二月一七日、「日英同盟に関する所感」を『万朝報』に発表(~二月一九日)。

三月二日、東京基督教青年会館で「聖書の研究と社会改良」と題し講演。

四月二日、東京基督教青年会館で開かれた鉱毒問題解決演説会で巌本善治、木下尚江、島田三郎らと講演。四月二〇日、惟一館で「聖書研究の必要」と題し「日曜演説」。四月二一日、永島与八に招かれ群馬県西谷田村の鉱毒被害地を訪ね講演。

五月二一日、理想団演説会のため黒岩周六と小諸に行き、光岳寺で「宗教と経済」と題し講演。同じく五月二二日、上田の月窓寺で講演し、明倫堂で開かれた理想団小県支部発会式に出席。また小諸義塾でも講演。五月二八日、『独立清興』(独立叢書第二編)を警醒社書店より刊行。

六月二一日、「田中正造翁の入獄」を『万朝報』に発表。

七月二五日〜八月三日、第三回夏期講談会を角筈の精華女学校（前角筈女学校）で開催。八月五日、『無教会』を第一八号をもって廃刊する。八月二四日、理想団忍（埼玉県）支部発会式に黒岩周六、幸徳伝次郎と出席。

九月四日〜一八日、札幌に伝道。九月九日、小樽日本基督教会で「札幌独立教会設立当時の理想」と題し講演。九月一二日、理想団札幌支部発会式に出席。

一〇月一〇日、芝の高輪仏教大学で「予の宗教的生涯の一斑」と題し講演。

このころ角筈聖書研究会は会員二五人に限り開講し、旧約聖書サムエル記、伝道之書を講義。

一二月二六、二七日、足尾銅山鉱毒被害地に『聖書之研究』読者のクリスマス寄贈品を届けるため現地を訪ね、田中正造の案内で巡廻。この月、東京禁酒会に入会。

一九〇三年（明治三六年）　　　　四三歳

一月一日、『角筈パムフレット第一　如何にして基督信者たるを得ん乎』を聖書研究社より刊行。

三月二二日、『角筈パムフレット第二　基督教は何である乎』を聖書研究社より刊行。三月二六日、「基督教と社会主義」を『聖書之研究』三六号に発表。

四月二日、長野県上田独立倶楽部の演説会で「宗教の必要」と題し講演。四月一二日、惟一館で「再び聖書の研究に就て」と題し「日曜演説」。四月一九日、横浜の海岸教会で「余の伝道の実験」と題し講演。四月二五日、数寄屋橋教会で開催された朝報社有志講演会に黒岩周六、幸徳伝次郎と出席し、「天然と道徳」と題し講演。

五月九日、数寄屋橋教会で開催された朝報社有志講演会に堺利彦、斯波貞吉と出席し、「進化論と歴史」と題し講演。五月一一日、東京基督教青年会館で開催された東北地方凶歉救済演説会に本多庸一、中田重治、矢島楫子らと出席し「飢饉の福音」と題し講演。

六月三〇日、「戦争廃止論」を『万朝報』に発表。

八月二日、「不敬事件と教科書事件」を『万朝報』に発表。

九月一三日、角筈聖書研究会を一時解散とする。九月一四日、理想団有志晩餐会の席上で日露間の開戦論者に対し非戦を主張。

一〇月九日、非戦論のため、幸徳伝次郎、堺利彦とともに朝報社を退社。一〇月一二日、「退社に際し涙香兄に贈りし覚書」を『万朝報』に発表。一〇月一五日、『角筈パムフレット第三　国家禁酒論』を聖書研究社より刊行。

一一月八日、『角筈パムフレット第四　小供の聖書』を聖書研究社より刊行。一一月二三日、田村直臣の自営館巣鴨会館献堂式に出席し講演。

一二月三〇日、『基督教講演集　第壱集』を警醒社書店より刊行。

一九〇四年（明治三七年）　**四四歳**

二月五日、『角筈パムフレット第五　日本国の大困難』を聖書研究社より刊行。二月一四日、'Thoughts on the war' を *The Kobe Cronicle* に発表、以後同紙に非戦論関係の論文を度々寄稿。

このころには角筈聖書研究会を再開。

三月三一日、日本連合基督信徒共励会で「聖書の研究に就て」と題し演説。

四月五日、'War in the Nature'を *The Kobe Cronicle* に発表。四月一一日、『角筈パムフレット第六　聖書は如何なる書である乎』を聖書研究社より刊行。四月一三日、'War in History'を *The Kobe Chronicle* に発表。四月二一日、「戦時に於ける非戦主義者の態度」を『聖書之研究』五一号に発表。四月二三日～二七日、福島県に伝道。

このころ *How I Became a Christian* のドイツ語訳 *Wie ich ein Christ wurde* がドイツのグンデルト書店より刊行される。

六月一九日、静岡県袋井で開かれた学術講話会で「予が見たる二宮尊徳翁」と題し講演。

七月一五日、山梨県日下部メソヂスト教会で「近時に於ける非戦論」と題し講演。

八月五日、『約百記』（角筈聖書巻之壱）を聖書研究社より刊行。

九月二二日、「余が非戦論者となりし由来」を『聖書之研究』五六号に発表。

一〇月二〇日、「非戦主義者の戦死」を『聖書之研究』五七号に発表。一〇月三一日、母ヤソ巣鴨の精神病院に入院。

一一月六日、東京基督教青年会館で「聖書の真髄」と題し講演。一一月一一日、母ヤソ死去。

一九〇五年（明治三八年）　**四五歳**

二月一七日、『基督教問答』（角筈雑書巻之壱）を聖書研究社より刊行。二月～三月、角筈聖書研究会で旧約聖書ダニエル書を講演。

四月一六日、本郷教会で「神の智慧と人の智慧」と題し講演。

五月一一日、植村正久、小崎弘道、柏井園とともに聖書の改訳事業を始める。

六月一〇日、『聖書之研究』を『新希望』と改題。

九月、このころ、『聖書之研究』の読者組織、教友会が、柏崎、大鹿、上田に結成され、のち、東京、鳴浜、小諸、花巻、木島、東穂高、下野などにも設けられる。

一〇月一〇日、「平和成る」を『新希望』六八号に発表。

一一月一〇日、「日露戦争より余が受けし利益」を『新希望』六九号に発表。一一月二五日、東京教友会設立。

このころ *How I Became a Christian* のフィンランド語訳 *Mitenka minustä tuli Kristitty* およびスウェーデン語訳 *Huru jag blef Kristen* 刊行される。

一九〇六年（明治三九年）　**四六歳**

一月一〇日、聖書改訳委員を辞任。この月から二月にかけて病気のため『新希望』の編集を小山内薫と倉橋惣三に委ねる。

三月五日、『角筈パムフレット第七　家庭の聖書』を聖書研究社より刊行。

五月一〇日、『新希望』を『聖書之研究』の旧題に復した。

八月三日〜九日、柏崎で夏期懇話会を開催。

九月一六日、『角筈パムフレット第八　三条の金線』を聖書研究社より刊行。

一一月一六日～一八日、大阪の日本組合基督教会天満教会で伝道。

このころ、*How I Became a Christian* のデンマーク語訳 *Hvorledes jeg blev en Kristen* 刊行される。

一二月、自宅近くに教友会会員のための宿泊施設教友館を設ける。

一九〇七年（明治四〇年）　**四七歳**

一月一〇日、「初夢」を『聖書之研究』八三号に発表。

二月一六日、『角筈パムフレット第九　基督教と社会主義』を聖書研究社より刊行。

四月三日～七日に開催される万国基督教青年会大会に反対を表明。四月一三日、父宜之死去。

四月二〇日、『教友』第一号刊。

八月三日～七日、千葉県鳴浜で夏期懇話会を開催。

九月一八日、『保羅の復活論』（聖書短篇第一）を聖書研究社より刊行。

一一月一日、角筈より淀橋町柏木九一九番地に移る。

一二月、大阪の香料商永広堂主人故今井樟太郎の妻信子の寄付による今井館ほぼ成り、教友館を閉鎖する。このころ、*Japan and the Japanese* のデンマーク語訳 *Karakterbilleder fra det gamle Japan* 刊行される。

一九〇八年（明治四一年）　**四八歳**

一月、*Japan and the Japanese* のドイツ語訳 *Japanische Charakterköpfe* 刊行される。

四月一〇日、『聖書之研究』誌一年以上の購読者に聖書講演会出席を認める通知を『聖書之研究』九八号に広告。四月二九日、*Japan and the Japanese* を *Representative Men of Japan* と改題して警醒社書店より刊行。

五月九日、日蓮宗大学で「予の見たる基督教の真随」と題し講演。

六月三日、『よろづ短言』を警醒社書店より刊行。六月五日、今井館開館式を挙げる。六月六日、『聖書之研究』百号記念感謝会。

一二月二一日〜二三日、グンデルトをともない千葉県小湊地方に日蓮の旧跡を訪ねる。

一九〇九年（明治四二年）　**四九歳**

一月二五日、『櫟林集第壱輯』を聖書研究社より刊行。

九月一〇日、青山学院で行われたハリスの妻フローラの葬儀に参列。

一〇月二九日、第一高等学校校長新渡戸稲造の読書会グループ、聖書研究会に入会し柏会と名づける。同会会員に岩永裕吉、金井清、川西実三、黒崎幸吉、黒木三次、沢田廉三、膳桂之助、高木八尺、田島道治、塚本虎二、鶴見祐輔、前田多門、三谷隆正、森戸辰男、藤井武らがあり、のち矢内原忠雄、金沢常雄らも参加。

一一月三〇日、『歓喜と希望』を聖書研究社より刊行。

一九一〇年（明治四三年）　**五〇歳**

三月三〇日、『近代に於ける科学的思想の変遷』を聖書研究社より刊行。

六月四日、世界実業家伝第一回講演会を開き「スチーブン・ジラードの話」の講演をする。

七月三日、自宅隣のグンデルト宅が、同人の新潟県村松移転のため空き、これを借用改築してルーテル館と名づけ開館する。

一〇月一五日、長野県の研成義塾創立満十二年感謝記念会に出席し、「教育の基礎としての信仰」と題し講演。

一九一一年（明治四四年）　**五一歳**

三月一〇日、「満五十歳に成りての感」を『聖書之研究』一二九号に発表。

四月一一日、長崎のメソヂスト教会で「聖書研究の話」と題し講演、帰途、岡山孤児院、津山、京都、名古屋を訪れる。

七月五日、『洪水以前記』を聖書研究社より刊行。

九月一〇日、「世界の平和は如何にして来る乎」を『聖書之研究』一三四号に発表。

一〇月二二日、聖書研究会で「デンマルク国の話」をする。

一一月一〇日、「デンマルク国の話」を『聖書之研究』一三六号に発表。

一九一二年（明治四五・大正元年）　**五二歳**

一月一二日、娘ルツ死去（一九歳）。一月三〇日、聖書研究会会員南原繁、坂田祐ら白雨会を結成（二月四日命名）。

二月一二日、ルツの一カ月記念に集まった女性の会をモアブ婦人会と名づける。二月二二日、復活聖堂で行われたニコライの葬儀に参列。

七月二日、芝の惟一館で開催された米国ユニテリアン協会会長（前ハーヴァード大学学長）エリオットの歓迎会に出席。七月八日、東京基督教青年会館で開催された廓清会の研究会に出席し「聖書の力と廃娼の事実」を語る。七月一五日、『独立短言』を警醒社書店より刊行。

一〇月一一日〜二〇日、札幌に伝道。一〇月一三日、札幌独立教会で「我は福音を恥とせず」、一〇月一四日、札幌教育会会堂で「基督教は如何にして始めて札幌に伝へられしや」、一〇月一五日より札幌独立基督教会で四回にわたり新約聖書ロマ書を講演（〜一八日）。一〇月一七日午後、札幌独立基督教会で開かれた懇親会の席上、クラークの伝道を記念しクラーク記念会堂の建設を提案、決定される。一〇月一九日、東北帝国大学農科大学（旧札幌農学校）で「宗教と農業」と題し講演。

一一月一三日、『商売成功の秘訣』を宝積寺銀行宇都宮支店より刊行。

一九一三年（大正二年）　**五三歳**

二月五日、『所感十年』を聖書研究社より刊行。二月二一日、『デンマルク国の話』を聖書研究社より刊行。

五月七日、『万朝報』に'The passing of America'を発表し、米国の排日法に反対を表明。

八月九日、妻しづの父岡田透死去（八月一日）のため京都に行く。

一〇月一日、『内村先生講演集』、東北帝国大学農科大学基督教青年会より刊行される。一〇月二八日、今井館付属柏木聖書講堂の献堂式を挙げる。

一二月一一日、雑司ヶ谷墓地内の娘ルツの墓に「再た会ふ日まで」の碑を建てる。一二月一八日、『研究十年』を聖書研究社より刊行。

このころ、*How I Became a Christian*のフランス語訳*La Crise d'âme d'un Japonais ou Comment je suis devenu chrétien?*がスイスで刊行される。

一九一四年（大正三年）　**五四歳**

四月五日、『平民詩人』を畔上賢造との共著で警醒社書店より刊行。四月二八日、『宗教と農業』、日本基督教興文協会より刊行される（発行所教文館）。

六月二六日、青山学院および青山女学院基督教青年会共催の講演会で'Be Ambitious'と題し講演。

七月八日、『宗教と現世』を警醒社書店より刊行。七月三〇日〜八月一日、基督教青年会第二四回夏期学校、神奈川県浦賀町で開催され、七月三〇日、「過去二十年」、七月三一日、「基督教とは何ぞや」、八月一日、「約翰伝は何を教ゆるか」と題し講演。

一〇月四日、角筈レバノン教会で「欧州の戦乱と基督教」と題し講演。

一一月一五日、聖書研究会でイザヤ書講義を始める(～一二月一三日)。

一二月一五日、『感想十年』を聖書研究社より刊行。

一九一五年(大正四年) **五五歳**

一月一〇日、「戦争の止む時」を『聖書之研究』一七四号に発表。

二月一三日、浅田ノブと日永初太郎の結婚式の司式をつとめる。

四月一五日～一六日、茨城県那珂湊で開催された基督友会第二〇回大会に招かれ「モーリス氏記念講演」を行う。

五月三〇日、聖書研究会でヨブ記の講義を始める(～六月二七日)。また東京朝鮮基督教青年会館で「教会と聖書」と題し講演。

一二月二〇日、『旧約十年』を聖書研究社より刊行。一二月二六日、山形県理事官を辞し、助手となるため上京した藤井武を大久保駅に迎える。

一九一六年(大正五年) **五六歳**

四月一〇日、『聖書之研究』一八九号に「神の忿怒と贖罪」を発表し、同誌一八八号に掲載された藤井武の「単純なる福音」に反論。

五月三日、館林につつじ見物。五月六日、米国聖書会社創立百年記念会、東京基督教青年会館で開催され、山室軍平、井深梶之助とともに講師として出席、「日本に於ける聖書の研究」と題し講演。

六月五日、『旧約聖書　伝道之書』を聖書研究社より刊行。

八月、ベルより送られてきた *The Sunday School Times* のなかで、トランブルの再臨信仰の記事を読む。

九月一〇日、「欧州戦争と基督教」を『聖書之研究』一九四号に発表。九月一三日、日光に行く。

一九一七年（大正六年）　　**五七歳**

三月一〇日、『聖書之研究』二〇〇号を発行。

四月二日、箱根で開催された朝鮮基督教青年会修養会の会合で「相互の了解」と題し講演。

五月一〇日、「米国の参戦」を『聖書之研究』二〇二号に発表。

七月一〇日、「戦争廃止に関する聖書の明示」を『聖書之研究』二〇四号に発表。

八月五日、『復活と来世』を聖書研究社より刊行。

一〇月四日、妻しづの母死去し葬儀のため京都に行く（〜一〇月一三日）。一〇月三一日、東京基督教青年会館で、村田勤、佐藤繁彦とともに、宗教改革四百年記念講演会を開催、「宗教改革の精神」と題し講演。

一九一八年（大正七年）　五八歳

一月六日、聖書の預言的研究演説会を、中田重治、木村清松とともに東京基督教青年会館で開催、「聖書研究者の立場より見たる基督の再来」と題し講演、再臨運動を開始する。

二月一〇日、第二回聖書の預言的研究演説会を東京基督教青年会館で開き「馬太伝に現はれたる基督の再来」と題し講演。

三月三日、第三回聖書の預言的研究演説会を東京基督教青年会館で開き「世界の平和は如何にして来る乎」と題し講演。

四月三日、東京再臨信者の親睦会、大山園で開催され演説する。四月五日、藤井武、中田信蔵編『教友』発行され「教友の再興を祝す」を掲載。四月七日、日本基督教希望団主催による第二次聖書の預言的研究演説会、三崎町バプチスト会館で開催され、同日「基督の復活と再臨」と題し講演、以後六月二三日まで毎週日曜日の午後同所で講演する。

五月三日～四日、柏会の後身エマオ会の演説会が東京帝国大学基督教青年会館で開かれ、出席して演説する。

このころ、聖書研究会内の教友会、エマオ会、白雨会、再臨運動のために合同して柏木兄弟団を結成する。

六月二六日～七月二三日、北海道伝道旅行。六月三〇日、札幌独立基督教会で「基督再臨の聖書的根拠」と題し講演、ひき続き七月七日まで同所で四回講演する。

八月二四日、軽井沢の外国人会堂で宣教師に'Bible Teaching in Japan, emphasizing the Second

Coming of Christ' と題し講演。八月二五日、'Forty years of Christian belief, emphasizing the Second Coming of Christ' と題し講演。八月二六日、この日より日記「日々の生涯」の執筆を始め『聖書之研究』二二九号（一〇月一〇日）より連載する。

九月一一日～一四日、伊香保に滞在。九月一五日、柏木兄弟団の署名式が行われる。

一一月一日、『基督再臨問題講演集』を岩波書店より刊行。

一二月一日、東京基督教青年会館で「国家的罪悪と神の裁判」と題し講演。一二月二二日、東京基督教青年会館で「平和の到来」と題し講演。

一九一九年（大正八年）　**五九歳**

二月五日、三崎町バプチスト会館で開かれた猶太人問題研究会に出席。

三月一七日、富士見町教会でデューイの講演を聞く。三月二三日、聖書研究会で「パウロの復活論」の講義を始める（～四月二〇日）。

四月二四日、第一高等学校で「新武士道」と題し講演。

五月一五日、『内村全集　第壱巻』を警醒社書店より刊行（一九二三年『慰安と平安』に改題）。

五月二七日、東京基督教青年会より同会館使用拒絶の通知を受ける。

六月一日、聖書研究会の会場を丸の内の大日本私立衛生会講堂に変更して行う。六月一八日～二一日、塩原に滞在。

七月一日、『人道の偉人　スチーブン・ジラードの話』を警醒社書店より刊行。

八月三日、富永徳磨著『基督再臨を排す』の広告問題で警醒社書店に『内村全集』の発行中止を申し入れる。

九月二一日、大日本私立衛生会講堂における講演を東京聖書講演会と名づける。

一二月八日、『信仰日記』を岩波書店より刊行。一二月一一日、柏木の東京聖書学院でユダヤ人問題研究講演会が開かれ、「月足らぬ者」と題し講演。

一九二〇年（大正九年）　**六〇歳**

一月一一日、聖書研究会で旧約聖書ダニエル書の講義を始める（～三月一四日）。

二月二四日、仙台に行き義弟木村康託の葬儀に参列。

四月二五日、聖書研究会で旧約聖書ヨブ記の講義を始める（～一二月一九日）。

七月二〇日、『研究第二之十年』を聖書研究社より刊行。七月二三日～二五日、箱根で開催された全国協同伝道信徒修養会に、森戸辰男、渡辺善太とともに講師として出席、「新約聖書大観」と題し三回講演。同修養会出席をめぐり柏木兄弟団の一部より反対起こる。

八月一二日～一九日、長男祐之をともない十和田湖に遊ぶ。八月一五日、『山上の垂訓に関する研究』を聖書研究社より刊行。

九月二〇日、『モーセの十誡』を聖書研究社より刊行。

一〇月八日、黒岩涙香の葬儀に列する。

一二月一五日、警醒社書店と和解する。

一九二一年（大正一〇年）　六一歳
一月一六日、聖書研究会でロマ書の講義を始める（〜一九二二年一〇月二二日）。

三月二五日、『婚姻の意義』を聖書研究社より刊行。この月、満六〇歳に達したことを記念し今井館で毎日曜日午後、日曜学校を始める（主任牧野実枝治）。

四月四日、『万朝報』一万号の祝賀会に出席。

五月一一日、青山学院で行われたハリスの葬儀に列する。

六月五日、『ルーテル伝講演集』を岩波書店より刊行。この日より東京聖書研究会を会員制とする。

七月六日〜九月一五日、沓掛（一〇日より星野温泉）に滞在、この間、七月一九日、ベル来日し、横浜に迎える。

一〇月一日、『霊交』（編輯人黒崎幸吉）創刊され「霊交の解」を発表。

一二月一日、「平和の到来」を『霊交』三号に発表。一二月五日、柏木兄弟団解散。

一九二二年（大正一一年）　六二歳
三月二〇日、『約百記講演』を十字架書房より刊行。三月三〇日、朝鮮基督教青年会で講演。
四月一五日、『英和独語集』を岩波書店より刊行。
五月二一日、ドイツの神学者ハイムを聖書研究会に迎えて講演。

六月二四日、京都の佐伯理一郎宅で「ロマ書一五章」を講義。翌日午後、近江八幡にヴォーリズを訪ねる。

八月一〇日、軽井沢西洋人会堂で「猶太人と日本人」と題し講演。八月一一日、軽井沢ホテルで開かれた聖書教授法研究会に出席。

九月、東京聖書研究会を内村(鑑三)聖書研究会とする。

一〇月五日、世界伝道協賛会を結成、以後、毎月一回会合を持つこととし、中国およびアフリカ伝道の献金を始める。一〇月二九日、聖書研究会で「キリスト伝研究」を始める(～一九二四年六月二二日)。

一一月五日、『但以理書の研究』を聖書研究社より刊行。

一九二三年(大正一二年)　六三歳

二月二五日、『基督信徒の慰』発行三十年記念版を警醒社書店より刊行。二月二八日、『世界伝道の特権』を世界伝道協賛会より刊行。

七月一九日、有島武郎の自殺に関し、「背教者としての有島武郎氏」を『万朝報』に発表(～七月二一日まで三回)。

九月二日、関東大震災のため沓掛より帰京。九月二三日、関東大震災で大日本私立衛生会講堂が崩壊したことにより、今井館付属聖書講堂で午前と午後の二回に分け聖書研究会を行う。

一二月六日、秋元梅吉、石河光哉、大賀一郎、斉藤宗次郎、藤本武平二らによる懇話会を洗足会と命名。一二月九日、今井館付属聖書講堂改築のため、聖書研究会会場を女子学院講堂に移す。

この年、ドイツで *Wie ich ein Christ wurde* の改版刊行される。

一九二四年（大正一三年） **六四歳**

一月一五日、今井館付属聖書講堂改築成り、献堂式を行う（二〇日より同講堂で日曜日の聖書講義を再開）。

三月三〇日、『苦痛の福音』を警醒社書店より刊行。

五月一一日、午後の聖書研究会で旧約聖書箴言の講義を始める（〜一二月）。

六月一日、米国の排日法案に対し、「米国人より金銭を受くるの害」を『国民新聞』に発表。徳富蘇峰との旧交回復し、対米問題に関する論文を多く同紙に寄稿する。六月二日、「米国人の排斥を喜ぶ」を『東京日日新聞』に発表。六月五日、対米問題のため警醒社書店で小崎弘道らと会合。六月一三日午前、府立第一高等女学校で対米問題につき講演、同日午後、霊南坂教会において基督教徒対米問題協議会開催され、植村正久、田村直臣、小崎弘道らとともに出席。六月一六日、霊南坂教会で開かれた対米問題に関する「宣言」起草委員会に出席。六月二〇日、『柏木通信』創刊、「発刊の辞」を掲載。六月二三日、対米問題協議会の第二回委員会に出席。六月二七日、基督教徒対米問題協議会開催され、小崎弘道、植村正久、長尾半平、久布白落実ら九人とともに先に起草した宣言書を可決する。

この夏、山形県小国に政池仁、横山喜之、岩手県に湯沢健と鰭崎轍を伝道に派遣。

九月一〇日、『羅馬書の研究』を向山堂書房より刊行。

一一月二九日、内村祐之・久須美美代子の結婚式を今井館付属聖書講堂で挙げる。

一九二五年（大正一四年）　　六五歳

一月九日、植村正久の訃に接し弔問に行く。

二月一日、午前の聖書研究会において「十字架の道」と題しキリスト伝講義を開始する（〜一九二六年三月二一日）。

四月一五日、内村祐之の渡欧を見送る。

六月六日、東京市内外学生大連合礼拝会、青山会館で開催され、高倉徳太郎とともに登壇、「日本国と基督教」と題し講演。

七月一二日、『聖書之研究』三百号記念感謝会を開く。

九月一日、『ガリラヤの道』を警醒社書店より刊行。九月二七日、午後の聖書研究会でエレミヤ伝の講義を始める（〜一九二六年四月一八日）。

一二月二〇日、「クリスマス夜話＝私の信仰の先生」を『聖書之研究』三〇五号に発表。

一九二六年（大正一五年・昭和元年）　　六六歳

一月三日、岡山県津山の森本慶三による基督教図書館開館式に出席して演説。帰途の一月四日、法然の誕生寺を訪ねる。

三月五日、英文雑誌 *The Japan Christian Intelligencer* を創刊（〜一九二八年二月）、「主筆内村鑑三、編輯主任山県五十雄」。

四月一〇日、『加拉太書の精神』を向山堂書房より刊行。四月一八日、午前の聖書研究会でパウロ伝研究を始める（〜一九二七年六月）。

五月二〇日、『商売成功の秘訣　商人と宗教』を永広堂本店より刊行。

六月五日、京都に行き比叡山に登り延暦寺を見る。下山後、同志社に総長海老名弾正を訪ねる。

六月六日、大阪の天満教会で「回顧五十年」と題し故今井樟太郎記念講演を行う。

八月二一日、軽井沢日本人教会でクラークの日本伝道につき講演。

一〇月二〇日、『一日一生』（畔上賢造編）を警醒社書店より刊行。

一一月二五日、シュヴァイツァーのアフリカ伝道のため献金する。

一九二七年（昭和二年）　**六七歳**
一月五日、ラジオを購入。
二月一八日、「宗教法案に就て」と題する同法案反対意見書を作成し、貴族院、衆議院議員ら八二九人に送付。
三月五日、*The Japan Christian Intelligencer* を山県五十雄と分れ単独編集とする。三月一八日、宗教法案反対基督教大会で「完全なる自由」と題し講演。

四月九日、青山斎場で行われた志賀重昂の葬儀に参列。

六月五日、シュヴァイツァー後援会の設立を定める。六月一六日、今市の二宮尊徳の墓を訪ねる。六月一七日、白河の関、白河城址を見る。

七月七日、内村祐之の帰国を横浜に迎える。

九月六日、内村祐之一家札幌に移る。九月二一日～二七日、札幌に行き、二四日、北海道『聖書之研究』読者会で「聖書に依る一致」、二七日、北海道帝国大学で'Boys be ambitious'と題し、それぞれ講演。

一〇月二日、聖書研究会の会場を、今井館付属聖書講堂改築のため神宮外苑の日本青年館とする。この日よりイザヤ書の講義を始める（～一九二八年四月二九日）。

一一月三〇日、『空の空なる哉』を向山堂書房より刊行。

一二月二五日、柏木の今井館付属聖書講堂の改築成り、聖書研究会の会場を日本青年館より移す。

一九二八年（昭和三年）　**六八歳**

二月一〇日、*The Japan Christian Intelligencer* を第二巻第一二号をもって廃刊する。

四月一四日、横井時雄追悼演説会、青山会館で行われ「故横井時雄君の為に弁ず」の題で語る。

六月二日、受洗五十年を記念し、新渡戸稲造、広井勇、伊藤一隆、大島正健とともに青山墓地に行きハリスの墓参をする。六月一二日、畔上賢造、三谷隆正、金沢常雄、黒崎幸吉、矢内原忠雄、藤井武、塚本虎二により『内村鑑三先生信仰五十年記念基督教論文集』を贈られる。

七月二七日〜九月一五日、札幌に伝道。

一〇月一〇日、塚本虎二が『聖書之研究』三三八号に掲載した「無教会主義とは何ぞや(上)」に対し、「積極的無教会主義」を同誌三三九号に発表。

一二月一五日、『十字架の道』を向山堂書房より刊行。

一九二九年(昭和四年)　**六九歳**
一月二日、心臓の肥大を指摘される。一月七日、伊藤一隆の葬儀に列して式辞を述べる。

三月二〇日、山岸壬五の葬儀を今井館付属聖書講堂で行う。

四月八日、日本赤十字病院で診察を受けた結果、心臓の大きな異常を告げられ静養生活に入る。

一〇月二五日、札幌独立基督教会教務顧問を辞任。

一一月三日、聖書研究会で創世記の講義を始める(〜一二月二二日)。

一二月二二日、一九二四年以来助手を務めてきた塚本虎二を聖書研究会から分離独立させる。

一九三〇年(昭和五年)　**七〇歳**
一月一二日、聖書研究会において「パウロの武士道」につき語る。
三月二六日、古希感謝祝賀会開かれる。三月二八日、午前八時五一分、心臓病により死去する。
三月三〇日、今井館付属聖書講堂で葬儀行われる。

四月六日、内村聖書研究会解散。雑司ヶ谷墓地に遺骨埋葬（一九三一年三月一六日多摩霊園第八区甲一六側に改葬）。

四月二五日、『聖書之研究』は三五七号をもって終刊となる。

あとがき

数年前、あるところで「内村研究六十年」と題してささやかな話をさせていただいた。高齢になったので自分としては最後の話のつもりであった。ただし、「最後云々」に関しては、正直なところ、当時はそれほど堅い決意ではなかった。それにもかかわらず、結局は他からの話の依頼を御辞退する便利な言葉として定着してしまった。

顧みると内村鑑三研究に関しては、故小沢三郎氏の示唆もあって、まず資料の確保ということから『内村鑑三全集』（岩波書店、一九八〇―八四）の刊行に携わり、それに前後十余年が費やされた。続いて内村鑑三伝の執筆にとりかかり、『内村鑑三日録』全一二巻（教文館、一九九三―九九）を刊行することができたが、これも相当の年数を要した。こちらは、当初は何冊になるかわからなかったため初期の何冊かは巻数の通し番号がないままに刊行、ようやく後半になって表紙に通し番号を入れることができた。したがって第二巻から第六巻にあたるものには巻数が付されていない。今では、少なくともカバーだけでも通し番号の付されたものにしたいとの希望がある。

顧みるならば内村鑑三という人間の基礎的な研究に、人生の大半が費やされたことになる。そうは言っても、この間に自分なりに内村の思想や信仰、その日本（広くは世界）の思想や社会における影響が、少しずつ見え始めてきたようにも考えている。

　本書のような文章をまとめてみようと思い立ったのは今から約四〇年前にさかのぼる。当時のノートによると、草稿にはすでに二十数名分が書き留められている。当時『漱石と十弟子』（津田青楓、世界文庫、一九四九年）という書物に刺激を受け、内村鑑三についても作成を思い立ったのであった。ところが漱石と異なり内村の「弟子」の数ははるかに多い。少し書いては中断し、また追加するという繰り返しだった。結局四〇年後の今日まで、仕上がらないままに年月のみ経ってしまった。

　今回、ようやく旧稿に追加し、何らかのかたちでまとめる機会ができたが、結局、旧稿はすべて統一上からも最初から書き直すような作業になった。今までも無教会の人々については類書がないわけではない。しかし、無教会の人々のみ取り上げたのでは内村を語ったことにはならないだろう。内村という存在は、ただ無教会世界だけに収まらず、より広い世界の人物である。そのことは、本書に収めた人名によってもわかるであろう。

「内村には敵が多い」とも言われる。そうなると「敵」をも語らなければ内村を語ったことにならない。したがって本書では小山内薫のようないわゆる「背教者」もいれば、井上哲次郎のような「敵」も含めることにした。いわば内村の多岐にわたる文化的、社会的人脈史である。本書に収めた二百数十名を見ると、そのまま日本キリスト教史はもちろん、日本宗教史、思想史、政治史、文学史、教育史、福祉史などに足跡を刻んだ人々が少なくない。その意味で内村鑑三は、近代日本の精神を形成した希有な人物の一人といえよう。
末尾になったが、新型コロナウィルスによる混乱の時代のなかで、草稿のような原稿を本書にまでまとめあげて下さった筑摩書房の北村善洋氏に、深甚の感謝を申し上げます。

基本的参考文献

参考文献は無数に近いため、ここでは基本資料のみを掲げ、他は下記の『内村鑑三著作・研究目録』を参照されたい。

『内村鑑三全集』全二〇巻、岩波書店、一九三二～一九三三
『内村鑑三著作集』全二一巻、岩波書店、一九五三～一九五五
『内村鑑三全集』全四〇巻、岩波書店、一九八〇～一九八四（再刊、二〇〇一）
『内村鑑三全集』ＤＶＤ版出版会、二〇〇一
内村祐之編『内村鑑三追憶文集』聖書研究社、一九三一
益本重雄・藤沢音吉著『内村鑑三伝』内村鑑三伝刊行会、一九三五
『内村鑑三全集』月報、岩波書店、第一号～二〇号、一九三二～一九三三
『内村鑑三著作集』月報、岩波書店、一～二一、一九五三～一九五五
『内村鑑三聖書注解全集』月報、教文館、一～一七、一九六〇～一九六二

『内村鑑三信仰著作全集』月報、教文館、一～二五、一九六二～一九六六
『内村鑑三日記書簡全集』月報、教文館、一～八、一九六四～一九六五
教文館出版部編『現代に生きる内村鑑三』教文館、一九六六
『内村鑑三英文著作全集』月報、教文館、1～7、一九七一～一九七三
『内村鑑三を語る』(『内村鑑三選集』別巻)岩波書店、一九九〇
『内村鑑三著作・研究目録』(鈴木範久監修・藤田豊編)教文館、二〇〇三
『内村鑑三研究資料集成』(鈴木範久編)、全九巻、クレス出版、二〇一五

筆者の関連書

『内村鑑三と其の時代　志賀重昂との比較』日本基督教団出版局、一九七五
『内村鑑三をめぐる作家たち』(玉川選書)、玉川大学出版部、一九八〇
『内村鑑三』岩波新書、一九八四
『「代表的日本人」を読む』大明堂、一九八八
『内村鑑三日録』全一二巻、教文館、一九九三～九九
『我々は後世に何を遺してゆけるのか』学術出版会、二〇〇五
『近代日本のバイブル』二〇一一、教文館
『内村鑑三の人と思想』岩波書店、二〇一二

『道をひらく――内村鑑三のことば』NHK出版、二〇一四

訳書

内村鑑三著、鈴木範久訳『代表的日本人』岩波文庫、一九九〇
内村鑑三著、鈴木範久訳『余はいかにしてキリスト信徒となりしか』岩波文庫、二〇一七

近年の参考文献

新保祐司篇『内村鑑三』(別冊「環」18) 藤原書店、二〇一一
J・F・ハウズ著、堤稔子訳『近代日本の預言者　内村鑑三』教文館、二〇一五
若松英輔『内村鑑三　悲しみの使徒』岩波新書、二〇一八
関根清三『内村鑑三　その聖書読解と危機の時代』筑摩選書、二〇一九

ヤ行

ラ行

ワ行

ハ行

マ行

タ行

ナ行

カ行

サ行

人名索引

（本章で項目として挙げた人物のみ）

本書は、ちくま学芸文庫オリジナルである。

鎌倉仏教　佐藤弘夫

宗教とは何か。それは信念をいかに生きるかということだ。法然・親鸞・道元・日蓮らの足跡をたどり、鎌倉仏教を「生きた宗教」として鮮やかに捉える。

観無量寿経　佐藤春夫訳・注　石田充之解説

我が子に命狙われる「王舎城の悲劇」で有名な浄土仏教の根本経典。思い通りに生きることのできない我々を救う究極の教えを、名訳で読む。（阿満利麿）

大乗とは何か　三枝充悳

仏教が世界宗教としての地位を得たのは大乗仏教においてである。重要経典・般若経の成立など諸考察を収めた本書は、仏教への格好の入門書となろう。

道教とはなにか　坂出祥伸

「道教がわかれば、中国がわかる」と魯迅は言った。伝統宗教として現在でも民衆に根強く崇拝されている道教の全貌とその究極的真理を詳らかにする。

増補 日蓮入門　末木文美士

多面的な思想家、日蓮。権力に挑む宗教家、内省的な理論家、大らかな夢想家など、人柄に触れつつ遺文を読解き、思想世界を探る。（花野充道）

反・仏教学　末木文美士

人間は本来的に、公共の秩序に収まらないものを抱えた存在だ。〈人間〉の領域＝倫理を超えた他者／死者との関わりを、仏教の視座から問う。

禅に生きる 鈴木大拙コレクション　鈴木大拙　守屋友江編訳

静的なイメージで語られることの多い大拙。しかし彼の仏教は、この世をよりよく生きていく力を与えるアクティブなものだった。その全貌に迫る著作選。

文語訳聖書を読む　鈴木範久

明治期以来、多くの人々に愛読されてきた文語訳聖書。名句の数々とともに、日本人の精神生活と表現世界を豊かにした所以に迫る。文庫オリジナル。

ローマ教皇史　鈴木宣明

二千年以上、全世界に影響を与え続けてきたカトリック教会。その組織的中核である歴代のローマ教皇に沿って、キリスト教全史を読む。（藤崎衛）

道元禅師の『典座教訓』を読む　秋月龍珉

「食」における禅の心とはなにか。道元が禅寺の食事係である典座の心構えを説いた一書を現代人の日常の視点で読み解き、禅の核心に迫る。（竹村牧男）

原典訳 アヴェスター　伊藤義教訳

ゾロアスター教の聖典『アヴェスター』から最重要部分を精選。原典から訳出した唯一の邦訳である。比較思想に欠かせない必携書。（前田耕作）

書き換えられた聖書　バート・D・アーマン　松田和也訳

キリスト教の正典、新約聖書。聖書研究の大家がそこに含まれる数々の改竄・誤謬を指摘し、書き換えられた背景とその原初の姿に迫る。（筒井賢治）

カトリックの信仰　岩下壮一

神の知恵への人間の参与とは何か。近代日本カトリシズムの指導者・岩下壮一が公教要理を詳説し、キリスト教の精髄を明かした名著。（稲垣良典）

十牛図　上田閑照　柳田聖山

禅の古典「十牛図」を手引きに、自己と他、自然と人間、自身への関わりを通し、真の自己への道を探る。現代語訳と詳注を併録。（西村惠信）

原典訳 ウパニシャッド　岩本裕編訳

インド思想の根幹であり後の思想の源ともなったウパニシャッド。本書では主要篇を抜粋、梵我一如、輪廻・業・解脱の思想を浮き彫りにする。（立川武蔵）

世界宗教史（全8巻）　ミルチア・エリアーデ

宗教現象の史的展開を膨大な資料を博捜し著された人類の壮大な精神史。エリアーデの遺志にそって共同執筆された諸地域の宗教の巻を含む。

世界宗教史 1　ミルチア・エリアーデ　中村恭子訳

人類の原初の宗教的営みに始まり、メソポタミア、古代エジプト、インダス川流域、ヒッタイト、地中海地域、初期イスラエルの諸宗教を収める。

世界宗教史 2　ミルチア・エリアーデ　松村一男訳

20世紀最大の宗教学者のライフワーク。本巻はヴェーダの宗教、ゼウスとオリュンポスの神々、ディオニュソス信仰等を収める。（荒木美智雄）

世界宗教史3　ミルチア・エリアーデ　島田裕巳訳
仰韶、竜山文化から孔子、老子までの古代中国の宗教と、バラモン、ヒンドゥー、仏陀とその時代、オルフェウスの神話、ヘレニズム文化などを考察。

世界宗教史4　ミルチア・エリアーデ　柴田史子訳
ナーガールジュナまでの仏教の歴史とジャイナ教から、ヒンドゥー教の総合、ユダヤ教の試練、キリスト教の誕生などを収録。　（島田裕巳）

世界宗教史5　ミルチア・エリアーデ　鶴岡賀雄訳
古代ユーラシア大陸の宗教、八―九世紀までのキリスト教、ムハンマドとイスラーム、イスラームと神秘主義、ハシディズムまでのユダヤ教など。

世界宗教史6　ミルチア・エリアーデ　鶴岡賀雄訳
中世後期から宗教改革前夜までのヨーロッパの宗教運動、宗教改革前後における宗教、魔術、ヘルメス主義の伝統、チベットの諸宗教を収録。

世界宗教史7　ミルチア・エリアーデ　奥山倫明／木塚隆志／深澤英隆訳
エリアーデ没後、同僚や弟子たちによって完成された最終巻の前半部。メソアメリカ、インドネシア、オセアニア、オーストラリアなどの宗教。

世界宗教史8　ミルチア・エリアーデ　奥山倫明／木塚隆志／深澤英隆訳
西・中央アフリカ、南・北アメリカの宗教、日本の神道と民俗宗教。啓蒙期以降ヨーロッパの宗教的創造性と世俗化などを収録。全8巻完結。

回教概論　大川周明
最高水準の知性を持つと言われたアジア主義者の力作。イスラム教の成立経緯や、経典などの要旨が的確に記された第一級の概論。　（中村廣治郎）

神社の古代史　岡田精司
古代日本ではどのような神々が祀られていたのか。《祭祀の原像》を求めて、伊勢、宗像、住吉、鹿島など主要な神社の成り立ちや特徴を解説する。

中国禅宗史　小川隆
唐代から宋代において、禅の思想は大きく展開した。各種禅語録を思想史的な文脈に即して読みなおす試み。〈禅の語録〉全二〇巻の「総説」を文庫化。

日本の昔話（上） 稲田浩二編
神々が人界をめぐり鶴女房が飛来する語りの世界。はるかな時をこえて育まれた各地の昔話の集大成。上巻は「桃太郎」などのむかしがたり103話を収録。

日本の昔話（下） 稲田浩二編
ほんの少し前まで、昔話は幼な子が人生の最初に楽しむ文芸だった。下巻には「かちかち山」など動物昔話29話、笑い話123話、形式話7話を収録。

増補 死者の救済史 池上良正
未練を残しこの世を去った者に、日本人はどう向き合ってきたか。民衆宗教史の視点からその宗教観・死生観を問い直す。「靖国信仰の個人性」を増補。

神話学入門 大林太良
神話研究の系譜を辿りつつ、民族・文化との関係を解明し、解釈に関する幾つもの視点、神話の分類、類話の分布などについても詳述する。（山田仁史）

アイヌ歳時記 萱野茂
アイヌ文化とはどのようなものか。その四季の暮らしをたどりながら、食文化、習俗、神話・伝承、世界観などを幅広く紹介する。（北原次郎太）

異人論 小松和彦
「異人殺し」のフォークロアの解析を通し、隠蔽され続けてきた日本文化の「闇」の領野を透視する。新しい民俗学誕生を告げる書。（中沢新一）

聴耳草紙 佐々木喜善
昔話発掘の先駆者として「日本のグリム」とも呼ばれる著者の代表作。故郷・遠野の昔話を語り口を生かして綴った一八三篇。（益田勝実／石井正己）

民間信仰 桜井徳太郎
民衆の日常生活に息づく信仰現象や怪異の正体とは？　柳田門下最後の民俗学者が、日本人の暮らしの奥に潜むものを生き生きと活写。（岩本通弥）

江戸人の生と死 立川昭二
神沢杜口、杉田玄白、上田秋成、小林一茶、良寛、滝沢みち。江戸後期を生きた六人は、各々の病と老いをどのように体験したか。（森下みさ子）

ちくま学芸文庫

内村鑑三交流事典（うちむらかんぞうこうりゅうじてん）

二〇二〇年十月十日　第一刷発行

著者　鈴木範久（すずき・のりひさ）

発行者　喜入冬子

発行所　株式会社　筑摩書房
東京都台東区蔵前二―五―三　〒一一一―八七五五
電話番号　〇三―五六八七―二六〇一（代表）

装幀者　安野光雅

印刷所　明和印刷株式会社

製本所　株式会社積信堂

ISBN978-4-480-51009-9 C0116